边角料书系

刘醒龙

Collection of
Liu Xinglong's
Literary Interviews

文学访谈录

（上册）

刘醒龙 著

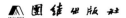
团结出版社
UNITY PRESS

© 团结出版社，2025 年

图书在版编目（ＣＩＰ）数据

刘醒龙文学访谈录 / 刘醒龙著 . -- 北京：团结出
版社 , 2025. 7.
ISBN 978-7-5234-1712-6

Ⅰ . K825.6

中国国家版本馆 CIP 数据核字第 2025AL6160 号

策　　划：梁光玉
责任编辑：陈心怡
封面设计：阳洪燕

出　　版：团结出版社
　　　　　（北京市东城区东皇城根南街 84 号 邮编：100006）
电　　话：（010）65228880　65244790（出版社）
　　　　　（010）65238766　85113874　65133603（发行部）
　　　　　（010）65133603（邮购）
网　　址：http://www.tjpress.com
电子邮箱：zb65244790@vip.163.com
经　　销：全国新华书店
印　　装：三河市东方印刷有限公司

开　　本：130mm×210mm　　32 开
印　　张：13.625　　　　　　字　　数：286 千字
版　　次：2025 年 7 月 第 1 版　　印　　次：2025 年 7 月 第 1 次印刷

书　　号：978-7-5234-1712-6
定　　价：88.00 元（上下册）
　　　　　（版权所属，盗版必究）

致读者

一

历史长河的璀璨星河中，最动人的光芒往往源自不经意的闪烁。

《论语》，并非孔子倾力所作，是其弟子及再传弟子记录孔子言行而编成的语录文集。较之"六经"的体系化与成熟度，《论语》的文字只能算是只言片语，是孔子于行住坐卧之时、进退得失之间，悟道、传道、授业、解惑的即兴抒发。

若论学术成就，《论语》也许只能算是修订"六经"之余的"边角料"，却因其形象生动、浅近易懂，而成为传承千载、朝野齐诵的经典语句。

后人因"六经"而敬孔子，因《论语》而爱孔子。

世人争相吟诵的唐诗宋词，亦是如此。大多数诗词，不过是唐宋时代，诗人、词人描写生活琐事、抒发个人情怀之作。从歌咏山水到吟叹边塞、忧国忧民，从迁谪退隐、感伤身世到羁旅游览、登临怀古，从亲朋聚散、酬赠应答，到欢会相思、宫女怨情，无所不有。与陈事通彻、条理明析的官书文件相比，这些诗词只能算是茶余饭后的文人雅趣。

然而这些时代的"边角料"，却成为真正令后人铭记和向往的文字，成为文化基因中最鲜活的血脉。它们以碎片之姿承载丰满的人格，以即兴之言叩击永恒的美德。

所谓"文章本天成，妙手偶得之"。精心编修的皇皇大作吹响的是时代的号角；而那些兴之所至的诗词，更像是时代的回音，余音绕梁，令后人念兹在兹。

一部代表作，往往是作者才华的集中赫然绽放，是"造化钟神秀"的产物；而散落在不同时空的书信、访谈、演讲、序跋，则是智慧的自然流淌，是作者于生活中不经意抛洒的火花，是人间冷暖的承载。

往往时代定义作者的是他的代表作，而使他变得可爱的，却是那些精美的闲置的文字和思想的边角料。

二

有鉴于此，团结出版社秉持"拾遗补阙，见微知著"的文化使命，精心策划并倾力打造了这套"边角料书系"，将名家名作之外的书信、日记、札记、杂文、序、跋、访谈录、演讲录等有价值的"边角料"作品，精心编制，汇编成册。

这些文字，或许没有"月涌大江流"的激荡，却生出"海上生明月"的曼妙；或许不及"九天揽星河"的壮阔，却安住"星垂平野阔"的静谧。

希望这些文字，带领我们穿越三重境界：

初见时，惊叹为时光沧海中的吉光片羽；

细品时，得窥大家巨匠褪去光环的凡人侧影；

了悟时，深觉文化传承不在庙堂高阁，而在人间烟火的字里行间。

当《论语》从传世典籍还原为一场场精妙的师生对话，当杜诗从"诗圣"丰碑回归"家书抵万金"的生命渴求，我们才得以触摸文化的温度，见证天才如何在生活的皱褶里播种永恒，如何在生活的缝隙里照见光亮。

"边角料书系"并非传统的补遗汇编，而是一场重构文化价值认知的出版实践，旨在让那些散落的思想的灵光碎片丰富名家名作的精神版图。

"边角料书系"是一个开放的体系，未来我们将一直致力于将类似作品纳入其中，并以那些鲜活灵动的文字多维化呈现名家名作的人格意象。

在大数据推送标准化知识的时代，我们坚持打捞那些"不完美却真诚"的文字遗珠。希望在这些遗落在历史角落里的思想和文字中，我们得以窥见生命，窥见天地，窥见历史。

此致，向"边角料书系"的读者们致以崇高的敬意！

自 序

　　与人对话，特别是与文学中人坦诚相对，对双方来说，都是一场笔试。

　　第一次将因为"文学"而起的对话公之于众，是一九九二年中篇小说《凤凰琴》发表、引起电影改编热之后。当年由于自己太较真，不满意相关剧组未经我的同意，将小说中的主人公由男性改为女性，一家媒体探得消息后，派人来到我当时居住的黄州，认认真真地采访了一整天，之后写出来的文字，则是"认真"过头，添了一些不实之词，弄得自己里外不是人。大约是初出茅庐就得到了教训，自此以后，每逢访谈都会格外小心，宁肯木讷无语，也不轻易放一声花腔。即便如此，同行中人仍不时放出话来，说我很不会说话，很容易伤到别人，这话让我很纳闷。一九九八年第十二期的《江汉论坛》发表了俞汝捷先生对我的访谈《由〈大树还小〉引发的对话》。所有说话，完全是自说自话，没有任何针对的意思，实际效果却是某些人所声称的那样——伤到别人了！由此开始，曾暗暗自我较劲，不再接受采访。最长一次，也就是写作《圣天门口》期间，差不多有两三年不吭一声，惹得一些人在背后嘀咕，说某某是不是江郎才尽了。

之后的意外始于《中华读书报》的舒晋瑜。她不知从哪里找到我的电话，于一天深夜打过来，开口就说采访之事。这是我们之间第一次通话，她的声音却颇像家中亲人，我一秒钟也没有犹豫便答应下来。之后，说起此中缘故，我俩都觉得奇妙，那篇名为《下去走走有好处》的访谈刊载在二〇〇一年四月二十七日的《中华读书报》上。从舒晋瑜这里开始，关于文学的访谈变得一发不可收。为了编这个集子，将能找到的相关文字汇聚到一起，总字数竟然有近五十万字。

话虽然说得多了，对访谈之事仍旧充满敬畏，绝对不敢学那口吐莲花或满嘴跑马，一般情况下，都会要求对方将整理好的文字发来，自己再订正一番。真正让自己体会到文学访谈之快乐，是与李遇春教授对谈的那一次。本来，我们是想谈另一个话题，说着说着，突然来了灵感，脑子里冒出一个概念：文学是小地方的事。似乎窥见被文学藏得很深的某种隐秘，那一刻，我们都很高兴，接下来还围绕"为何北方以村庄为基本文学单位，南方则以小镇为基本文学环境"的话题，从上午谈到下午，丝毫不觉得时间的漫长。

正是这一次之后，自己才发现，原来只限于文学的对话，也可以趣味无穷。在所有访谈中，舒晋瑜可能是做得最多了，有些文字过于生活化，就未收入此书，然而一些内容却相当有趣。有一次她在一个访谈中问，如果我身陷孤岛，会随身带一本什么样的书。那时，我刚从南海那边回来，便回复她说，这不是一个好问题，在那种高温高湿空气中含有高盐分的条件下，无论带什么书上到无人孤岛都是没有意义的，再经典的书，用不了两天就会被弄废掉。舒晋瑜也一点不觉得扫兴，将这些话原封不动的采用了。

访谈本就是两个人在一起说话，聊得开心，聊得到位，就会成为无话不说的朋友。假如相互存有戒心，免不了要用外交辞令，到头来要么是如同嚼蜡，要么是相互嫌弃，还有比较堂而皇之的——你我都用别人的论断发问与回应，看上去字字句句光彩照人，却都是隔山打牛，连不痛不痒都说不上。我这人不喜交际，文坛内外朋友都不多，所以，对每个访谈，都在打开心扉，真诚地说出每一个字。这样做也是与自己方便，就像整理这本书中的相关文字时，不需要重新进行调整与修改，因为三十年前说的真话，三十年后还是真话，与真实的自我并无不同，也就不用再费脑筋。

关于这本书，要特别致谢覃菊华女士。二〇二三年十月二十二日，从丹东返程途经北京，她为我联系了团结出版社的梁光玉和张阳等几位见面，还请来老朋友李师东、正在北京学习的陈婉清和熊湘鄂，还有正在努力促成《天行者》改编事宜的范梅溪等人，在共同见证下，自己收下了出版社诸位主张做这么一本书的情谊。

可以说，这本有关"文学"的访谈录，完全是不经意间慢慢积攒起来的。常说，言多必失，假如其中有文字冒犯了什么，那肯定不是我的本意。我所说的和所想的，只有一种意思，那就是努力让文学的自己在文学中做得更好，舍此无他。

是为序。

二〇二五年劳动节于斯泰园

目　录

一、现实主义需要正名

问：到《圣天门口》为止，你的长篇写作历程已经不短了，一定有许多体会与甘苦。我觉得有意思的是，《圣天门口》引发了对许多话题的讨论，如长篇的风格、体式，现实主义传统，以及中国现代民族国家建立的历史遗产与中国作家的写作资源等。你对此怎么看？

答：一部真正意义上的长篇小说就应该是见仁见智。与中短篇小说写作的兴旺不同，中国现当代文学中的长篇小说似乎总也成熟不起来。这种令人失望的局面从二十世纪九十年代中期开始，才有了根本变化。我对长篇小说的理解与写作，正好赶上了这个黄金时期。我的运气很好，有陈忠实等人在前面滚地雷，他们的经历、经验和教训，使在写作上起步较慢的我少走了许多弯路。《圣天门口》的出现，是中国新文学运动开始至今，历经百年后，终于走向成熟的标志之一吧。这样说，是因为我本是当代文学大军中的迟到者。连我都成熟起来了，别人能不成熟吗？

长篇小说写作符合我越来越贪图安宁，同时又觉得是在挑战世界的个人英雄性格。我也越来越痴迷于探究和发展现实主义文学传统，感觉这才是一种正人君子的行为，如鄂东方言所说"站着死，竖着埋"的做人准则。近代中国社会生活，为我们提供了如此丰富的写作资源，也为我们提供了书写成熟小说的良好契机。在种种失之交臂的遗憾中，关键一点是，对汉语文学中"傲然风骨"的忽视。

问：许多人对我不分青红皂白地肯定《圣天门口》的长度很不理解。我是觉得长篇的历史虽不长，但也可以算得上一个古老的文学物种了，它代表了人类体认与表达世界与自我的经典方式。当然应该承认我们的途径比以前多了，但深刻、宽阔、绵长、博大、丰富的表达少了，长此以往，人类的精神生活会发生怎样的变化？用李敬泽的话说就是我们是否能"为经验提供纵深和发展"？"是不是要维护对重、对宽、对驳杂与丰富、对深邃与困难的体认和表现？"

答：我看到了《上海文学》第三期上的那篇对话，那是真正的小说智慧！

光有数量上的庞大，无异于拉大旗作虎皮。巨人之巨大，自身的缺点与问题，也会随之被放大，轻易就被旁人一眼看出破绽。这也是长篇小说普遍的难题，那些可以在中短篇小说中被当成有意味的缺欠和粗糙，进入长篇小说后，就成了可恶的病灶。就如一个人，童年的缺点会被人当成可爱，成年后就变成了不能接受的丑陋。甚至在别的文体里轻灵、飘逸等的优点，滥用到长篇小说里，就会变成轻浮、油滑和浮萍式的没风骨。长篇小说的形式之长，契合了人对过去未来认知的苍茫感和敬畏之心。

这个世界，看上去越来越难以容纳任何的古老物种。

现实的残酷，又反过来印证文学中的古老物种是何其珍贵！

与其他文体不尽相同，长篇小说是一种能够自给自足、能适时做出各种调整的生命体。从生态学上看，也只有形成一定规模的体系，才能实现不轻易受外部影响的自给自足。

长篇小说是有生命的，并且还是一种顽强地保持特立独行、有风骨的生命体。

《红楼梦》传世有两百多年了，还能体会到它在生长。其他文学样式与体例，常常会依附社会情趣风尚而存世。

"一览众山小"只是入门之术，"泰山压顶不弯腰"才是长篇小说为人处世的正途。

后一点，能力稍有不够，就会狼狈不堪。前些年，在吸收外来小说元素时，过于强化"不能承受之轻"，导致诸多本来就对历史与现实之沉重没有好感者，更加弱化在更广阔范围里获取小说资源的能力。人对文学的认知，本质上是对人、对现实精神的预习。文学的表达，反过来也在证实当前人类精神生活。深刻和反深刻、宽阔和反宽阔、博大和反博大、丰富和反丰富、困难和反困难……文学在这些问题上的不同选择，也在预报未来人类精神气象。

问：《圣天门口》是一部独立思考的勇敢作品，在人类思想史上，个体的力量与贡献都是有限的，这不仅是说对某一问题认识的局限，更重要的是对同一问题不同立场之间的对立与消解，这种姿态很重要。我说《圣天门口》是新历史小说之后直面中国现代史的写作”，首先是基于它的姿态。不可否认，这一段历史是复杂的，但人们不能一直回避。不少人对《圣天门口》中关于历史的解读有看法，争论至今还在继续，这很正常，每个作家大概都不希望对历史与现实只有一种言说，更不希望自己的言说是唯一的。

答：有时候我也会心生疑惑，分不清哪些人是大智若愚，哪些人是一知半解，哪些人是歪知歪解。我曾经有过“历史是主观的”早期写作阶段。随着文学能力的成熟，主观的我依然还在，其成分早已全部换成了在民间中广为流传的客观细节。当客观细节真实到让人觉得不可思议时，就会自动变化成“伟大”的主观。

我们这代人有一种承前启后的责任。太多的历史疑团要在我们的生命中过渡，这种过渡不仅是前辈们自然传递下来的，同时，因为下一代人不愿继承历史留下来的精神苦难——谁让我们养育了这些被称为独生子女、只肯接受奢侈的历史片段的一代哩——所以我们还不得不付出超常代价，做一些文学伦理的普及工作！

回到文学的意义上，在小说中，我所写的是人物，不是阶级；是对和谐社会与和平崛起的渴望，而不是历史进程中暴力血腥和族群仇恨。如果将珠穆朗玛峰当成终极目标，那么《圣天门口》所写的就不是舒缓的南坡，而是陡峭的北坡。这也是一种可持续发展观。

问：现在长篇的命运还可以，但总的来说，文学人口在下降，主要是人们精神生活的选择性增加了。不仅是文学，整个纸质媒介传播渠道的主导地位都在受到威胁。当然，原因很多，但文学需要适当调整，以应对挑战，肯定是不争的事实。《圣天门口》连同你一贯的姿态在当下非常具有意味。不管一个作家对时代抱有怎样的质疑与批判，他的方式应该能融入当下，是当下生活方式的构成之一，从整体上讲，文学更应该如此。我前天在报上看到陈丹青说，人们把艺术孤立起来看太久了，而艺术本应该是人们的生活方式之一，这话有道理。如果文学只存在于专业作家与课堂里，总不是个办法。你觉得呢？

答：这种想法很好，就怕被歪嘴和尚念成了歪经。毛泽东不也说过，农业大学办在城里是见鬼，要统统搬到农村去吗？近代中国太过苦辛，文学也不能幸免。从"抗战文学"一直到"反腐文学"，滞留在文学中的苦辛又反过来折射当代中国之步履维艰，纵观世界文学史，有哪一个国家如此强烈地需要用文学来反腐，所以这种处境绝不能看作是文学的幸事，当文学成为人们的反腐生活的日常方式，其悲哀就不再局限于文学本身，而会扩大到整个国民性。

小说与绘画不一样，小说从来就不是活在沙龙里，小说是仰仗民间而生存的。我所担心的是因为写实小说的受欢迎，而让人们以为小说真的就是一种俗物，或者是更加庸俗的工具。好的小说一定是与当下社会视角保持适度超越的，就好比经典是要由延后一些的时间来决定一样。写实作品本不应该自动成为"现实主义"。现实主义文学如同我们的家父家母，谁都以为自己很了解他们，实际上，许多人连父母的基本生活习惯都不清楚，直到他们辞别人世，才后悔得哭天抢地。

中国的现实主义需要彻底正名，只有摒弃鱼目混珠的解读，恢复现实主义的尊重与尊严，文学才能真正地融入当下社会生活。

问：作家总是在自我挑战与被动应战的夹缝中生活，不少专业作家都坦言这种压力，你对自己写作有怎样的生活感受？《圣天门口》对你而言，意义是什么？写这样的东西，是要付出精力的，包括体力。这样的庞然大物在自己的写作生活里显然是一个时时进入自我视野的存在，你如何对待它，又如何处置"后《圣天门口》"的个人岁月？

答：在日常生活中，一个五十岁的男人，总得用一两件拿得出手的事情来告慰自己的前半生。站在小说立场上，我做这样一件事的目的，是想恢复文学中的"现实主义"尊严。

进入长篇小说写作领域的人，需要达到较高的修养境界。这样想来，就会发现，世上各类事物，形而上也好，形而下也好，一直被我们用艰难系数分解得清清楚楚。无法例外的写作，将长篇小说当成人所景仰的青藏高原。那样的海拔，那样的敬畏，完全由不得我们。即便是资深与熟练的写作者，一旦失去敬畏，生命在小说中延续的过程就会事实终止。

有些人喜欢苏州园林，也不失为过一辈子。

有些人向往大山大海大漠，不如此就不甘心。

不同趣味的文学也是有分野的。《圣天门口》从脱稿到现在，已经过去一年多了，过去长达六年时间的写作，积累下来的肉体苦辛仍不见消失，健康透支还没得到彻底补偿。但我一点也不后悔，因为，这是一部可以让我托付自己灵魂的作品。这一点，也是我相信长篇小说是有生命的原因。

文学的灵魂是感恩，是人对生命的感恩，是人对生活的感恩，是人对生存的感恩。

我不打算去做与文学无关的事情了。今年年初，应各方邀请，我出面创办《芳草》大型文学杂志。这两年我打算先办办刊物，借此之利扩展自己的文学主张，同时也恢复和培养一下自我肌体的墒情。等到适合耕耘的季节，我将会重写当初刚刚交稿就感到后悔的《痛失》，然后再将自己对读者允诺过的《痛失》的后两部写出来。所以，虽然有几年时间的写作空格，但在心里我会时刻准备着。

（访谈者：汪政，二〇〇六年五月八日）

二、文学是小地方的事情

问：首先很感谢刘老师百忙中接受我这次专访，很荣幸能与你展开一场较有深度的对话。让我们还是从你的长篇小说《圣天门口》开始谈起吧。这部长篇据说耗费了你五六年的光阴，其间有什么插曲吗？

答：写《圣天门口》的中间我曾经写过一部长篇叫《弥天》，就因为这个插曲，把《圣天门口》前面的文字搞丢了。原因是写完《弥天》，再回到《圣天门口》时，面对已经写出来的十来万字，实在找不到继续写下去的感觉。

问：这是一个遗憾。《圣天门口》第一部分的内容在进入历史叙事状态的时候，不同的人有不同的看法。可能就涉及这个丢失的问题。

答：后来又重写了。其实，《圣天门口》的写作有三个阶段：第一阶段我写了几万字以后，中途开始写《痛失》。《痛失》本来是答应给上海文艺出版社的，但后来因故由长江文艺出版社出版。因为签了合同，没有办法，我只好给上海那边另写一个长篇。第一次的几万字，因为《痛失》丢了；重新再写，写到十几万字，又因为《弥天》把这十几万字弄丢了。

问：这都是书名惹的祸，题目包含了一种隐喻，所以就把《圣天门口》的十几万字"痛失"了，这里面似乎有一些很神秘的因素啊。

答：有人说，读《圣天门口》前面一章，有些静不下来，原因是没有跟上写作者的情绪。那几年，我将自己关在家里，将外部的纷杂挡在门外，如果读者能像安静写作那样安静阅读，一定会像我自己那样，喜欢前面这一部分的。谈到《圣天门口》，有人觉得前面的章节可以砍掉或者留个引子就可以了。作为一个职业批评者，以批评的眼光来看，是这样的；但若是以艺术的眼光来看，它可能有缺陷，相对于整部作品的气质来说却是不可或缺。好像有人长了颗泪痣，或者有的人左脸比右脸歪了那么一点点，反而会形成个性与气质。

问：确实是这样。如果把这部作品整形成规范的、标准的、一模一样的文学成品，整得符合批评家的眼光了，那就很有可能成为批评家的作品了，而不是你的了。

答：批评家能认真研究作者的写作心理，在这一点上，我喜欢《文汇报》周毅的文章。一九九六年，周毅第一次写文章评论我的作品时，彼此不仅未见过面，我甚至没有听说过她的名字。《上海文学》原主编周介人先生很欣赏这个女子，说她文采了得，上海那么多有名气的批评家，他都没有找，就只找了周毅来写。这篇叫《心如明镜台》的长文在《上海文学》刊载，我看了大为惊讶，如此陌生女子如何晓得我的内心？她很注意相关细节，个人生活和社会生活的细节，个人情绪和社会情绪的细节，她把这些细节都联想在一起，然后推测作者为何要这样写，作者这样写的意趣何在！后来跟周毅见面，聊起她的猜测基本上符合我写作时的心态。她也觉得很诧异，说自己完全是估计着写的，没有想太多，只是跟着感觉走。这种状态是批评家和作家的一种心灵的契合，形成了一种信任，这种信任对于文学批评中的建树，哪怕是执拗的坚持，也会更充分、更有力一些。

问：作家和批评家的关系也是很复杂的，现在我们国内批评家和作家之间出现了一种比较扭曲的关系。所以有人提倡批评家和作家之间应该保持适当的距离。

答：这种关系，还是和社会整体的风气相关。实际上，不仅仅是批评家，社会生活中的每个人都有属于自己的整套观念，认为就应该是这样！就像女人逛街，见到喜欢和想要的东西就刷卡埋单，对不喜欢和不想要的东西，不是横眉冷对，便是绕着走。世间百事最忌先入为主，文学批评也不例外，还没有看作家的作品怎么就能晓得作家是怎样的呢？！从文本出发，这样一种进入文学批评的状态，无疑是更科学一些。针对某一部作品或作家，一定要从他的经历、他的文本着手。有人认为我是一个农民的儿子，并从农民的角度来研究我的写作；有的人认为我是个干部子弟，是官本位的"主旋律"角度写作，如此产生的偏差是很明显的。我恰恰是二者之间，在社会的夹缝里面生存。我既不是农民的儿子，也不是纯粹在城市长大的、在父母荫护下长大的乡村"高干子弟"。我当年作为"走资派的子女"，在乡下总是受欺负，在内心里我害怕乡下的孩子，面对别的成群结队、一言不合就动手的男孩时，作为孤单的"干部子弟"，其实我的精神生活比他们更艰难。

问：《威风凛凛》里面那个叫"学文"的男孩，父母早亡，他从小与爷爷相依为命，那个人物身上应该有一点你当年的影子。

答：只能说大概如此。我是跟着爷爷长大的。这比较夹生，我既不是城市的，也不是乡下的。我曾经写过一篇这方面的文章，这恰恰也是我的优势，因为我站在二者边缘，向左看我可以看到城市，向右看我又了解乡村；向前看我了解农民，向后看我了解干部。如果是纯粹的农民的儿子，所写的作品当中，更多应该是对于干部的怨恨。在《痛失》《分享艰难》等写乡村的作品中，我也有批判，但这种批判或者批评往往显出一些温情，因为这里面有父辈的影子，我也了解他们的为人，他们虽作为普通干部确有这样那样的问题，但作为个体，他们也是普通人，也是某个男孩或女孩的父母。

问：很多研究者认为你对于你笔下的中国农村干部、乡镇干部形象的批判不够彻底，由于你父母的身份，所以你给予他们很多同情和理解，与其他作家对农村干部体制的严厉批判相比，就显得不那么有深度。而另外有一些作家，他们对于当代中国农村体制进行了尖锐的批判。这就形成了一种写作上的两极，你怎么看待这个问题？

答：这正是当代文学不成熟的地方。文学批判更多的应该是从人性的角度出发。文学不应该是虚张声势地说自己是批判，或是虚张声势地说自己是浪漫，文学唯一的标准就是人性表达。在这点上，你相信世界上有完全兽性的人么？

问：采用夸张的方式、变形的方式，把人性恶的方面展览到极致。当代文坛是有一批像这样的作家，是沿着这个路子在写的。但你确实不是沿着这个路子在写。

答：文学的主旨到底是审美还是审丑？这是必须明确的问题。可能近些年我们的文学教育、文学传播途径和方式受到时尚的诱惑，需要其他更强劲的东西来吸引眼球。娱乐界所有的绯闻都是为了吸引眼球，于是审丑过度发展，这与艺术的第一要素审美相背离。如果文学也是如此，那真的要走进死胡同了。文学应该是传承善和美。

文学也不是新闻的补充。按新闻的要素，狗咬人不可写，只能写人咬狗。看看古今中外的经典文学，包括《红楼梦》，写的都是正常人的日常生活、正常家庭的正常命运，是在正常的框架下，表现人性的复杂性。

文学也是用来写人的。画鬼容易画人难。

对于写作，我一直是有坚持的，不会轻易地去改变。

问：我觉得在你的创作中也没有回避现实中的丑恶，包括人性恶的方面，无论是《威风凛凛》还是《圣天门口》，乃至于像《天行者》这样高扬底层理想主义精神的作品当中，也有很多对社会丑恶现象的批判。社会外在的丑恶现象肯定是人们内心中人性恶的一种表现，它是外化出来的一种东西。《威风凛凛》里面的五驼子、金福儿，都喜欢抖威风，斗狠，所以在西河小镇上充满了很多暴力、流血。他们杀来斗去，有段时间五驼子赢了，再过段时间又是金福儿胜了，但归根结底他们都是失败者，而赵老师才是最大的赢家和最后的赢家。赵老师表面上是他们谁都敢欺负的对象，实际上却是西河镇上唯一的精神贵族。他的肉身被欺侮了，被杀了，但灵魂还在，精神不灭！所以《威风凛凛》好就好在它超越了人性恶的表演，写出了理想和良知的高贵。我觉得《威风凛凛》应该是《圣天门口》的雏形，因为后者里面也是写的生活丑与美、人性恶与善的搏斗，通过精神和心理的搏斗写历史、写现实、写人生。你刚才反复地强调文学应该教会读者去认识人性的善和美，这是一种文学理想境界。而你的作品中并没有回避理想与现实、丑恶和善美之间的冲突。正是因为有这样的一种深度的冲突和张力，我觉得实际上你的作品也写出了生活的复杂性和人性的复杂性。

答：我们谈论的美和善良，首先是一种理想。也许有人认为在写作当中、在日常生活当中，人是善的，人是美的，但是这种善和美在生活中、在写作中不一定是你所希望的那样，它肯定有丑有恶。

人是一种易碎品。

我在《圣天门口》中专门写了一章，就叫"人是一种易碎品"，正是感觉到了人性的理想在残酷的现实面前所遭遇的破碎与痛苦。对大多数作家来说，他们写作都有一个源头，一定是他的童年，童年时期的心理对写作者是很有影响的。实际上，作家与其作品品格的走向在童年时就定格了。我的文学品格和理想也早就定格了。

问：你认为"文学是传递真善美的信仰"这种文学观念，用现在流行的话来说就是"正能量的传播"。但你肯定也注意到了，和你同时代的很多作家与你的文学观念并不一致，请问你为什么要一直坚持这种观念？

答：我是想自己的人生和文学能够同步起来，尽可能不要让它们分裂。有的人是天生的写作者，这种写作是可靠的；有的人是以写作来谋生作秀，谋取个人贪欲的满足，这种人的为人与写作是分裂的。对一个真正的写作者而言，他必须做出选择。二十年前，我曾说过，作家写作有两种，一种用智慧和思想，一种用灵魂和血肉，但我一直坚持成为后者。虽然它很吃力、很痛苦。

中国文学中所谓的思想和智慧，已经到泛滥的程度，已经背离真正的思想和智慧，而成为一种谋求利益的生存技能。

问：现在所谓的思想、智慧，离真的思想和智慧，还有相当一段距离。很多时候，人们的言说其实已经成为一种谋生的手段——顺手把某些大人物的观点拿过来贩卖一下，获利多少，都有得赚。坚持灵魂和血肉写作，我认为这应该是作家的精神底线，如果没有灵魂和血肉的写作，肯定是会被历史淘汰、被读者唾弃的。你的创作是用灵魂和血肉来写，但里面也有你的思想和智慧。

答：这两者不是对立的。作家肯定是具备一定思想品质和智慧能量的人，在表述的时候肯定不是喊口号、不是直接开枪射击的。更重要的是写作态度，过于偏重技巧容易丧失写作的灵魂。

问：我能从你的作品中体验到你的血肉和灵魂的投入，但是如果你没有对中国历史、人生、乡村展开深邃的思考，你就不可能有思想和智慧涌现。我认为作家的思想和智慧应该来自他的血肉和灵魂的投入，真正独特的思想和智慧不是外在于作家的血肉和灵魂的，相反，前者是内在于后者的，也就是说，作品的思想和智慧不是外在的、强加的，而是内在的、是从作家的血肉和灵魂的投入过程中自然地生长、升腾出来的。这就好比说思想和智慧是理性形态的东西，血肉和灵魂是非理性的东西，真正的理性是从非理性状态中自然生长、升腾出来的，而不是外力强加的结果。只有这样才能确保一个作家的独立之人格和自由之思想。我很喜欢你的这种文学观念，请问这是怎么形成的呢？

答：我也在想这个问题。也许是人笨一些吧，给自己找一个借口，别人说起来巧舌如簧，我就只好找另外一种途径，我把自己所想到的、所认识的最真实的东西，包括人生的理想和现实告诉大家。

问：这个问题涉及你的创作心理的形成机制，能谈一下么？

答：曹雪芹就是用灵魂与血肉来写作的，这就是《红楼梦》与其他作品的区别。我们都崇拜鲁迅，但是从才华来讲，他并没有写长篇小说，而选择了一针见血的杂文。我们那个时代的人都说鲁迅这辈子最遗憾的是没有一部长篇，从作者的角度来讲，作家都希望自己有一部好的长篇。只是因为他那个时代需要杂文，所以他放弃了写长篇，他选择了遗憾，我想这就是文学精神。

问：其实到了鲁迅创作的后期，选择什么文体已经不再重要了。不管是小说也好，还是杂文也好，鲁迅先生都投入了自己的灵魂和血肉，然后再催生出独特的思想和智慧。所以只要是他的文字，都有他的精神的印记。鲁迅的创作之中，有血肉也有思想，有灵魂也有智慧，这和他的社会经历和人生阅历有关。那么在你的大量作品当中，能够打动读者的那些作品肯定也投入了你的血肉和精神。

答：文学精神是自然生长的，它来自脚下的大地，除此之外再也找不到其他任何理由。我信奉这一点，我的创作源自我的大地，而不会是其他。

就像父母生养我们一样，我们的大地只能生长我们的文学。

问：土地孕育了人，土地也孕育了文学。一个作家离不开他所生活过的土地。俗话说一方水土一方人，同理，一方水土一方文。莫言离不开他的高密东北乡的土地，贾平凹也离不开他的陕南商州故地，所以他们写长篇的时候经常要躲回老家去写，去接地气。陈忠实写《白鹿原》就是躲在西安郊外的老屋里写的，而且是连续写了好多年才写成。土地对作家的重要性不言而喻。养育一个作家的土地其实是那个作家的血地，是那个作家及其文学的诞生之地。所以我认为土地是作家的血缘脐带，它是不能剪断的，如果剪断了，就会丧失文学的精气神。这样的文学必然是虚浮的，是没有灵魂和血肉的，那就更谈不上思想和智慧了。即使有所谓的思想和智慧，那也是装模作样的虚假思想和虚伪智慧。土地在你的创作中确实很重要，那么，你能否结合自己的亲身经历谈谈养育你的土地呢？

答：我主张的是"大地"，与"土地"不完全一样。

前不久，陪母亲去了我出生不久后待过的地方——团风，那时候我还在襁褓中。团风是历史名镇，古称乌林，一九九八年原来的黄冈县一分为二，一部分成了黄州区，一部分成了团风县，建县才十几年。当年，母亲带着我和我姐姐在镇上的酒厂里待了一年多。厂里生产的赤壁大曲在当地曾经颇有名气。如今，当年做酒厂的地方已经成了一片菜地，而我也是五十多岁的人了。想想自己一岁的模样，就像看到了菜地里生长的那些小白菜和大白菜。母亲说我出生在黄州城内的地委招待所二楼时，我什么感觉都没有。但是现在看到的这地方，除了生长着白菜什么都没有，我却能真切地感受到在这片地里自己是怎样成长的，能够感受到自己成长的痕迹。后来，我在很多小镇上生活过。一岁多离开团风时，父亲请了两个挑夫，将我和我姐姐以及家里的行李挑到了英山县石头嘴镇。前几天碰到石头嘴镇年轻的镇长，他让我再回去看看。对这个邀请，我心里是婉拒的。因为我已经路过好几次了，记忆中的美好都已经不在了，小时候在那儿光着屁股玩水挨过打、夜里在镇外西河河滩上乘凉，听别人说梦话"豺狗来了"，惊慌失措地拔腿就跑。

当年沙滩洁白的西河，现在变得尽是疮痍。还有一次，后半夜突然醒来，发现整个河滩就只剩下我们一家人了，真的是很恐怖。那时候，山里人不管"狼"叫"狼"，而是叫"豺狗"，豺狗吃小孩和羊是很真实的事情。那时候，镇上真的有座教堂，很多年前就没有传教士，都被打跑了。民国初年，著名的"六安教案"波及石头嘴镇教堂，还有相隔不远的杨柳塆镇教堂，山里人因为"洋人"传教士奸淫当地妇女，将教堂烧了。姓姚的法国主教，联络六安等地的教堂，索赔白银二十五万两，后降至九万元大洋，英山赔了其中的四千元。小时候，在县城一带不时见到一个土生土长的"洋人"，都说是那传教士的后代。最早关于"科学"的记忆，就像我在《圣天门口》里写的气象站，也来自石头嘴镇。小镇后边的山顶草地上放着一个百叶箱，百叶箱里面只有一支温度计，每天早中晚都有人去看。当时我们觉得很好奇，只要有人去开百叶箱，我们就在后面跟着，其实什么也没看懂。

问：那你接受启蒙教育是在哪个地方呢？

答：也是在石头嘴镇。我四岁半上学，但我不是神童，因为家里孩子太多没人带，是"被上学""被启蒙"的，由姐姐带着去学校，说是上学其实是带我玩。一年级读完，姐姐升到了二年级，我留级继续读一年级。记忆中，比较恐怖的还有"美蒋特务"。那时候，离镇不远的大别山主峰天堂寨，夜里常有信号弹升起来，有时候还有枪响。只要有动静，镇上的民兵就会集体出动去搜山。父亲当时配了一支手枪，夜里匆匆提着手枪出门，那场面让我们觉得既心惊胆战，又无比骄傲和崇拜。具体时间应该是二十世纪五十年代末期和六十年代初期。一九六二年春天，我们家搬到八十里外的红山区的金家墩。金家墩不是镇，是一座较大的村落。村旁有一所没有五六年级的初级小学，印象最深的是我的数学老师。传说她是反动军官的小老婆，因而对她有种莫名其妙的害怕，只要她出现我们就躲到一边去。还有她的女儿，也让我们感觉很害怕，她有癫痫病，为了冲喜十七岁就嫁人了。她之所以得这个病，传说是在"四清"的时候，工作队去村子背后的乌云山上砸庙里的菩萨，她跟着去看热闹，回来之后就得了癫痫病。用乡下的话来说，她是被菩萨"敲"了。

问：《威风凛凛》里的赵老师原型来自哪里？

答：算不上是原型，只能说是外形。他来自我生活过的第三座镇子——贺家桥。我在当地中心小学读书的时候，语文老师姓金。赵长子这个人物的外形正如金老师，又瘦又长，人特别书呆子。记得他的寝室兼办公室里除了床桌，还有一只柜子，柜门上的对联是"蕴金如蕴玉，储学胜储金"。金老师在"文革"中被斗得很惨，因为平时教书很严格，学生贴大字报批斗他，大部分是说他偏爱某某同学，特别是偏爱成绩好、长相漂亮的女同学。我当时在五年级，六年级的学生斗他斗得最厉害。

问：作家普遍对童年的记忆很深刻，很鲜活。而一般做不了作家的人往往都把童年的记忆给遗忘了。人长大了，书读多了，理性渐长，早年的形象记忆都褪色了。

答：人们记住的都是有用的。有些东西对生活产生了影响，就形成敬畏。之所以形成这种观念，一定和生活经历有关。到贺家桥镇之后，我们家的生活就更困难了，我们租住在一个姓石的农民家里。干打垒的房子，很怕下雨。房子的缝隙很大，麻雀能自如进出，夜里能见到星星、月亮。当年农民盖房子，每一把力都用得很实在，如果是现在的工程，垮多少次还不好说！我们在这所房子里面住了七年，每一天都在提心吊胆。到后来，房东找了几根柱子从外面把房子撑住。还有一个印象深刻的，我在散文中写过，对我来说是一种致命的深刻。我家的租住屋在一个山坳里，只有这么一个独户人家，隔着一座山嘴，离镇上更近的另一个山坳里面住有两家人：一家是富裕中农，比较有趣，刚搬来此地时，正好赶上他们家的婆婆和媳妇一起生孩子；另一家是个地主，他们家的房子是两间茅屋，这一家对我的审美观念的形成，潜在影响实在不小。

问：能不能具体地解释一下？

答：那时候，地主成分是非常不得人心的，总是受欺负，抬不起头来。我们小时候也会去欺负他们，但心里常常会感到恐惧，长大后才晓得这不是恐惧，而是敬畏。原因就在于，别人家门口的院场到处都是鸡粪、猪粪、牛粪等，肮脏得不成样子，而地主家院场的地面总被打扫得干干净净。地主家就只有两间茅草屋，屋里的泥巴地被扫帚扫得油光锃亮，正对大门的条案上整整齐齐地放着一排书。还有一点，那个时候乡里孩子穿得都很破，地主家的孩子衣服穿得比一般的孩子更破，别人家的孩子是破罐子破摔，破衣服就当破衣服穿。地主家孩子的衣服也破，但都缝上了补丁，一个个窟窿全补得整整齐齐的。那时候，一般农民家的孩子早上很少刷牙洗脸，他们家的两个儿子脸上永远白白净净的，绝不流鼻涕，每天还要用湿布擦牙齿。更重要的是，他们口袋里还有一条用破布做的，洗得干干净净的手帕。

日后，我比一般人更懂得自律，可能正是当年受到的震慑——文明的教养。

问：我觉得这里面就涉及你创作的主题了。在你的很多作品里，如《圣天门口》《威风凛凛》，人们对赵老师，对雪家人，对有知识、有文化的人，都有一种很恐惧的东西。这是野蛮对文明的恐惧、愚昧对知识的恐惧。你的小说里经常写到小镇上的乡民对知识分子文化人的一种仇视和畏惧。畏惧并不可怕，最可怕的还是仇视。仇视知识，仇视文明，就会越来越愚昧和野蛮，暴力将会在社会上泛滥。畏惧则不同，畏惧可以发展为你所说的敬畏，敬畏知识、敬畏文明，这是一个人、一个民族、一个社会走向文明的起点。

答：《圣天门口》里的董重里便是如此。董重里的"重"字，要念成"重要"的"重"，而非"重复"的"重"。他本来是押送银圆到大别山北麓的白雀园，后来因为一些事被欧阳大姐"肃反"了，准备杀他。欧阳大姐最终放了他，是因为董重里的一个细小动作把她震撼到了。董重里历尽艰险一路走来，将银圆送到了，当被抓起来审问时，他很镇定地从口袋里拿出一方干干净净的手帕揩了自己一下。作为女人的欧阳大姐被这种举动打动了，然后情不自禁地对董重里法外施恩，这也是她此生唯一例外，因为她从来没有见过如此洁身自爱的男人。

越是铁血女人，心里越有柔软的角落。

这种细节的来源，正是童年的记忆。

问：这是一种很刻骨铭心的记忆，你的很多作品中都写到过类似的细节。这其实就是我所理解的那种灵魂、血肉投入进去的写作，但也许你没有思考太多。我们说记忆是鲜活的，是铭心刻骨的，就是说记忆是有血有肉、有灵魂的。没有血肉、没有灵魂的记忆是不可靠的，不是生命的记忆，仅仅是表层的生活记忆，可能时过境迁就遗忘了。而生命的记忆不一样，它潜伏在人的灵魂的深处，或者说它一直就在塑造着一个人的灵魂。一个伟大的作家必然具备伟大的灵魂，而伟大的灵魂正是由无数的生命记忆塑造出来的。

答：记忆这种东西在不同的人那里就成了不同的样子。我的潜在想法和别的孩子不一样，我对这类的事情记忆要多一些，这也是我能成为一个作家天生的一种气质吧。其实，当年的聪明人和有智慧的人，更擅长讲当地流传的机智人物的俏皮话和机智故事。就像现今手机上的短消息段子，这些东西算不上哗众取宠，但是能够迅速取得周围舆论的关注甚至是好评。从小时候起，我就对此没有太多兴趣。反而是上述那种属于人生细节的东西，通过童年的记忆，被深刻地保存下来。

问：后来你还去过其他什么镇吗？

答：第四个镇是西汤河镇，现在还在。过去英山有四个汤河，东南西北各一个，因白莲河水库的修建，南汤河被淤沙压到河底去了，现今只存在三个。石头嘴镇、贺家桥镇、西汤河镇，都是西河边上的。西汤河镇上，留给我的记忆就是"文革"。小学毕业时，因为"文革"停课闹革命，中学停止招生，于是我在西汤河小学又读了一个六年级。因此，我的小学是读了八年的。在西汤河小学，我第一次看到曾经敬畏的老师，怎么样被孩子们折腾、批斗、谩骂。老师从没有教过的邪恶的字眼，纷纷出现在大字报和小字报上。

对我来说，"文革"的最深印象，是学会写那些肮脏的、邪恶的字了。特别是西汤河小学，有一伙男生专门针对一位女老师写大字报和小字报，用的字眼，任何教科书上都不会有，当年的《新华字典》上也不曾收录。

因为我是第二次读六年级，成绩自然是年级上上乘，那位女老师又在学校的文体活动中常点我上场，加上来西汤河小学的时间太短，与别的同学不熟悉，便有点显得与大家格格不入。那群最活跃的"红小鬼"，公开放话要狠狠对付我。这件事没有发生在我的身上，但发生在我的弟妹身上了。所以，在往后很长时间里，只要听说某人是该小学的学生，我心里就会引起某种警惕。我在西汤河镇上待的时间并不长，我们家同样租了一个农民家的一间半房子，一间是爷爷带着五个孩子一起住，另外半间在牛棚隔壁，用来做饭、吃饭。我父亲当时是县水利局局长，不能回家；而母亲是供销社的售货员，以店为家，白天卖货、晚上值班。我们只能和爷爷待在一起，几个孩子全是爷爷带大的。这次回团风的时候，我姐姐突然回想起来，当时外婆跟着妈妈在团风酒厂里住了两个月，后来外婆住不惯，坚决要回麻城。母亲的说法略有不同，她说我们举家搬去英山时，外婆害怕英山太偏僻，山太大，路太远，进了山去就出不来，才没有跟着我们去英山。我想，假如我们是外婆带大的，对我们性格的影响，肯定是不同的。

一个作家的早年家庭生活环境很值得好好研究。

问：你住过的小镇还真是多啊。把这些经历写成文章，就叫"刘醒龙的小镇人生"，这应该是一个很有意思的话题吧？

答：继续说第五个镇——雷店镇。那个时候，我已经高中毕业了。一九七三年属于"文革"后期，我本来应该要下乡当"知青"的，因为我家里太困难，再加上父亲工作搞得很好，所以县委书记法外开恩说："老刘家的儿子不下去。"不少人写信告状，但县委书记说的话在当时就像法令，意见提得再多也没有用处。县委书记在大会上说，如果有谁能使自己蹲点的村里没有人外出讨米要饭，你家的孩子也可以不下乡。只这一句话，就让那些人变得哑口无言。县委书记名叫洪平安，县里的人一直叫他洪部长，开始是县人武部长兼任县委书记，后来是县委书记兼任人武部长。一九八一年时，有一首长诗《举起森林般的手，制止》批判的就是他。想不到时过境迁，现如今，英山人一致认为，洪平安是英山县有史以来最好的书记。

读高中时，我数学成绩不错，号称年级第一。早一届的一位叫方开元的高中学长，因此曾送我一本类似今天的奥数试题书，是翻译过来的，好像是波兰或者捷克的。一九七三年元月高中毕业后，直到五月份，我还在家待着，没有事情做，便拿上这本书在家攻读，并写了一封长信，给教我高中数学的郭老师，向他请教一些问题。如果当时郭老师回了信，我的人生可能走的就是另外一条路。但郭老师没理我，自己又实在解决不了那些数学难题，只好就此放弃。

在雷店镇上，我印象最深的是武汉"知青"来了。我母亲工作的地方有个很漂亮的阿姨，武汉"知青"有事没事便来挑逗她。当年镇上的风气很淳朴。"知青"来了后，当地的人忽然有了句口头禅："不要跟武汉'知青'学坏了。"事实上，镇上不少青少年仍然反叛地跟着他们学，穿着人字形拖鞋干活或者上街闲逛，留长头发，穿喇叭裤，当着大人的面抽香烟，同长辈吵架时，偶尔也会冒出一句武汉人的口头禅："个婊子养的！"在中篇小说《大树还小》中，我写了这样的乡村场景，"老三届"们很烦我，说我把"青春无悔"的"知青"形象写坏了。

问：《大树还小》确实在当年激发了意外的反响。我记得评论界当时有的人把这种"知青"题材的小说称为"后'知青'文学"，一带上"后"字就包含了解构主义色彩。你要解构的就是长期以来形成的一种"知青"文学叙事模式，一种把"知青"形象塑造得很英雄、很理想、很悲壮，或者很浪漫、很诗意、很温情的叙述规范，这种"知青"文学我们见得太多了。人们会怀疑，这种"知青"记忆到底是不是真实的？有没有另外不同性质的"知青"记忆？在你的笔下，人们并不觉得"知青"使当地变得更好了，相反还给当时当地农民的生活带来了不好的影响。一般的"知青"作品，写的都是"知青"给当地带去了知识、文化，而《大树还小》里面的"知青"，非但没有带来福祉，相反还把人心教坏了，把既有的生活变糟了。

答：说"带坏了"，只能当小说来看。这不是我说"知青"坏，而是当地的人这么说，我只是还原当时的场景。小时候，民众一直将太平天国的军队说成是"长毛贼"，官方的意识形态却称其为英雄，民间与官方，在一些问题上相互扭曲的情形比较常见。《大树还小》因为挑战了社会上形成的所谓主流意识，所以引起了很多争论。我写《大树还小》时格外冷静。城市的青年下乡生活三年五载是一场悲剧，但从乡村中的普通人的角度来看，三年五载就那么苦不堪言吗？那些在乡村生活了三十年、五十载的人们，和生活了三百年、五百载的祖先呢？他们不是一直这么苦过来的么？

之前的"知青"文学，只是就"知青"说"知青"，而没有把"知青"放到整个大的社会背景去看，没有放在中华民族共有的苦难史之中去看，而是把自己的苦难单独挑出来，而不在乎别人的感受，这是一种群体的自私。

这与城市现在对乡村的态度是一样的：喜欢乡村的风景，但讨厌乡村中的人。希望乡村中的人来城里干那些没人愿意干的脏活苦活，但不情愿乡村中的人做自己的邻居街坊，留在城里共同生活。

问：你认为这种情形是有意识的抛弃而不是无意识的遗忘？

答：我认为这是社会层面的某种合谋。前一阵，整个社会都在探讨"果子狸该不该吃"。诸如此类的讨论老是停留在技术层面上，而忽略其他。当时我就谈了一个观点，从前，乡村

中的人是不吃野生动物的，除了做中药的药引，不然吃甲鱼、
乌龟什么的会被人耻笑。那时候，他们认为甲鱼、乌龟都是在
阴湿环境中生存，是肮脏的、不洁的，只有那些品行不端的懒
汉或二流子才会去捉来吃。小时候，经常看见田埂阴沟到处爬
着乌龟、甲鱼，没人理会。为什么短短十几年，人的欲望会突
然猛增？吃乌龟、甲鱼，吃蛇，吃果子狸，什么都吃。这里面
有媒体在起推波助澜的作用。

问：你的意思是说媒体在不断地催生人们的欲望？

答：对，就是"催生"。回想一下，这些年哪家媒体还在
说"家常菜是最好的，三室一厅就够住了"？各种文字都在说
山珍海味、豪华别墅、明星生活。被过度夸张的城市化就是乡
村被边缘化的根本原因。世界哪有城市化是在乡村安逸富足的
基础上进行的？然而果真将城市化建立在乡村贫困粗俗的基础
上，这样的城市化是没有前途的。

问：这就涉及你对于乡村的一种复杂而矛盾的情感关系。

答：我的作品真的触动了社会的敏感点，触动了很多人不
愿意谈到的问题。

比如《分享艰难》中所表达与呈现的。"分享艰难"招致
很多人的反感。人人都会说："我只喜欢分享幸福，不喜欢分
享痛苦，凭什么要我们去分享痛苦？"但是，改革除了带来幸
福之外，也有可能带来痛苦，对一个旧的东西进行改变时，哪
能全部都是好的呢？改革之初，我们都没有做好"艰难"的准
备，整个社会的心理准备严重不足。生活并不像小说写的那

样，来了一个能改革的厂长或者书记，就能改变一座工厂和一个县的面貌。改革带来的痛苦不是挥之即去的。十几亿人都在渴望改革能深入下去，然而，下一步改革带来的痛苦也许会更大。比如说政治体制改革，我们做好这方面的准备了吗？是将自己的个人恩怨写在选票上，还是真正认定选票所圈定的是一个能干的、成熟的、靠得住的政治家？当然还有其他问题，能否克服人性中丑恶的一面，真正体现现代化制度的良性循环？又比如当下的文坛，三五个人抱成团，相互承认对方的"伟大""经典""不朽"。

问：这涉及一个社会体制变革的问题，变革总是艰难的，作家不仅要写外在的社会制度、政治制度、经济制度的变革，还要写出在这种综合的社会体制变革过程中的人的命运，尤其是写出一个民族在变革中的精神世界或心灵世界的变迁。如果把这写好了，那就是很了不起的作家和作品，是能够当作民族的心灵史来看待的，因为它保存了一个民族的集体记忆。不说集体记忆了，集体记忆太沉重，我们还是继续说说你的个体记忆。

答：我天生比较敏感，我讲的童年的事情，很多伙伴们毫无记忆。民族记忆其实也是不能忽视的，我们也不能专门讲个体记忆。我就不相信，我们中华民族就是靠被批判的"劣根性"生存下来的。像《圣天门口》里面所写到的，从女娲杀共工开始，经历了那么多血腥杀戮，民族文化仍被延续下来，我们民族一直在向前走，这说明肯定存在着比"劣根性"更伟大的东西在作为支撑。我们的文学、我们的作家很少在研究这个问题。反过来，总跟着别人说中国怎么不好，中国人怎么不行。单凭这一点，我就觉得中国是很了不起的，因为我们是最具有民族自省精神的国家，始终记住自己的缺点，这是很了不起的地方。

问：这是近百年来的事情，其实以前总是看到自己的优点。鸦片战争以来，一次次的战争，我们不是惨败就是"惨胜"，于是有了"事事不如人"的自卑情结。

答：汉朝、唐朝、清朝包括宋元，都是很了不得的。每个朝代开始的时候，都是很自负的。

作家也是如此，年轻时自负得要命。中年往后就变得安宁了。也有人到老也不肯消停的，实际上是心虚。

问：我觉得这也是可以理解的，因为不同的历史大势使然。国家在繁荣兴盛的时候就会更多地看到自己民族的优点，国家在腐败没落的时候就更多地看到本民族的缺陷。其实在繁荣中恰恰隐藏着衰败的病根子，只不过被一派繁荣景象遮蔽了而已，大多数人是看不到的，只有少数的精英分子可以看到，他们的思想眼光比较超前，这就是所谓历史的智者。反过来，在衰败中也埋藏着重新繁荣的种子，这就是民族复兴的火种！当年九一八事变爆发以后，日本人侵占东三省的时候，国人大都悲观失望，正是鲁迅先生站出来提倡民族的自信力，而我们知道鲁迅是一贯批判国民劣根性的，他是批判民族劣根性的现代祖师爷。鲁迅那篇文章我记得叫作《中国人失掉自信力了吗》。他在晚年转而批判中国人的"他信力"，批判中国人的

"自欺力"，而倡导民族"自信力"。我们上中学的时候学过这篇文章，是要求背诵的。我记得有一段很有名的话，大意是说我们民族之所以能绵延至今，是因为千百年来，我们一直有埋头苦干的人，有拼命硬干的人，有为民请命的人，有舍身求法的人，纵然是帝王将相的家谱，也掩盖不了他们的光耀。这种人就是我们民族的脊梁。所以我反对现在有些人歪曲和诬蔑鲁迅，好像鲁迅批判民族劣根性就是汉奸，就是卖国贼似的。其实鲁迅比那些盲目自信和自大，盲目爱国的人要清醒得多，他对我们民族和国家有着更深沉更激烈的爱！我觉得我们中国从晚清到民国再到现在，将来很可能还要延续很长的时间，将一直处在与西方世界交融和对接的过程中。在这个过程中间，我们肯定会关注我们民族劣根性的一方面，这是保持民族的基本清醒。但在清醒地看到民族劣根性的同时，又必须寻找我们民族精神中各种积极的东西、有价值的东西。我们反对"他信力"，正在恢复"自信力"。

答：中国的知识分子在有意无意之中都认可对"劣根性"的批判是一种深刻。但思想的深刻应当还有别的表现方式。

问：你说的这种情形确实是存在的。鲁迅那一代人所处的历史境遇毕竟和我们今天的不一样。他们那代人认为"矫枉必须过正"，所以批判起来不遗余力，确实有过激、过火、放大之处。但二十世纪末以来的中国已经不一样了，不再是民国时期那个积贫积弱的"旧中国"了，也不是一九四九年那会儿刚刚建立起来的"新中国"了，"新中国"在遭遇"文革"那样的重大挫折之后，经过不断的改革和开放，在社会经济发展上逐步融进了世界文明的大潮之中，并且是引人瞩目地"崛起"了，"复兴"了。在这种新的历史情境下，这些年来也有很多当代中国作家在有意无意地想走出鲁迅那种批判国民劣根性的写作模式。其实，像余华的《活着》、刘恒的《贫嘴张大民的幸福生活》等作品很受欢迎，按说福贵和大民的身上都有所谓的国民劣根性，但今天的人却觉得那种"劣根性"似乎也没什么不好，表达了跟鲁迅不同的看法。愚昧也好，麻木也罢，还有忍辱偷生之类，其实都是一种潜在的力量，也能在某一时刻让人得以生存——先活着，再等待机会拔起。这只能说是时代变了，历史语境变了，人们看问题的方式和角度都发生了变化。

答：我觉得鲁迅对知识分子的影响最大，对百姓的影响其实并不大。多数人还是受到传统文化的影响。

问：《圣天门口》表达了你对历史的新的认识，既有时代精英的认识，如对暴力、人性等的反思，也有对《黑暗传》那种历史循环论的观点的接受，比如你根据民间流传的古老叙事诗《黑暗传》的角度和语言风格，把近现代以来的历史事件几乎都编织进去了。此时的你仿佛就是古老的民间叙事诗人的灵魂附体，散发出民间智慧的光芒。因为从《黑暗传》原本，以及你所编织或续写的《黑暗传》来看，中华民族的苦难史是连绵不绝的，甚至在某种意义上也是亘古未变的，这个历史发现很可怕，你其实道出了历史陷阱的真相。通过你把二十世纪中国历史的现代性融合到传统的、民间的历史模式中的尝试，不难看出你在构思方面致力于传统与现代融合的努力。但这种融合本身还是表明了你的精英立场。《圣天门口》的叙述者仿佛是站在云端上俯视这个苦难的人世间，你的精英姿态是不言而喻的。

答：中国的历史一直在一个怪圈里循环，每一个朝代的更迭都是通过血腥来完成。这就需要第三股势力的介入——梅外婆和雪家人。既不同于杭家人（杭九枫）投奔共产党，也不同于马鹞子投靠国民党，梅外婆和雪家人的存在就是要打破这种历史的暴力循环，因为任何暴力方式的获得最终都还是会回到暴力上来，但是梅外婆和雪家人在任何时候都不用暴力来回报，他们期望再创一个新的社会进步、历史铭记的模式。很多人都没有理解《圣天门口》和《白鹿原》的区别，《圣天门口》坚决地从暴力循环中破解出来了，而这种破解正是来源于生活。比如说，当我们欺负地主家的孩子时，做母亲的地主婆不是生气，而是以怜悯和惋惜的态度来看我们，甚至还走上前来，替我们揩去脸上的鼻涕。也有人说我的作品当中有宗教情怀，我不否认但也无法承认，因为文学的想象力无不来源于刻骨铭心的人生。

问：《圣天门口》写的是天门口镇。能不能再来谈谈你生活中的小镇？

答：我的成长是在小镇上完成的。进到县城时，我已经十八岁了，很多东西已经形成了。最有趣的记忆都与小镇相关，比如说雷店镇，那个小镇给我印象最深的是"知青"，还有就是孤独——不能读书，又不能工作，父母太忙不能陪我，爷爷又回老家了，还没有朋友。我经常趴在窗口看人，却和人没有交流，就这样熬了几个月。然后就去了大别山深处、与安徽省交界的占河水库管理处。管理处的人，从管理处处长到下面的员工，差不多都在排斥我。想起来，我的到来确实有点名不正言不顺，他们大部分是修水库的民工，因为表现好留下来的。我的到来，正如他们背后所说，是"从峨眉山上下来摘桃子"。但对我来说，有事做总比待在家里要好。管理处早期做的事情就是在因修水库被炸碎的山上复耕，要在山上种玉米、种高粱，然而乱石堆里怎么种东西呢？我印象最深的有两点：一是用炸药化进水里，当作化肥施在禾苗上；另外一个是让我负责挑水，将一座巨大的粪坑灌满。与粪坑相距不到几米，有一条水渠。负责排工的干部让我用桶挑水。因为旁边正好放着一根水管，我就运用虹吸原理，通过水管放水到粪坑里。当天晚上处长就不点名地批评了我，说我没有艰苦奋斗精神。第二天，我依然如故。凑巧那天晚上我感冒发烧没有去开会，处长便点名批评了我。他宁可让我挑水，也不允许我用这种多快好省的办法，这给我留下了深刻印象。另外，我生平唯一一次被偷，也是在管理处的时候，第一个月满后，我领到十五元工资。一觉醒来，其他东西都在，单单钱不见了。整个管理处的人全都怀疑是同屋的人偷的，这种猜忌让他完全抬不起头来。

猜忌对一个人的杀伤力太大了。

问：你之前的事基本上都发生在学生阶段，也不会有太超乎想象的冲击力。但到了水库的时候，你已经开始踏入社会，所接触的世界是不是完全不一样了？

答：是，但也不全是。一九七三年夏天，因为"表现不好"，县水利局抽调一部分人去"百里西河换新天"工程，大家都不愿意去那种需要另起炉灶的地方。我因为刚参加工作，觉得无所谓。新地方是西河最上游的张家嘴水库。张家嘴也是一座小镇。住在那个镇上，我每天扛着五米长的花杆出去测量。在深山老林里面，还真的很可怕。一个人在那个山沟里面一待就是一上午，其实，什么都没有看，就一个人在那儿站着，也没有手机，那里面都是深山老林，一般情况下是听用仪器观测花杆的工程师的哨音，也有看小旗如何挥舞的，很多时候既听不见，也看不见，只能估摸已被观测过，按事先规划自作主张去到下一个观测点。镇上家家户户都在打草鞋，也就是编草鞋。别处打草鞋都是男人的事，张家嘴镇上男男女女都会打草鞋。《威风凛凛》里面不是写了卖草鞋的情形吗？就有这里的影子。这个时候我已经开始留意风情了：镇上有个刚结婚的女子，在家学裁缝。我们的水利工程队有几个黄州来的人，是黄冈地区水利局的技术人员。我们要做的事相当于给他们打下手，扛五米长的测量用的花杆，由他们指挥着漫山遍野乱转。每天收工后，他们就将自己洗干净，去找那个小裁缝，去跟她开玩笑。其中一个叫小向的，还会往脸上搽点雪花膏。这是我第一次见到男人在夏天里用雪花膏。整个夏天，我们都住在张家嘴。多年以后，我对一位从乡镇上走出来的女子说，如果她没有考取大学，只怕也会在家里学缝纫，当个女裁缝，像"镇花"一样生活也挺有风情的。的确，年轻漂亮的小镇女裁缝，是那个时代的乡村美景。

　　问：别人还在当"知青"的时候，你修水库去了。这一段经历后来是否影响到你的创作？

答：一九七三年秋天，我就进入了《弥天》所写的那个环境，主要是当年的岩河岭大队，有机会你们应该去看看我修的岩河岭水库。小说里的主要人物叫温三和，温三和所修的是一座名叫乔家寨的水库，别人都晓得修这座水库的内幕，但都不告诉温三和。为什么别人都不告诉温三和？从二〇三首长到水利局局长，从县委书记到大队支书，没有人不晓得的。坚决要修和极力不想修的人都晓得，只有青春年少的温三和什么也不晓得，所以他非常认真，担心这座水库将来会被洪水冲垮。为了这些，甚至吵闹、打架。最终，温三和才发现，如此水库竟然是个弥天大谎。

《弥天》是我的小说中，最具自传品相的。

问：其他方面写得挺好，就是情爱方面稍微欠缺一点，至少你在《弥天》里写的爱情故事没把我打动。我觉得《圣天门口》《威风凛凛》《生命是劳动与仁慈》里的爱情写得挺好。

答：那个时代的爱情，是最难描写的。

小说中的情事都有发生，只是分别在其他人身上。

因为有纪实性，写的时候才心存顾忌，不愿意给那些还活着的人造成不必要的纷扰。

问：有这种考虑很正常，所以你把它们组合起来了。正如鲁迅所说："杂取种种，合成一个。"那回到方才的话题，为什么说《弥天》是所有小说中"最具自传品相"的？

答：一九七三年秋天，我到了岩河岭水库。工地上有一万多民工，号称两万，正式施工才一个多月，真正的技术员就被调走了，这与小说里写的一模一样。一万多民工劳动时的技术指导与督察重担落在我一个人身上，让我觉得责任重大，怕出工程事故。水库如果垮了坝，是要坐牢甚至被枪毙的。那时我才十七岁，没见过世面，对太多东西是不了解的，对时局、政治更是个外行。那个去了别的工地上的技术员叫陈桂成，是浠水人，他给我留了两本书：一本是小型水利工程的设计与施工方面的，还有一本是小流域承雨面积计算方面的。这两本书，让我如获至宝。因为施工需要，刚开始只是努力看那本有关小型水利工程设计与施工的书。后来我想，如果自己当时看的是小型水利工程承雨面积计算那本书，就晓得怎么回事了。所以，直到水库快完工我才恍然大悟，为什么这些人把水库修到一定的高度后就完全不顾工程质量，因为水库大坝达到这个高程后，便无水可蓄。这是由水库的承雨面积决定的，按照大别山区年降雨量一千毫米左右，再用承雨面积来计算，就算将全年所下的雨，一滴不漏地装进来，也装不到水库库容的一半。就像现在城市里搞的形象工程——把外墙贴漂亮一些，管它背后破成什么样子。那个时候调动一万多人，花了整整一个冬季去搞这个形象工程。

问：这就是你之前说的，"如此水库竟然是个弥天大谎"？

答：那座水库是我对社会政治的初步认知，即便这样，也还是日后慢慢消化的。当时只是突然明白一个技术性的问题，而对这种技术背后的种种还没有多想。从个人经历来讲，在那处水库工地，第一次有女孩子似乎在婉转地向我表示情愫。

问：你那时候十八岁，正是朦胧的恋爱心理萌动的时候。新时期以来的很多"文革"题材的小说里，有的写那个时期的恋爱也很大胆，比如说通过演戏、演"样板戏"，进文工团等，创造青年男女的恋爱机会。虽然"文革"小说不等于现实，但毕竟是生活的反映。

答：那女孩虽然不像是童养媳，却是父辈指腹为媒的。男方比她小两岁。她经常去安徽那边的所谓婆家看看。安徽那边的人生活过得闲适一些，有吃有喝有玩的，衣服是"的确良"或者"的卡"做的，冬天时，女孩子一般都有呢子短大衣。湖北这边普遍贫穷，穿得又破，劳动又累。她每次去都会用手帕包一包花生、瓜子带回。有意思的是，每次她从安徽那边回来，路过工地指挥部，请我们吃完那些花生瓜子后，她都会将自己的手帕"忘"在我的枕头上。那时候我们住在工地指挥部，她在下面的营指挥部。下次她再来的时候，我就说你手帕丢了。我真以为她是忘了拿，就还给她。但她临走时，又会"忘"在她所坐过的地方。

问：那个年代里的手帕是个信物啊。

答：后来还是一姓姜的老师告诉我，小刘，人家对你有意思了，还说了很多教育我的话。

问：教育效果如何，是正面效果，还是负面效果？

答：这些不过是青春时节的一片涟漪。那女孩也许只是找一个与当地人没有任何瓜葛的同龄人进行倾诉，她还说，在工

地民兵营当副营长的公社团委书记在追求她，经常借口回公社
有事，带她回家休息。女孩并不喜欢对方，但对方骑着自行车
来接她，又实在没有理由拒绝。年轻的团委书记我也认识，面
相很文静，为人谦逊，工作时的魄力却很大，手下几千民工，
他一声吆喝就能调动起来，应当是做丈夫的好材料。有一回，
她来工地指挥部小坐，临走时，留下一张纸片，上面写有《增
广贤文》中"易长易退山溪水，易反易复小人心"等一些话，
最下面的落款是"最情"二字。这一次，又是那位姜老师笑着
提醒说，这是女孩名字的谐音。姜老师本在当地中学教书，临
时抽调到工地指挥帮忙，对此种文字游戏十分了解。在我看
来，也可能是埋怨那位团委书记的意思，她曾经说过，团委书
记还有一个没有完全了断的恋爱对象。青春期的男女，有位可
供倾诉的异性朋友，或多或少总要出现一些异样的光彩。

问：你那个时候肯定很风光，一个十八岁的青年人负责那
么多人的工作调度。

答：其实在我心里对那段生活是有所怀疑的。虽然我工作
很努力，却丝毫感觉不到这种工作的意义。在那个地方，我初
步了解了男女之间爱和非爱的区别。在一个油灯即将熄灭的夜
晚，指挥部一位明姓的长辈对我说，将来谈恋爱结婚，要找一
个身材小巧些的，否则会生出许多麻烦事。老明的妻子属于高
高大大那种，他说自己每次回家，因为满足不了妻子的需求，
而受到责骂，说他在外面有别的女人。曾经据说，那个女孩子
对我的这种表示是非常真实的，每次走都是很不舍。但在工程
指挥部内部，发生了另外一种与爱情无关的男女之事：一个新

婚不久的女子，被某副指挥长强暴了。这种丑恶的事情，就发生在我们临时居住的那间大屋子里。指挥部的领导层，却千方百计地将这事平抑下去了。

问：走上社会就不一样了，看来你在水库期间还真的经历了许多事情。那再之后呢？你怎么离开水库的？

答：一九七四年年底，有个招工机会，县里面给了我们家一个指标，也就是给我。我就填了那个表，离开了水利局去了阀门厂。当时有三个厂在招工，招工对象集中培训时，所住的县招待所在半山坡上，隔着整个县城，对面山上的那些工厂历历在目。在选择去哪家工厂时，我看中了阀门厂有半个篮球场，别的工厂除了车间和宿舍，什么都没有，就这样我去了阀门厂，并在厂里待了十年整。

问：阀门厂的记忆，反映在《生命是劳动与仁慈》里面了。这部长篇我当年写过评论的，后来这部小说再版时，改名《燕子红》，书名很能说明你的创作意图。但说实话，我当时看这部小说的时候就觉得应该叫《燕子红》，这不光是因为小说中有一章的题目就叫作"燕子红"，更重要的原因还是"燕子红"是这部小说中最为动人的意象，与女主人公的精神和外形特征十分的吻合，小说中的爱情也很能打动人。

答：我很少写关于工人生活的小说。有些事情，亲身经历介入太深反而写不好，虽然很多东西都可以写。我还是怀疑因为自身陷入太深，自己所在乎的那些人与事，是不是生活的真相，是否具有真正的艺术意味。任何写作都应当是有效的，那些无效的写作，只要一出现，写作的意义就会消散。

问：你刚才谈到了那么多的乡镇和县城，都是你早年成长的地方，而且都留下了你个人的一种生命的记忆。很有趣，也很有生命的质感。

答：还有最后一个镇，那就是我写的那个镇，罗田县的胜利镇，从前叫滕家堡，更早时叫屯兵堡。"堡"字在南方多念作"保"，而不是北方的"铺"。我父亲在这个地方工作过，在家庭生活中，父亲母亲经常谈到这个地名。

当我决定写《威风凛凛》时，就去了那个地方。胜利镇的地理地貌最契合我早期的记忆，所以当初筹拍《圣天门口》的电视剧时，我曾将导演和制片人带到那个镇上去看，他们对这个镇也非常感兴趣，最终没有选择它，其原因与文学无关。我最早生活的石头嘴镇已面目全非，比如说白花花的沙河消失了。上游修了水库后，下游水量减少，不需要那么大的河面了，就在两岸新修两道大堤，把河床挤得非常狭窄。胜利镇旁边的沙河一如既往，上面没有水库，就需要一个很宽阔的河床，山洪暴发时，能让洪水漫过去，不使其决堤冲毁两边的稻田。胜利镇保持的风貌，很契合我小时候在河滩上玩的感觉。每天黄昏，放下写作后，便独自一人在那沙滩上走走，那种光着脚走的感觉很能让人想起童年生活的记忆。比如，天黑之后，对某种野兽的恐惧。

问：胜利镇是你父亲工作和生活过的镇，你在写小说之前其实并没有在那个镇上待过，但是这个镇却非常符合你的记忆中经过的各种各样的镇的印象。这对你在小说创作中把童年的印象复原、把早年的记忆复活，肯定帮助很大，有一种梦回故地的感觉吧？

答：它最接近我小说里写的，包括我之前写的很多中短篇里面的小镇。一条小街，背后就是白花花的大沙河，后门一打开就可以到河里去。风声、水声甚至夜里有动物经过，都能很清晰地感觉到。它很安静，夜里没有任何外来之声，容易使人产生对原野的敬畏，并伴生那些有关神、鬼、怪的传说。在这种环境里，非常适合文学深造。《威风凛凛》所写的场景，是我记忆中的石头嘴镇，以及镇子旁边的西河，一条清幽幽的小街，出街口就是大河。胜利镇正是这样，一出街口就是大河，河边还保留着一处小小的码头。记忆中的西河，雨季的时候，会有小轮船从下游开上来，停靠在同样的小码头上。哪怕洪水退去，西河里也能常年通行竹排，用竹排来运送货物。

问：那个时候的运输工具不是很发达，水运还是能起到很大作用的。传统的水运比现代的运输工具显得更有诗意。你刚才对胜利镇的描述就很诗意化，很古朴，你的小说里面也写到了。我觉得很奇妙的是，你写的很多文学中的小镇，或说你的文学意义上"镇"的形象，跟你父亲的那个镇是非常契合的，尽管那个地方你以前并没有怎么去过。而你所待过的那些小镇，却已经没有了，或者发生了很大的改变。所以我们需要把你生活的镇和记忆的镇，你的文学版图中的镇和你父亲生活的镇，区别开来。但与此同时我们也不能回避你父亲生活的镇对你的创作的影响。实际上，你的文学中"镇"的形象，是你早年记忆中的"镇"的形象与你父亲当年生活过的镇的形象的一个艺术合体，已经很难分出彼此了。在这里，我们看到了一个儿子与父亲的生活记忆的重叠、交叉，或者叫作叠合。我想顺便问一下，你父亲在你的生活成长过程和小说创作过程中有一种什么样的作用？

答：在我早期的中短篇里面，"父亲"很少出现。一直到被你们评论为有"先锋小说"意味的"大别山之迷"系列小说的终结篇《异香》，再到后来被冯牧先生称为作为"新现实主义"过渡篇的《威风凛凛》，作品中长辈的主要形象还是"爷爷"。早期的写作更应该是凭一种直觉，因为在我的成长过程中，父亲很少介入，一直陪伴并呵护我的男性长辈是爷爷，在写作中自然而然地产生了这种关联——孙子和爷爷的关系。我对父亲几乎是不太了解的，而在成长过程中几乎没什么交集。当写作经验、人生经验不是很充分时，直觉成了最大的依赖。后来情况改变了，不仅仅是随着父亲的年迈，离开工作岗位回到家庭生活中，我和父亲的交流变通畅了，重要的是我自己成了父亲。在这种情况下，"父亲"的角色就自然会出现得多些。如《大树还小》里父亲叫小树，儿子叫大树。再后来的《圣天门口》和《天行者》，其中的亲缘关系，就自然地在父母的背景下展开。

问：你生活的镇子，你的家族，你的爷爷、父亲，包括你的一些亲人肯定会给你的创作带来影响。刚才你谈到了那么多的小镇往事，让我大开眼界，看来想做一个好作家，生活的复杂性确很重要。你刚才说你所生活的这些镇，都是你当年的一种个体的记忆，有些记忆也不是非常全面的，是有选择性的，是留给你的印象非常深、震撼到你的一些记忆，主要是像地主婆那种在当时社会上很受排斥的人的故事。我想问的另外一个问题是，你早年对这些镇的历史有了解吗？或者是后来为了创作再去了解的？

答：在生活中自然接触到的历史是最可靠的。

小镇的历史无须去啃书本，它是口口相传的。

相对城市，我敢于面对任何小镇。一九九五年第一次出国，去斯洛伐克和克罗地亚，回程时因为大雪导致航班延误，滞留在捷克，一口气走了好些小镇。那些异国情调，丝毫没有影响我在骨子里对它们的熟悉。

问：你的第一部长篇《威风凛凛》实际上不光是写了那个小镇的现在，而且写了整个小镇在很大历史跨度里的社会变迁：从抗日战争到"文革"，再写到改革开放。后来的《圣天门口》更是如此，历史跨度更大，但写的还是一个小镇的历史变迁。当然，《圣天门口》比起《威风凛凛》来，对小镇的历史的反思更加宏大、更加忧愤深广。

答：小镇之所以称为小镇，肯定是因为它小啊！正因为它小，所以没有秘密，或者是几乎没有秘密。每一个家庭的历史、每一个家庭的现在，都在大家的视野范围内，哪怕看不见，也听得见。

更特殊的是，每个小镇都有无限接近文学的传说。

问：革命传说也有吧？像在英山这种革命老区。

答：我们是在传说当中长大的，这种传说有经典的，有大的、历史方面的，更多的却是小的、小地方的，不为外人所知而被本地人津津乐道的一些东西。各个地方的人莫不如此。

童年能够生活在小镇上是很幸福的事。那些小镇的历史和记忆，不需要后天培养和教育。从小经历过，就会记得，一直忘不了。

问：正如你刚才说到的那样，你的童年记忆也是有选择性的记忆。你在有些方面比较敏感，能够意识到生活里很多微妙的东西，这跟你的同龄人不一样。那个时候，很多人也许对地主婆之类的就是一种敌视、一种排斥，完全是从众心理，根本不会想到去关心她。偏偏小时候的你去关注她，或者你对她的家庭生活方式很好奇——作为一个被社会排斥和歧视的"反动"家庭，居然能把家里搞得那么干净、整洁，这个里面包含了很多复杂的人性因素，超越了政治，超越了阶级成分划分的时代因素，而这恰恰是文学的兴趣之所在。

答：我很想打听她的那两个孩子现在怎么样了。记得她家姓饶，她隔壁的那户人家姓叶。然而，打听到、问到了的时候，自己又能说什么呢？可能什么也说不出来。我想还不如把它留在记忆当中。

人们面对历史，更多的时候，只能扼腕长叹。

问：根据你的讲述，我觉得你从小就有一种文学的个性和气质。也许跟你同年龄段的孩子，对地主、富农，持有的是与社会上的宣传一致的看法，和他们保持距离，根本不去接近。相反你去观察所谓的地主婆，甚至有接近的冲动。那个时候的你心中就有一种人性的温暖的感觉涌动，别人都把她当一个"反面人物"或者"反动家庭"的人进行批判，但是你却对她很同情。这是一种本能，文学的本能。文学家是需要柔软的内心的，心太硬不行，心太软才行。"心太软"是一个作家的基本素质，哪怕是对人性恶的剖析，也是植根于人性的精神抚摸。冷峻的背后有作家的热肠。残酷的暴力叙事之后有作家对人性的悲悯。《圣天门口》就是如此。

答：其实我并不敢去接近她，只是有一些跟别人不一样的想法。

问：我们谈得最深的、能够把你的话匣子打开的应该就是关于你生活过的那几个小镇。那几个小镇给你带来的记忆，还有那些记忆对你的文学创作的影响，让你谈得意兴盎然。可以说你的作品基本上都和那几个小镇有关。

答：从团风、石头嘴、金家墩、贺家桥、西汤河、雷店，直到张家嘴等，确实都和小镇有关。当年在岩河岭水库工地负责施工技术工作，每次从工地出来，或者是返回工地，必须经过一座名叫"红花镇"的小镇。我总是莫名其妙地不相信这个地名是与生俱来的，固执地认为是"文革"时期被红卫兵改过的。实际上，小镇一直叫这名字。之所以如此胡思乱想，也是因为等县内班车的时间太长，往往一等就是半天。班车每天只有两趟，如果没赶上早上那趟，只有在镇上晃荡，等下午的那一趟。运气十分好时，才能在班车之外搭上运粮食或山货的货车。等车的时候，我喜欢去镇边的小河看看。

小河边经常有位老人在水边钓鱼，光光的脑袋，被晒得油光锃亮的，一脸笑容活像弥勒佛。只要不是涨水，小河总是极其安静。水流不大，最窄的地方，不用脱鞋就能跳到对面的河滩上。老人总是在这种因为狭窄而水流相对湍急的河滩旁边钓鱼。看老人钓鱼是一种对神奇山水的享受。老人用的钓竿是用罗汉竹做的。这种竹子较为少见，乡间传说，只有大吉大利的地方，才能长出罗汉竹。罗汉竹根部有拇指粗。这部分很短，只有半个巴掌长，然后迅速地变成很纤细的竹竿和竹梢。上面系一根渔线，渔线上却没有鱼钩。老人从河水里拿起一块石头，抓住一只生长在石头背面的小虫子，直接系在渔线上，然后静静地放进水中。老人偶尔一抖手腕，一条名叫"马口鱼"的小鱼就飞起来，正好掉落在挂在胸前的那只做工精巧的竹筐里。每个动作轻柔流畅，如同表演杂技，很少失误。遇上有钓起来的马口鱼没有飞进竹筐，而是掉回河里，老人脸上的笑容反而更加迷惑人。自从离开岩河岭水库，离开红花镇，我再也没有见过如此垂钓之人。

在《圣天门口》，我着力写了这种马口鱼，以及与马口鱼同类且因为花纹特别而叫作"花翅"的小鱼。马口鱼只长在山溪里，味道非常鲜美，有人称它为淡水金枪鱼。

这种山里的小河与小镇，掩藏着某种不为外来者所知晓的特别有意味的人生。

问：你讲得很让人着迷。我觉得好像是小镇造就了你，文学意义上的刘醒龙是小镇成就的。这让我想起了一个问题，二十世纪中国的很多作家，包括鲁迅、茅盾在内，都是写小镇的能手。鲁迅笔下最有名的是鲁镇，茅盾笔下最有名的是乌镇，这些都是非常有名的文学小镇。小镇确实成就了二十世纪中国文学中很多有名的大师和作品。

答：那个时候的小镇各有特色。一九七一年，我们家离开贺家桥镇边的破败农家土屋，搬到镇中心的一位同学家里。同学家过去是临街的商铺，所租的两间房子，是记忆中我家住过的最好的房子，在那里一直住到高中毕业。当时，镇上来了一批在西河上修大桥的广西佬。暑假时，我们曾步行二十多里，专程跑到大桥工地上看"铜头"，也就是潜水员。"铜头"潜到水底工作一两个小时，我们便蹲在河边盯着，直到"铜头"出水了我们才回家。那种享受，比看电影《奇袭》和《南征北战》更过瘾。当时，也有跟着工程队来的像包工头一样的人。其中一个白白胖胖的男人，给我印象尤为深刻。我们住在镇边的农家时，他经常到房东家晃荡。房东家的男主人长期在外面做副业，那个包工头一样的男人是来撩独自带几个孩子在家的女房东的。女房东为人正派，虽然也会打情骂俏，但别的事情不可能发生。当时她说的一些话，我似懂非懂，住到所谓的街上后才慢慢明白前女房东的其言所指。与我家新住所相隔四五座大门的那户人家，哪怕在"文革"闹得最凶时，也还半公开地做着针头线脑的小买卖，主顾都是手头没钱的当地人。他们用自家的鸡蛋或别的土特产，换得食盐、火柴等必需的日常小百货。镇子里也就这户人家能够如此，而不受别人批判。这又是小镇文化中奇特的一种。那户人家的女主人，约四十岁。夏天，街上的人都在外面乘凉时，那包工头模样的男人，便在那一带转来转去。那女人的家里人都在，也不见那女人搭理他。但是不晓得什么时候，两个人就不见了，时间不长，又先后出现了。大家都平平静静的，看不出有暧昧与苟且的蛛丝马迹。说起来，那户人家里从前也开店铺，临街的墙，一直是用可以卸下来的门板做成。镇上有风传，开店铺的时候，那女人就很风流，卖东西捎带卖风情，公婆和丈夫都管不了，只好睁一只眼闭一只眼，任由她"红杏出墙"。不过，除了男女私情，那女人别的方面都没的说，持家过日子更是一把好手。看不出她家有何特别的经济来源，但过日子的水平，明显超过镇里大部分人家。

一九七二年的"文革"的厉害气氛，也没能让如此风花雪月之事在小镇上间断。这足以让一些小小少年产生丰富想象，背地里说些肆无忌惮的"下流"话。

问："文革"时期的禁锢，体现在公开场合和场景里面，比如说样板戏中不允许上演爱情故事，文学作品中不能有性描写等方面。但是中国这么大，肯定在一些小地方有各种各样稀奇古怪的事情，想必这些东西给你的创作带来了很多民间资源。

答："文革"时，还有一些旧的风俗依然在流传。贺家桥镇后面有一条小河，小河上修了一座石桥，石桥对面对着的一个塆叫河西塆，它背靠一座像虎头的山。河西塆有几十户人家，塆子的正前方有座水塘，水塘两边各有一眼水井，当年有风水先生悄悄地告诉贺家桥的人，说河西塆是虎形地，背后的山是脑袋，水塘是嘴巴，两口井是两只眼睛，并说这只吊睛白额饿虎是冲着贺家桥来的。为了破坏河西塆的风水，风水先生出个主意，在贺家桥与河西塆之间的小河上修了一座石桥，石桥像离弦之箭一样，对着虎头。从小学四年级到初中毕业，我们一直通过这座桥去学校上课。一般来说，给人便利的桥梁，都会修在镇子里最方便的位置，贺家桥镇上的这座桥不一样，恰恰修建在正对着虎头的位置。

"文革"时，贺家桥镇与河西塆的人，也没中断过因为这传说而发生的纠纷。不管别人信不信，自从修了这座桥，河西塆的整体情况，确实每况愈下。

问：你的早年记忆主要是二十世纪六十年代和七十年代，刚好就是政治化、集体化的年代。但就是在这样的年代里，你还是记住了很多非常鲜活的、和政治没有关系的东西。

答：社会历史的很多东西，是由小镇作为维系的。

问："小镇"是你创作的源头？

答：文学写作是要表现小地方的大历史、小人物的大命运。韩少功的《马桥词典》，陈忠实的《白鹿原》，王安忆的《长恨歌》，都是如此。

问：韩少功描写了马桥镇很长的一段历史，一些稀奇古怪的人和事。所以说二十世纪五六十年代出生的一些作家都是相通的。在我们研究中国当代文学的时候，"村庄"是一个很重要的对象。很多作品都是通过写一个村庄来展现一个大时代的变迁，这在二十世纪五六十年代非常常见，《三里湾》《创业史》《山乡巨变》都是这么写出来的。八十年代以来，也有很多作家都是通过写一个村庄来写国家的命运、民族的命运还有时代的命运。《白鹿原》就是写的白鹿村的村史，通过村史来写国史，写大历史。其实除了"村庄"之外，"乡镇"或"小镇"也是二十世纪中国文学研究中的一个十分值得关注的艺术载体。一些现实中的包括文学意义上虚构的小镇，它们给你带来深刻印象的不是那些集体化的政治记忆，恰恰相反，是一些集体记忆背后的个人非常鲜活的记忆，包括像钓鱼老头之类的稀奇古怪的事情，或者是民间那些穿越了正统的道德伦理与政治规范的人物，这些肯定是你创作中一些非常鲜活的源头东西。这方面的思考我觉得应该是一个非常有趣的、值得深究的话题。关于小镇、小镇的记忆，如果让你就集中谈论的这一个话题想个题目，你个人有没有一些灵感的概括？

答：文学是小地方的事情！

问：好！你上次在华中师大讲过"启蒙是一辈子的事情"，这次又提出来"文学是小地方的事情"，很有意思。那你能不能说一下，小地方和大地方的区别和差异在哪儿？你为什么要说"文学是小地方的事情"呢？

答：文学写不了大地方，没有哪部文学作品写的是大地方！王安忆的《长恨歌》写上海也就是写石库门，老舍写北京也就是写胡同，一些人写武汉，写来写去也就写吉庆街、汉正街、粮道街，都是小地方。文学不是写不了大地方，是那种所谓的大地方、大事情与大人物，不是无聊透顶，便是恶心难忍。

问：所以小地方才能写实，才能写得很饱满，把生活写得很丰富、很细腻？

答：小地方才是人待的地方，才容得下鲜活的人。

问：文学是写人的文学。像很多冠冕堂皇的大地方，那是神待的地方，那些地方不能进入文学，进入文学就很危险。国外也是这样，像马尔克斯《百年孤独》中的马贡多小镇，福克纳的约克纳帕塔法县（这个县其实也算是一个镇）。所以说，文学确实是小地方的事情。不只是文学，对话也是。一些"大话题"谈起来，看似深广博奥，其实效果并不会很好，还让双方一本正经，不够自在，表达也不酣畅，我们今天谈谈小地方的事情也蛮不错。

答：作为对话，就是要讲些平时听不到的话题。关于我的创作之类的，有些访谈平时都谈过了，写过了。那到这种场合，就是要神侃。

问：在神侃的过程中能够把小镇谈得如此有意思，而且得出了"文学是小地方的事情"这样有趣的结论来，我觉得这确实是一次意义非凡的谈话。

答：正因为是这样，当我在这座城市里有了属于自己的一块地时，所做的第一件事情就是将关于个人记忆的东西，比如母亲亲手栽的石榴树，父亲亲手栽的桂花树，移栽到自己的院子里。

问：看来你还是对小地方充满留恋，就是你小时候住过的那些地方。

答：这样才有意思啊，否则我在这个城市里买个房子就是安身而已。安身还要立命啊。现在我在院子里看到桂花树，就想到三十多年前父亲的情形。看着石榴树，自然而然地记起母亲还没苍老的样子。还有那时候，整个家庭的故事。这些树就像亲人一样，在新地方陪着自己。比如说石榴树，那是因为外甥女总是馋邻居家的石榴，我们家和邻居家关系又不怎么好，母亲上邻居家讨要时，每每无奈得要命。后来母亲索性将邻居家石榴树根部翻生出来的树苗，挖了一株回来，自己栽上。几年后石榴树结果了，相关情形也倒了过来。我们家的石榴，比原来主人家的石榴更甜、更大。邻居家的孩子不吃自己家的石榴，非要吃我们家的石榴。

在乡村，一棵大树如同一位哲人。

这种故事的真实产生，让人如何不时时眷恋，常常思索?

问：每一个小镇都是有历史的，这种历史不是教科书上的历史，不是政治意义上的宣传性的大历史，而是很鲜活的小历史。小镇都承载着某种鲜活的民间记忆，而文学的力量很可能就是来自这种民间记忆的东西。

答：文学绝对属于民间记忆，而不是官府的。

作为民间记忆的东西在人文意义上更可靠。

问：到目前为止，你写的长篇小说《威风凛凛》《往事温柔》《弥天》大都是二十世纪六七十年代的历史,《圣天门口》后面三分之一的部分,也是写的这个时间段。在你的记忆中,二十世纪六七十年代占有的成分对创作影响如何?

答:在我的写作中,二十世纪六七十年代背景的作品,确有相当部分。一个作家的写作能力和向度,在童年时代就决定了。童年的感觉是什么状态,后来的文学感觉就会是什么状态。

问:这又回答了一开始我们谈到的你的文学观念的问题。你的文学观是怎么形成的,其实也就是这些小镇的记忆使然。有一年我们在华师搞了一次湖北青年作家对话会的活动,当时苏瓷瓷也来了,她那几年很受瞩目。当时有学生问她为什么写作,她就说是抱着仇恨来写作的,仇恨就是她所有创作冲动的来源。她的小说就是如此,都是写精神病人的生活,因为她本人学过医,在精神病院里工作。这就很好理解了。每个人的创作观念都不一样,她的那种工作环境和人生经历形成了她的那种文学观。余华说他小时候就是在医院里长大的,父母都是医生。医院这种环境中充斥着"痛苦与死亡",是再正常不过了,他小时候常常半夜被医院里要死的病人的呻吟声,或者病人死了后亲人的哭泣声吵醒,所以他就会有这种童年印象。这显然影响到了余华先锋小说时期的创作观念。但是后来他的生活环境改变了,他的人生观念和文学观念也发生改变了,他就不再有那么多的仇恨冲动了。有的作家的文学观是会发生改变的。

答:这种改变所产生的作品是不彻底的,它是矛盾的,会和自己的潜意识打架,经常发生冲突。

有一种特殊的文学现象，经历苦难较多的作家作品中仇恨写得相对少一些，经历苦难较少的作家作品中仇恨反而要强烈很多。

问：你说的这种情形确实存在，所有的创作转变都不会是纯粹的断裂，而且其中肯定会隐含创作矛盾和冲突。这确实是切中肯綮的经验之谈。我想换一个角度问一下，早年小镇的那种生活记忆，它从情感积淀上给你带来了创作上的积累和冲动，那么，你有没有兴趣探讨一下中国小镇所负载的文化内涵？比如说你笔下的天门口镇、西河镇，它们所负载的文化含量都是非常复杂的。

答：现实的情况是，经典文化消失得太快。

文化上的千篇一律，首先就是这种各具特色的小镇的消失。最终损伤的是人们的文化激情，使得颓废与叛逆得以流行。

问：现在我们去很多小镇旅游，看到的"原生态"东西其实都是虚构的、仿制的，留不住人的心。你都不想多停下来一会儿，看旅游景点就像赶场子一样。

答：过去的那些小镇，那真是千姿百态、千奇百怪，每个小镇都有它独特的地方。哪怕隔十里地，这个镇和那个镇就不一样。

问：现在都是那么整齐划一，走到哪里都是一模一样的。

答：现在所谓的古镇都是后来造的假镇，真实的古镇已经死掉了。

问：是的，真实的古镇已经死去，而在文学里面还活着一些古镇。

答：这就是文学的意义。文学的意义就是让已经冰冻的文化苏醒过来，让已经消失的再生。迟子建写北极村，林林总总的人与事，也可以说是小镇！只是在语感上"北极镇"没有"北极村"听来抒情。

问：不管叫村还是叫镇，反正都是讲述一个村庄的故事、一个小镇的故事。

答：从语言上来看，北方人喜欢叫"村庄"，南方人喜欢叫"镇"，这是一种语感上的、文化上的、生活习性上的差异。

问：《红旗谱》里面的锁井镇，可能是个例外，也许北方也有叫"镇"的。

答：那当然，只是要少一些。南方作家写"村"的也有，这只是个概率多或少的问题。

问：这快成了一个社会学问题了，为什么北方更多的是"村"，而南方更多的是"镇"？我觉得，"镇"其实是带有一些城市味道的乡村，但是又不是现代意义上的城市，"镇"的城市化程度很低的，初步的城市化而已，骨子里还是乡村。

答：还有地理的原因。南方山多、水多，不太容易形成较大的村庄，可能更多是在山坳里面有几户人家。这样的话，商品的集散、文化的交流、行政上的管理、军事上的攻守等，就在某个交通要道上自然形成了一个镇。村庄可能不一样，村庄应该是由某种较为原始的势力形成的。

问：形成村庄的势力主要是家族宗法势力。村庄往往是一个家族居住在一起，或者几个姓氏聚居、混居一处。有的姓氏聚在一起几十年、上百年，一直在那个地方繁衍下来。这个家族的宗法势力是可想而知的。而镇里面呢，姓氏肯定要复杂一些，可能也有的以一两个姓氏为主，但还是姓氏混杂的情况要多一些，家族宗法势力也就要弱一些。按照费孝通在《乡土中国》里面的说法，乡村讲究的是血缘，城市讲究的是地缘，但我们所说的小镇，在地缘上肯定是不彻底的，小镇中同样埋藏着复杂的血缘关系，有复杂的家族宗法势力的冲突，你笔下的天门口镇就是如此。但小镇毕竟不同于村庄，其中还是有商业化的成分在内。你看湖南作家古华的《芙蓉镇》就很明显，里面的那个风情万种的女人——"米豆腐西施"胡玉音就很有商业化色彩。

答：从这个意义来讲，南方更发达一些。

问：大约从南宋定都杭州开始，中国的经济重心就开始南移了。南方的经济越来越发达了，城镇化的程度越来越高。经济的因素多了之后，小镇上的人的思想可能就要开放一些，即使在"文革"时期都有商业性的性关系存在呢，你前面也提到了一个很真实的例子。但如果是在一个村庄里面，"性"的限制和禁忌可能就强大多了。

答：村庄里面有宗法，但只要是镇，它一定会有体现现代政治文明的镇长，社会性更清晰一些。

问：宗法性是比较私人化的，它是拒绝社会化的。在宗法制度里，很多事件都是依靠家族宗法内部解决的，不需要借助社会上的行政和法治的力量。如你所言，居住在镇上，人的活动空间，包括外在的社会空间和内在的心理空间会更大一些，包容性会更大一些。村庄里面可能更多的是传统的宗法力量，而小镇上现代性的东西要强大一些，更趋近于文明一些。经济发达了，交流多了，人的观念更开放一些，胸怀也会更宽阔一些。在这个意义上，二十世纪中国文学中的村庄叙事和小镇叙事还是有着很大的区别的，最好不要混为一谈。我们一般都喜欢笼统地说"鲁迅的乡土文学""茅盾的乡土文学""沈从文的乡土文学"……但这些人的笔下的乡土其实还是有"村庄"和"小镇"的区别的，小镇是传统的村庄向现代的城市过渡的一种社会结构状态。在我看来，你文学的根应该还是在小镇上，而不是在村庄上。当代有很多作家的根是在村庄里面的，路遥是在村庄长大的，莫言是在村庄长大的，但贾平凹是在小镇上长大的。他的那个棣花街处在三省交界处，与我们湖北鄂西接壤，所以南方小镇的经济文化因素渗透在其中，这是他与路遥、陈忠实等地地道道的陕西作家不一样的地方。陈忠实和路遥延续了陕西作家的村庄写作传统。贾平凹其实在陕西文化和陕西文学中是一个异数，所以有"鬼才"之说。以我愚见，"小镇"在现代中国造就文学的力量要比村庄强大，但遗憾的是，"小镇"这种造就当代文学大气象的力量或者说潜力，还没有完全被激发出来。

答：希望你能做深入的研究。你说高密的"猫腔"是真的存在么？

问：据说这个倒是真的存在的，本来应该是"茂腔"，但是那种唱腔像猫叫一样，所以又叫"猫腔"。西北作家喜欢"秦腔"，"秦腔"是那种撕心裂肺的，让你感觉悲凉、苍凉的唱腔。但"猫腔"很符合莫言的文学风格，西方人说莫言小说里有种放荡不羁甚至是很淫荡的东西，这和山东地方戏"猫腔"是有联系的。"猫腔"的旋律如同猫的哭诉，悲伤、凄凉，但也有放荡、放浪不拘的特点。《檀香刑》就是如此。这说的是民间戏曲对莫言创作的影响，就如同民间叙事长诗《黑暗传》对你的《圣天门口》有着同样的影响。当然，莫言的小说创作里面的政治意识也是很强的，莫言自己也说他的作品当中有很多政治，但他确实是站在人的立场上写作的。文学离不开政治，因为文学离不开生活，而生活里显露着或隐藏着政治。关键不在于作家是否写，而在于他怎么写。

答：那些号称"远离政治"的作家，作品的政治属性远在其他中国作家之上。

相对来说，传统中国作家的写作强调客观性、现场性。他们是不管这些的，哪怕是狂欢式的，一定要有彻底的表达。就深刻性来讲，我相信传统写作的精准度要超过他们，通过真实的场景、真正的现场来深化读者的内心，强化读者某一方面的情感。这些东西是终生难忘的，就像我对那个地主家庭的印象一样，这种东西一旦进入人的骨髓里面，就丢不下了。那种狂欢式的写作，阅读过也就过去啦。就像我们看方言剧《海底捞月》，极其搞笑，也有点反讽，但是看过也就过了，它不会给你内心留下什么。对"文革"反讽，相信每一个人读到《弥天》的感觉和《坚硬如水》的感觉是完全不一样的，《坚硬如水》读过了就过去了，但是《弥天》里面的一些细节读后可能一辈子都忘不了。

问：其实你小说中的意识形态也是很强烈的。能从文学叙事等方面谈谈吗？

答：写作的政治意图不应当是表演，而必须是还原。

问：还原是最大的一种力量，特别当别人都是按照覆盖在真相上面的一层幕布来写作的时候，这个时候的"还原"是无声的叙述力量。

答：当年看枪毙犯人，就好像过节一样。平时，工作队管得很严。但只要说是"去县里看枪毙人"，工作队就管不了。干活的人，锄头一放，爬上拖拉机就走了，出去晃荡一天再回来。那时的公审大会，真的是人山人海，不问原因，不管公审的是什么人。

问：贾平凹也曾跟我提到了这个现象，他说"文革"那个时期大家最喜欢看的犯人有两种，一种是政治犯，另一种就是生活作风有问题的。特别是后者，宣判或执刑的时候，大家就觉得像过节一样。很狂欢的宣泄，也是很隐秘的宣泄，大家心照不宣，表达了对一个禁欲时代的愤懑。你们那代人还是有一些共同的记忆。

答：当年一个女人谋害亲夫，因为长得很丰腴，两枪都没有打死。当时是不能够多打枪的，第二枪没有打死的话，就得由行刑者站上去踩死。

问：有时候，人们是出于一种恶意，比如说生活作风有问题的妇女，就可能在死后被故意踩踏等。当代一些写小镇的作品，都会写到相关场景，这是一个共同记忆。

答：父亲过世的时候，我回去守夜，小时候的一位玩伴过来陪，聊起当年一些事情。小时候另一位玩伴的父亲，现在还活着，但是两任妻子都早早过世：第一任妻子是地主家的小姐，三十多岁时患精神病死去；之后他娶了一个很有风韵的半老徐娘，两个人手挽手在县城里散步也是一道风景，没多久，这个女的又死掉了。他有两个儿子，小儿子制造了县城里最为轰动的绝情惨案——因为曾经相恋的女孩子要与他分手，他威胁女孩子说要炸死她，女孩子不相信。没想到他后来真的用一包炸鱼的雷管实施了。男孩子敲门进去之后便死死抱住了女孩子，看着导火索一点点地燃烧。讲这事的朋友进去看的时候，墙壁和天花板上挂满一串串的人肉，看过的人全都呕吐了好几天。他的大儿子，与我是同学，人很聪明，也讲义气，是个可以做朋友的好男孩，后来早早就得了高血压，却极为固执，从不看医生，四十几岁就去世了。同学的父亲，十六岁时就在区公所当通讯员，一听说枪毙人就来劲，提着枪往前跑。当时是用手枪打，一打一个准，他亲手枪毙了好多人。县城里的人都说这里面有轮回因果关系。这样的故事，在北京、上海和武汉这样的城市里面会发生么？当然不可能。

城市很有秩序，不可能发生这样的事情。

问：城里有城里的故事，乡下有乡下的故事。但是中国的城市文学一直不发达，这是大家公认的，一直没有写出骨子里的城市味儿来。

答：换个角度想想看，世界上哪个国家的城市文学又很发达呢？哪里有发达的城市文学呢？城市强调娱乐、消费。城市文学，主要还是要看城市情怀。有很多人，表面看起来在写城市生活，其情怀还是乡村的，文学伦理都还是乡村的。当然，这里所说的乡村，已经不是客观意义上的，而是经过客观认知后升华的主观世界。只要人类的基因是来自万物世界，与万物世界有着天然联系的乡村，就注定会成为人类精神生活的神秘主宰。就像古典主义那样，无论喜欢还是不喜欢，古典主义一直都在。

（访谈者：李遇春，二〇一二年十二月十五日）

三、小说离伟大越远越好

问：读完三卷本《圣天门口》，总算可以放下心来，想一想自己当初只看了《上海文学》的节选就给你发邮件说"好"的判断没错。毕竟有好几年了，大家都在等你这部一百万字的长篇。能谈谈写完后的心情吗？喜悦或者痛苦？激动或者辛酸？

答：六年中，为这部作品开了三次头，前后废弃了十七万字。写垮了三台电脑，当然，主要是初用电脑时手生造成的。初稿完成，又进行了两次修改，三易其稿才交给人民文学出版社出版。写作时每天有固定三杯喝的：早起一杯凉开水，上午一杯咖啡，下午一杯绿茶。参加了三次专家体检，出现三大问题：尿酸高、血脂高、肝纤维化指标四项当中有两项高于临界值。开始写作时，上初三的儿子要参加中考，写到节骨眼上时，他又面临高考。正是这一年夏天，快三岁的女儿接连三次住院，每天光是一瓶红霉素打下来，便至少要六个小时。因为红霉素导致的胃部难受，女儿一刻也不肯离开爸妈的怀抱，只能是一个人抱着她，另一个人举着点滴瓶子，在病房的走廊上不停地走动。每当大夫同意女儿出院时，我的眼睛就会潮湿得不敢看人。现在想来，是不是因为《圣天门口》是三卷本，所以许多的东西都与"三"有关。不管是与不是，我都相信这是一种命定。正如上天在我临到中年时，赐给我一个聚万千宠爱于一身的女儿。在年纪上，《圣天门口》与女儿一般大。所以，我只能相信，如果不是女儿的降临，就不会有这部作品。尽管很多年前我就在为这部小说做准备，然而一切都是那样清楚明白：没有女儿带给我的安宁，就不会有六年中一以贯之的写作状态。

在写作的后期，从襁褓中一天天长大的女儿，时常从腋下钻进我的怀里，站在我和电脑之间，大声念着显示屏上的文字，遇到她认为可笑之处，便用五岁的嗓门放声大笑。二○○五年元月二十一日，是小说最终完稿的日子。女儿听到这个消息时，高兴地大声说："爸爸终于可以跟我玩了！"翻开那一天的日记，是这样写的："夫人送女儿上幼儿园后，因有小朋友发水痘，又带了回来。她很乖，几乎没有打扰，一直在看书。中午吃饭时，她突然指着窗外问：爸爸，那是什么？回头一看，竟然大雪悄悄落了下来。一时很兴奋，这是今年的第二场，入冬以来。《圣天门口》经过再次修改，下午四点半正式完稿。"有天使一般的小生命在自己的日常生活中蜿蜒前行，谁都没有理由不好好享受安宁。现在，我的心情就像长途跋涉后，来到一处驿站。如此符合人性的写作，也足以成为我灵魂的驿站。

问：在一个小地名前面加一个"圣"字作书名，感觉上很古怪，当然也格外地与众不同，特别是与当下流行的那类用感官挑逗的词语组成的书名比较，应该是有某种指向吧！

答：在我决定写这部小说时，最初拟的名字叫《雪杭》，所取的是书中两个主要家族的姓氏。随着小说书写的进行，女儿也出生了，紧接着就长成一副小女生的模样。我们把她送到东湖边上的一所芭蕾舞学校进行训练，真实想法是希望对女儿那长得不甚理想的腿形有所纠正。女儿的芭蕾舞教师名叫奥丽加，曾经是俄罗斯圣彼得堡芭蕾舞团的演员，因意外受伤才转而从教。学芭蕾舞的女儿不够天鹅的份，被称作"咪咪鹅"。每逢上课的日子，奥丽加老师总是提前来到练功房，以一系列的独舞作为热身。那种惊人的典雅，不用说做家长的，就连三五岁的"咪咪鹅"们也会情不自禁地站在门外，不敢有任何多余的声音或动作，唯恐有不当的打扰。家长们所看到的还不是全部。在很长一段时间里，每堂课结束，望见奥丽加老师同她所教授的一群"咪咪鹅"互致告别礼了，当家长的便会带着孩子离开。有一次，我在无意中发现，与孩子们道过别的奥丽加老师，收拾起自己的舞蹈服，在胸前画了一个十字后，还要在练功房正中间行一个谢幕礼。在后来的日子里，奥丽加老师一直是如此结束自己的芭蕾课。有时候，几个担任助教的中国女孩尚在一旁说着课后的闲话；有时候，还有因故没有走开的家长和孩子。在那些人去练功房空，只有奥丽加老师独自一人的时刻，这种充满感恩的谢幕，哪怕已经重复过一百次，仍旧百倍地让人震撼不已。曾经在阅读中见到类似的文学描写，只有亲眼看见这一幕，才算真的明白，这些绝不只是对艺术的由衷热爱，更是往心灵深处引领的一种圣洁。

后来的一天，在北京上大学的儿子打电话回来，说学校准备让他去俄罗斯留学。放下电话时，电视正在说着圣彼得堡庆祝建城三百年的事。那一瞬间，我突然想到，自己正在书写的这座小镇也应该冠以"圣天门口"之名。

一个"圣"字，解开了我心中八百年郁积的情结。"圣"是宗教的，更是一种精神的清洁。

在小说里，"圣"所表达的还有人在命运面前的锲而不舍，生命意义相对生存过程的博大恢宏。

二十世纪六十年代，在"灵魂深处闹革命"这句话，曾经格外流行。多少年后再来看，才发现最为彻底的灵魂革命，原来是认识到自身犯下太多罪孽后的皈依。灵魂革命最伟大的原动力，原来是那些貌似普通的仁慈与博爱。认识到这种就在每个人身边的真理，并特立独行地总结这些命运之经验用来说明——在一个叫天门口的小地方，如何生长着一棵名叫"圣"的参天大树。

问：天门口到底是个具体的地点，是否和你带我去过的英山有很大关联？记得英山是在湖北与安徽接壤处，同属于大别山山脉。《圣天门口》中的地理环境描写如此突出也是一绝，背靠大山的小镇，想当土匪就上山，打游击也是如此，莽莽山林神出鬼没。小镇也活像是个大转盘历史舞台，"你方唱罢，我登场"。你的这部长篇之所以成功，或许就是这个地理环境独特，且灵活多变的小镇的功劳？

答：我的身份一直是十分可疑，而我亦更相信自己生来漂泊无定，没有真正意义的故乡和故土。我的老家无法像大多数人那样，有一座老屋可以寄放，有一棵同年同月同日生的树木作为标志，再加上无论走得多远都能让内心踏实可感的一块土地。三十岁那年，为了替垂危的爷爷选一块墓地，父亲第一次带我回到他的老家：离古城黄州不过几十里的一处偏僻乡村。当他指着一块已被别人做了菜地的废墟，说这就是当年栖身之所，那个关于老家的仅有的梦，突然裂成碎片，四散地一去不返了。从此，我就有了这个问题的最终答案：除了将心灵作为老家，我实在别无选择。

一般人习惯将"英山"作为我的老家。我之所以没有表示反对，完全出自后天的情感。况且，在日常生活中如果有人说自己没有老家，肯定会被其他人当成一个矫情的怪物。但无论是籍贯还是出生地，我都不能算是英山人。我是在黄州城内的黄冈地委招待所出生的，从法理上讲，无论如何都应该是黄冈人。刚满一岁，父亲就请了两个挑夫，一位挑着我和姐姐，一位挑起我们全家的行李，一步一步地走进大别山腹地，停留在一处名叫"石头嘴"的小镇上。那一年，堂兄专程来汉口，让我为新修的家谱作序。如果不是父亲早先在电话里嘱咐过，真让人难以相信这白发苍苍的陌生老人和自己竟是一脉相承。小说中的西河是真实存在的。小镇石头嘴，大致上就是我所书写的地理上的天门口。小时候，夏天最热的那一阵，镇上的人夜间都会到镇外的西河河滩上乘凉。躺在温热的细沙上，就能望见大别山的主峰，一般人都叫天堂寨，当地人却省掉最后一个字，直接叫它天堂。河水微微发亮，隐现着被两岸高山挤得很窄的天空，很像是洞开的天堂大门，这种感觉一直在伴随着我。散落在民间的许多历史秘密，正是在这样的夜晚开始让我刻骨铭心。后来读了许多书，接受了许多教育，也难改变这些当初的影响。这些散落民间的真诚的人文史实，充分展示了在种种强权话语下的特立独行和卓尔不群，其人性意义、人生特征，更是一目了然。在这样一种环境中得以存在的人文精神，也就不可避免地强烈地影响着我。

因为父亲工作的调动，我们在英山境内前后搬了七次家，大部分都在西河边打转。后来，我在县水利局短暂工作期间，曾经回到石头嘴一带住了一个多月。县里要在西河上游修一座水库，我们要做的就是测量水库库容，再绘制地形图。每天早上，我扛着一根五米长的花杆，钻到西河两岸的山坡上跑等高线。在密林中，根本看不到操持经纬仪的工程师给出的信号，一切全靠预估和判断，在心里想当然地认为对方已经观测到了，便又跑到下一个点上去。那些山谷和山峰都是令人生畏的，我从没有看透几步之外的大树后、葛藤下，甚至是深深的茅草里所隐藏的东西。有些地方无论自己如何壮胆，仍然不敢深入进去。

写作的人，当然会想到，用雄奇险峻的峡谷行文，用风雨留痕的大树造人，用四季草木飞流潜水当情怀，这些如何不是长篇小说的魅力所在呢？

这么多年来，这些山，这些小镇，一直是有生命的。小镇上的教堂被拆除了，自由自在的西河不得不经常断流，要体验神秘吊诡的密林也只能去那远离河岸的深山中。但在我心里，它们鲜活得一如既往。很多次，半梦半醒地躺在都市楼群中，也能清晰地听到，当年夜半时分"驴子狼来了"的惊呼。由于这样那样的原因，我去过大别山中很多地方。最让我激动、牵挂，并且总觉得神秘莫测的唯有石头嘴。我把她当成人文启蒙时，开在屋脊上的亮瓦；还将她当成生命成长时，垫在屋基最底下的那枚顺治年间的铜钱。

问：记得在武汉时，我们就谈起这部小说的历史氛围和时间上的跨越问题。最初，读第一卷总让人想起李劼人的《死水微澜》，但读了第二、三卷才觉得还是很不相同。同时，也令人捉摸不透的就是你的写作风格和以往人们已经认可的现实主义之间的差距很大。是人们以前错看了你，还是你的确改变了你自己——为了顺应这部长篇小说所要表达的主题思想的变化，而舍弃人们已经认可的现实主义写法。从整体上看，《圣天门口》仍是一部典型的现实主义长篇，但是，在许多情节的内部，又充满了大量的幻想式叙述，甚至不乏一些激情式的浪漫主义表现。有不少的细节设置还带有浓烈的象征意味，比如多次出现的驴子狼群、华美的雪狐皮大衣、响声震天的铁沙炮等。这里面，体现了你怎样的一种美学趣味和艺术追求？

答：我实在想不出这样的选择还有某种特别的原因。活着的人，将历史作为一扇窗口来看现实，是最为行之有效的。人的一切经验都是来自历史，只有历史才能给我们一双观看未来的明眸。我写这些刚刚成为历史的东西，也是为了更有效地认识暂且无法成为的现实。每当我触摸到深潜在过去时空中那些鲜为人知、不得已形成的秘密时，我就会强烈地暗示自己，这样的历史正是当下的心灵。

我也记得，在《痛失》出版后的这些年，你不下十次地说过，希望读到《痛失》的第二部和第三部。应该说，那些构思早就成熟了。我不想写她，甚至后悔当初将《痛失》交给出版社早早出版。换一家出版速度稍慢一些的，我肯定是做一个看起来不那么好的"违约人"，将书稿追索回来。

长篇小说不该承载过多的激情与太多的焦虑。

长篇小说应该是一种从容不迫、目光高远的艺术，并在这样的背景下，构建一方与当下某些共识有一定视距的小说世界。就像大街上有一堆人在围观什么，必须踮起脚来，才能看清楚已经有了一些假象的事件本身。

六年前，在决定动手写《圣天门口》时，我的想法是，哪怕从此销声匿迹，文学界不再记得这个名字了，也在所不惜。这种孤独让我悟出了这部《圣天门口》。我这样做，完全出于对文学中现实主义的热爱与崇敬。在心里，我继续保持自己这些年在文学品格上的追求，同时又彻底告别既往熟练的写作经验。在解读与书写中，"人们已经认可的现实主义"，经常是大相径庭。在我看来，现实主义不是书写时所选择的题材和叙述形式，其内核只能通过写作者所贯穿的精神气节了解。舍此，就只能是"现实"的"主义"。

你来武汉时，我曾说过，要用新的小说为现实主义文学正名。这是肺腑之言，与狂妄无关。文学上的正名，说到底只不过是写作者的自我调整，有认识层面的，也有实际行动。在中国，现实主义文学实践，远比现代主义来得艰难困苦。

问：小说中的那些说书，你收集了许多年吧，有空我还想单独拿出来读一下。前一次，跟你去秭归，只听过船工号子，你似乎没有介绍我们去听说书？可以想见，你的确是准备着写大作品。你以前的创作给人的印象是中篇写得最好，这次在南京，丁帆还说起当年你写《凤凰琴》时，写的许多草稿都装在麻袋里，他让我问你是否把麻袋里的旧东西拿出来，放在你这部长篇里了？当然他讲的是笑话，他还没来得及看你这部长篇。

答：那一次，经武汉去英山，我是想让你们听听民间说书。那位曾经以说书为生的朋友，从头到尾都在陪同。我悄悄地说过好几次，他都默默无语。最终他也没有露一手，我还以为是与那位唱民歌的有了不愉快。后来，他专门打电话来解释：在与我们见面的前三天，他母亲去世了，这种时候，即使是没有风俗限制，也没心情做这些与娱乐相关的事。乡土中遍布感动，这是其中一种。

小说中，那些说书段子，是据残缺不全的《黑暗传》原始资料整理而成的。从道光年间往后则是我的原创。在发现《黑暗传》之前，汉民族人文史上最大的缺憾是，缺少一部辉煌的创世史诗。有了《黑暗传》，汉民族的人文链条才变得完整起来。祖宗的才华，后来者置之不理亦是大不尊敬。让才华横溢的祖宗在小说中活过来，是心理上的宽慰，也有艺术考虑。

当年的《凤凰琴》让我明白，此生除了写小说，别的事情都非我所擅长。丁帆兄所言麻袋，应当是指我这颗麻木的脑袋。真正的手稿，没有多少。《凤凰琴》则是一稿成，并且从此开始，我的小说都是一稿成。一般时候，我从不晓得头脑中装的是何物，非要等到开始写作了，才有一双无形之手帮忙翻箱倒柜。庆幸的是，我总能找到迫切想要的语言、细节和人物。在湖北地区，黄冈一带的人是没有资格称为"九头鸟"的，许多时候的表现，像是只有一根筋，认死理不说，还爱直着嗓门骂人。尘界有闻一多、胡风和林彪等，佛门则有为了一句诗，闹得生死相向的五祖弘忍、六祖慧能。

问：我觉得自己对你的了解要比一般人多点，上次到武汉，我还特意要了最喜欢的你早年的现代派小说看。感觉中你似乎又有些回归到最早写山林乡野，带着现代派手法的鬼魅之气上了。尤其是小说的结尾，总以为你会收不住茬，不自觉地裸露出思想的尾巴，却不料你竟然又搬出了梅外婆。太鬼魅了！

答：历史是一条营养的脐带，在生命后来的痕迹中，如果人不裸露出自己的胸怀，这样的血肉链接就会显得仿佛不曾有过。在一切看不见的时空中，历史对每个生命个体的影响无所不在。

特别是那种非教科书的、只存在于民间口口相传的历史，她在茶余饭后，在夏天对着星空乘凉的竹床上，冬天围坐于取暖的火塘旁，对脑子里还是一张白纸的少年的影响更是显而易见。我就曾是这样的少年，那时，面对天籁，我还不是心存敬畏，而是那不成熟的恐惧。我像当地所有人家的孩子一样，很容易就被大人们轻而易举地吓得不敢在黑夜里四处乱跑。那时，老家的大人吓唬孩子，不是说狼来了、鬼来了，而是说某某某来了。二十世纪三十年代初，某某某是老家一带赫赫有名的大人物，当过统管两省四县的苏维埃中心县委书记。小时候，一直以为他是十恶不赦的叛徒之类的家伙，所以才在众口一词的形容中成了一个杀人不眨眼的恶魔。直到上高中时，去革命烈士纪念馆参观，才发现那人的真实身份，竟然是一位革命先行者的忠实学生，对他的生平评价还相当高。

历史的鬼魅是小说境界所达不到的。

正因为达不到，小说写作才存有如此庞大的艺术空间。

问：和洪治纲聊起，你的小说给人印象最深刻的还是人物，女性人物最出色的是阿彩和梅外婆。说实话，当今文坛许多作品让人读完就忘了，根本原因就是人物没有写活，长篇小说尤其如此，只有人物才能使小说具有一定的自然长度和情节生命，同时也只有人物活了起来，再长的小说读起来也不觉得长了。

答：完全同意你们的断言。从二十世纪九十年代中期开始，中国小说的蜕化趋势越来越明显，其中有两个关键，一是写不好伏笔，二是写不好人物。写不好伏笔时，还可以用文体实验来替代。写不好人物就没办法了，无论将多少时尚或欲望塞入其中，总是与艺术品位相悖。小说的存亡，从某种意义上看，其关键就在于小说人物的存亡。小说之高下，分野也在此。

我曾经劝一位同事，要珍惜自己笔下的人物，别像狗熊掰玉米棒子，写一个，丢一个，好好的一个人物，说不见就不见了。在写作中，这是相当严重的资源浪费。我写小说，哪怕是最微不足道的小人物，也会对其负责到底。

小说中的所有女人，阿彩是最具悲剧色彩的。终其一生都在人性挣扎中，寻找自己的梦想：爱过很多男人，恨过很多男人，当过很多男人的身份各异的妻子……当她终于明白梦想所在时，生命却离她而去。在各种人物的各种死法中，阿彩之死那一部分，我自己也是最感动的。通篇中，阿彩是在笃信"圣"的雪家女性对照下生辉的。在个人命运中她很不幸，而从生命意义来讲，她又太了不起。这世上真正了解自我救赎，并且能在有生之年实现的人是神圣的，是为了更多人的未来而生过并死过。生活在我们之间的阿彩，一如梅外婆所说，是我们的"福祉"。我所写的各种人物，都不是一成不变的，六十年的风雨，让他们一年年地丰富着自身。文学与生活在本义上是相同的，一个不断成长的人物，总会给周边世界带来许多惊喜。

小说是一条百折千回、不断向前的河流，是一棵有着青枝绿叶的参天大树。小说最不应该变得如同一条人工渠，或者是一根貌似高大的电线杆。其中的区别，就在于小说人物面对自身命运中所展现出的行动，也就是性格魅力。

写好人物，这是小说家必须具备的才华或者说是本领。如同年少时学算术，加减乘除诸项，总是先要从加法和减法开始做起，然后才能运算乘除法。书写人物功夫就是加法和减法运算，人物的重要性可以用"一加一等于二"这种最基本、容不得怀疑的算式来表述。写作者都有各不相同的习惯，而我则习惯于在书写中听从笔下人物的引领。不管是短篇、中篇、长篇，即便是浩繁的三卷本，事前我都不写任何提纲式的东西来做把握。是道路就会通向罗马，为江流终归汇入海洋，我喜欢体会书写中的人物替自己打开一扇扇心灵之窗，并沿着窗前的小路或者溪流，一步一步进到文学深处。所以，我从没有刻意经营某个人物，反而总在想办法使自己明白，之所以有这样那样的深入与深远，完全是知趣地听从了他们的引领。这样的小说人物，其心灵史与肉欲史的叙述，会更加自然流畅。

问：这部小说中，雪家几代女性是非常独特的角色，她们是生活中常见，但是被文学作品长期回避了的人物。你认为她们的独特性体现在哪里？

答：这部作品汇聚了我从童年直到行将老矣的中年里，各种各样的痛苦、艰难、忧郁，以及那想通了或者没法想通的种种精神经历。各种各样的灵感就像小说里的西河那样，总有新鲜的波澜在天天泛起。河流虽然壮阔，仍离不开任何一滴水珠，也不是一朝一夕产生的。由于某些特殊因素，让我对其中一些小说元素的来历有所偏爱。那一年的冬天，陪夫人去她舅舅家，正在杭州的大街上走着，天空突然下起鹅毛大雪。杭州的雪花很重，一朵一朵，全压在心上，有一种使人透不过气来的感觉。回到武汉，夫人将一张由逝世多年的外婆亲手书写的小纸片交给我，上面记载着发生在福州街头的一件事，其中一句是说："我真盼转过街口时，就能遇上那个人。"外婆所写的那个人，是可以复活的。虽然我读出来的不完全是这些，这句话却成了自己内心遭受各种空虚袭扰时，最可信赖的伴随。

小说中也是这样，由这句话派生出来的梅外婆，从来都是芸芸众生的生生不息之根。作为人，雪家女人是清洁的。在她们身上体现出来的与众不同的精神，恰恰是汉民族心灵史的关键，其人文历史中却从未有过重视，这需要好好反省。

问：整部小说中，雪家的三代女人，美丽、隐忍，全都有一颗仁慈和救赎之心，几乎是完美的化身。小说中的女性形象，即使是做过妓女的圆表妹，也难掩其灵魂深处的光辉。男人在小说中则有各种各样的缺点：杭九枫的暴力哲学，董重里的明哲保身，柳子墨的逃避……

答：考察中国人的心灵史，就会发现中国男人并非总是很负责任，干政治、当丈夫、做父亲，都是这样，破坏性很强，崇尚暴力。男孩子一出生便对兵器、血腥的东西感兴趣，几千年延续下来。回过头去审视，每一场造成民族心灵巨大痛苦、几近毁灭的灾难，在化作日常生活以后，便由女性一一承担了。汉民族的女性太了不起了，世界上所有有着古老文明的国家与民族都是这样。以此来认识，女性比男性了不起，她们是人类文明的真正播种者与传承者。在日常生活中，女性对有益于人类的文化更加敏感。只不过其形象永远处在幕后，将台面上的轰轰烈烈让给了男性。

问：小说最后，当雪柠向杭九枫展示多年来天门口强迫过她的"黑名单"时，我都惊呆了。为什么一定要将美好的东西撕毁？

答：在那样的情况下，雪家女人依然保有悲悯的情怀，杭九枫这样如同顽石的男人最后都被融化了，只是为了表现"仁慈是人性中唯一的伟力"。如果它给人以撕裂与摧毁的感觉，那也是一种表象。相反，在深处，它是一种完整，历史的完整，心灵的完整，命运的完整，从小说角度来看，还是审美的完整。

问：你这部长篇似乎也能归到如今时髦的"文化秘史"一类，在这方面前有《白鹿原》，后有《檀香刑》，以及最近的

《秦腔》等，你自己觉得与那些作品有无值得比较之处？或许你自己另有一番想法？

答：《白鹿原》我读过两遍。之所以喜欢，是因为它有我所偏好的粗粝的艺术之美。感觉中，只要与文化沾边，一般都免不了会精致和矜持。我们这些用汉语作为母语的人，面对母体民族写作，应该有命定的义务与责任：拷问灵魂，指正精神。任何文化的东西，如不站在这样的立场上，就会蜕变成把玩，或者是那种大俗若雅的私人炫耀。一代接一代的文化史家，每每感叹汉民族为何就留不下一部创世史诗。或许原因就在于此。《黑暗传》出现，看上去是弥补，实则是连通了那条指向汉民族心灵史的探究之路。《圣天门口》是从血脉中流出来的。从血脉中流出来的，总是最接近心灵的东西。

问：王光东说你的小说中存在一种"民间社会中人与人之间相互理解、信任、同情的一种伟大精神，它让人在残酷中看到了诗性、在人性疯狂裸露中感受到了人之为人的温暖。这种'深刻'大概只有像刘醒龙这样把'心'安放于土地中的作家才能有，这是刘醒龙作品的底色，也是他作为一个作家的独特性所在"。作为一位有责任感的作家，你完成了一部史诗的刻画，这部作品对于你，对于文坛，对于社会的意义何在？你能评价一下自己的作品吗？

答：与一切投入文学中的同行一样，年轻时我也崇尚现代主义。那时候，我就曾面对既往那些越来越陌生的历史书写过，那一系列小说名叫"大别山之迷"，但是，发表时无一例外地被编辑们将"迷"改成了"谜"。不只是如今，在当时我就发现这样的写作总是如此乏力，看上去字字指向历史，少有能够真正抵达深处，揪出那些明知就在身边，却只能摸着毛发的奥秘之密。从放弃"大别山之迷"系列，到重新挑战在历史中迷失的大别山，正好十年时间。其间最大的考验是一些关于"新现实主义"小说写作的误读。来自正反两个方面的尴尬，促使我不得不进行一次极度痛苦的突围。

恰恰是这时候，我经历了一次媒体没有任何报道的空难。死里逃生的感觉真是太孤独了，没有任何人可以分担，所有的点点滴滴完全依靠自身来化解。"活着真好，生命真好"的概念，从虚空变成了彻头彻尾的真实后，我也突然觉察到个人短暂生涯的全部细节。

这样一个过程，其实就是个人书写的前期准备。完成这种准备是最重要的，这也得益于个性的执拗，不肯识时务地做某些妥协，哪怕形单影只、孤家寡人，也要独立地自己选择与判断。一直以来，我的写作不时惹得他人争议。实际上，他们也在同我一道受着相同的考验。

我感谢所有分担过这种考验的人，让我有机会借他们的明眸，洞悉先前没有洞悉的，找到从前没有找到的，最终达到别人所没有达到的。

问：《圣天门口》在结构上也很有特色。它的主体故事叙述时间从二十世纪初一直到"文革"时期，充分展示了中国二十世纪极具动荡的社会面貌，同时它又通过说书人对汉民族史诗的不断叙说，再现了从远古到十九世纪末中华民族的变迁。这两条故事主副线交替进行，实际上串起了中华民族数千年的历史。你在设计这种叙述结构时，是为了追求某种"史诗"性的历史跨度吗？还是为了从汉民族的史诗中寻找现实社会的某种历史注脚？

答：二十世纪七十年代，于神农架发现的汉民族创世史诗《黑暗传》，弥补了中华文明史上，总以为汉民族没有创世史诗的缺憾。在小说中，我借用了祖宗们才华，并对其作了适度的增删，使之成为小说中遥远文明的背影。对史诗的写作历来都是每个作家的梦想。因为有《红楼梦》，我们这些后人的眼际中，被各种各样的功利主义者或者是既得利益者阉割过的历史，才有了迷人的才情。我一直在寻找给我血脉根本的汉民族，在经历了能在《黑暗传》中见到的惨烈杀戮，以及被称为"人类历史上最残暴血腥和丑陋"的二十世纪后，还能生生不息的根由所在。

与小说打交道是从小学四年级时开始的。若算上更早的时候听爷爷挖古，这辈子几乎一直没有离开过小说。像我这样没有家传书香的人，是那个时代民间的一种真实，其人文传承更依赖于口口相传。由于条件所致，接触到小说，多数是与"革命"相关。其后果是，总能在第一时间里感受到民间的人文传承，与当时主流意志的冲突。比如，民间总在说长毛贼，长毛匪，这样的匪贼在当地留下几处同被叫作"杀人塆"的地名，主流者却美妙地称其为"太平天国革命军"。一句称谓即知民心向背。现当代中国小说，总在有意无意地选择作为工具的服务，其间偶有经典出现，实属不幸之中万幸。无论何种功利，都是小说的天敌。我的书写，第一还是为了小说的妙不可言。试想一下，除了小说，还有哪种形式的书写能够如此地在汉民族心灵史中纵情长歌！第二种因素，也有其不可否认的存在，那只是小说的副作用和副产品，不得刻意为之，否则，就会回到从前的老路，辜负了真正人文传统总是栖身民间的意义。

我要强调一下以前说过的一种意思，所谓史诗，只能是指点通向民族心灵史的探幽之路。

问：这条副线作为小说中遥远文明的背影出现，提升了"史"的内涵和意义，看得出你用心良苦。主线与副线的架构，是在动笔之初就形成的吗？

答：如果下笔之前就有这样的架构，就不会有反反复复地开头，以及近二十万字的废弃。除了有其他一些原因外，主要还是第一次开头和第二次开头，与其时还于心中潜藏的小说，在旋律上没有达到一致。最早时，曾考虑用一部鄂东乡村的古老戏曲来做这样一条副线，之所以放弃，主要是考虑到其分量还是稍欠——一根烂草绳休想拉动一只石磙！直到儿子考上北京一所大学，我不用每天在武昌和汉口之间来回跑，准备将江北住所里的书籍搬一些到常住的江南这边时，突然发现那本尘封多年的《黑暗传》。

那一刻，真的如同有一股灵光，将我的心灵和书写贯穿到了一起。

问：如同所有讲述战争与革命的历史小说一样，作家都将不可避免地要对曾经发生过的历史确立某种革命性的价值立场。《圣天门口》在处理这方面问题时，更多地将它置于人物内部的冲突之中，裹挟人性本能、情感取向和家族利益等因素，革命性的话语立场并不是特别明显。你在处理这种历史时，是如何超越通常意义上的革命性、阶级性的？

答：在教科书和史志中记载的历史，通常只对某一特定群体负责，小说的超然性就在于她只对真实的人文史负责。

换言之，一部伟大的小说总是从打捞散落民间的人文精髓起始，通过书写的那个时代的种种心灵隐秘，最终衔接起对个人当下和社会当下的思考。这也是小说的本义。

问：回答《圣天门口》在开头提出的"谁最先被历史所杀"这样一个大问题，你觉得在小说结束的时候，当杭九枫、雪柠想成为"最后一个被历史所杀的人"时，读者能知晓什么？

答：人世间的一切问题，都不是由小说来解答的。

小说的意义首先在于她是一种说话的艺术。当人间话语中流行大话、假话、空话和废话时，小说尽一切可能地通过与心灵交谈的艺术，建造一条可以引领阅读者思绪的道路。至于前行时，能看到什么，悟出什么，则要看每个人的造化。在一部好小说面前，永远不会只有一个答案。就我对自己小说的理解，我觉得并不是真的要告诉阅读她的人，历史上最先和最后被杀的那人是谁，而是沉重地提起注意：在她所描写的这段时光，不管是何种人，全都活得连草芥那样的尊严都没有。

再说点题外话吧：一个人的排泄物，看见了没有不厌恶的。然而，我们却忘记了一个事实，我们所厌恶的这些东西，正是自身制造的。许许多多的美食被我们贪得无厌地吃下去后，很快就会形成此种肮脏。可恶的粪便，与我们珍贵的心脏，敏感的神经，以及高尚的灵魂，是一群与生俱来、如影相随的伙伴。

这里所隐喻的就是人一生都得面对的社会生活。

问：《圣天门口》的内容和真实的历史之间是一种什么关系？还有那位说书人，作为民间知识分子，董重里的经历似乎特别意味深长。

答：我是在小地方长大的。那个地方就在大别山主峰天堂寨下面。当我在那深深的山谷间行走时，就像深深潜入巨大的肌体中，在每个峰回路转的后面，仿佛就能迎头碰上暗中左右这个世界的那种东西，比如支配生命、让生命充满活力的心脏。

我向来坚信，民间中那些口口相传的历史才是那个时代人文精神的体现。如果你说的历史是指这样一种历史，我就回答：是！如果所指的是某种印刷成文的范本，那就不一定了！一部好小说，理所当然是那个时代民间的心灵史。做到这一点，才是有灵魂的作家。

并不是我有意让自觉投身革命运动的说书人董重里，成为史诗的咏唱者。在乡村里，民间艺人本来是当地的贤哲，也是人文历史的传承人和解说者。

问：小说中，使用了不少"苕"（傻）这类方言，你认为选择使用这些方言的意义是什么？

答：去年（二〇〇四年）夏天，一家电视台派人来家中采访，他们想要了解最能体现湖北人性格的一句话。我回答说这句话只能是：你是个苕！在南方诸省，虽然多有使用"苕"字的，论起遍及程度和使用频率，任何地方都不如湖北，想表达的意思还没有吐露丝毫，便脱口指令对方是个苕。在湖北方言中，还有一个说起来十分动听的词：晓得。第三个词是：汰。用它遣词造句的汰一下、汰一汰，特指将粗略搓洗过的衣物，拿到清水中漂洗干净。据说，苕、晓得、汰，是古汉语的一部分。当北方游牧民族用血与火外加他们的语言冲击中原大地后，这些语言就成了残存在南方的化石。"苕"所对应的是现代汉语"傻"，真用起来意味却大不相同。当一个人对另一个人说"你真傻"时，含义里往往多为惋惜。当这个人对那个人说"你是个苕"时，就不仅仅是惋惜了，更多的是这个人欲表达自己的见识，是个性的肆意张扬。在某件事情问答时，如今的人越来越多选择"知道"或"不知道"，说"晓得"和"不晓得"的越来越少。细细揣摩与体会，这样的替代实在太遗憾。人们相信或者不相信，都不能改变这样的事实：就音乐性来说，"晓得"一词所传达的美感要超过正在趋于普及的"知道"。很多时候，人们说"知道"时，往往并不是真的"知道"，之所以那样说，部分原因是应付。当然，人们在说"晓得"时，也是多有"不晓得"的。那不要紧：晓而得，是一种参悟；知而道，却是俗套。都说艺术像耕种一样，一分辛苦，一分收成，所以"种"是沉重的，得下大力气，身手稍有不到都不行。种菜、种麦、种棉花、种黄豆等。一般人已经记不得还有一种说法：兴菜、兴麦、兴棉花、兴黄豆。在我们的方言母语中，"兴"即是"种"。对比之下，不难领悟，"兴"的美妙。"兴"是自然的，带着天籁气韵，仿佛之中有如天马行空，轻重缓急都在自由境界中。

在人文传承中，母语起着无以替代的作用。一句方言，传授的却是血缘。依赖着母语的书写是坚实的，失去母语的书写总有几分可疑。当年将"莳、晓得、汰、兴"等中原雅音信笔写满华章的废名先生，通过沈从文，深深地影响了中国当代文学。在母语显得至关重要的文学范畴中，在地域文化传承上能有多大建树，是一方水土中的作家能有多大建树的宿命。

问：这是一部充满了大量民间生活细节的小说，能让我们了解不少鄂东农村生活的细节。同时她的情节又是离奇的、激动人心的。贾平凹写乡村，是为了完成为家乡树碑立传的愿望；阿来写乡村，是因为乡村文化的破碎让他无法躲避。你的作品中也总是渗透着一种"乡村情结"或"农民情结"，是什么让你如此关注农村？

答：我不是那种在还没找到灵魂的痛点在哪里时，以为任何的主观编造都是天才想象力，都能通过小说成为某种客观的写作者。人的童年就像一只新买回来的米缸，我热爱那些米粒大小的人和事、感觉与情愫，是他们使我童年的空米缸一点点充实起来。

中国小说的常态，习惯于从"实"的角度铺陈展开，从"史"的深度进行掘进突破的不仅太少，而且还嫌笔力太小。以此为境界，过于年轻的中国城市还不足以堪当大任。一些有实力、有想法的作家不约而同地将乡村作为小说的主体也就不足为奇了。由于过去年代的种种局限，许多的写作往往是事倍功半。面对乡村的当下写作，大多是在为中国的文学史填空补缺。这堂课如果补好了，将来就不会再有乡村情结和农村情结的疑虑，这是因为好小说总是传递着人所共之的心灵史。

问：《圣天门口》有非常深刻的主题，用了漫长的历史中发生的故事及众多的人物，来逼近这个主题，你是如何构建主题与内容之间的关系的？会不会因为时间的漫长和人物的庞杂而糊涂？

答：小说的主题是不可以去刻意构建的。主题浮现，只能水到渠成，甚至根本就是行文当中人和事的发生所导致的。正如一条九曲十八弯的河，在行云流水之间，总有意外惊喜在那山水之后。

好小说如同真正的男子汉，没有花言巧语，也不会卖弄风流，甚至还会冷若冰霜地拒人于千里之外，内心却是一团熊熊燃烧的暗火。

问：你曾经说，希望重建中国人的梦想，是什么样的梦想？

答：在中国，文明史进程的停滞不前，是因为梦想出了问题。一方面目光短浅只求功利，另一方面又虚妄至极，"皇帝轮流做，明天到我家"。就像梁启超所说，中国人造反打倒皇帝，其后果是人人都想当皇帝。当能力达不到时，就开始破坏，自己当不成，也要让别人当得不舒服。我是真的梦想人们能普遍地用宽厚仁慈之心做人做事，不要再动辄便诉诸暴力，而且还带着普遍的社会性。小说中的梅外婆说，用人的眼光去看，普天之下全是人，用畜生的眼光去看，普天之下全是畜生。当下的人文境况还要大大努力，才能做到人人都有一副人的眼光。

问：用一部小说重建中国人的梦想，这是不是也是一种梦想？

答：用我个人的擅长进行努力，更是一种希望。

过去常说的西方宗教对中国的侵略，是相当荒谬的。文化是不可能发动侵略的，如果硬要将人对其他文化的向往与接受，或者一种文化对另一种文化潜移默化的取代看作是侵略，我肯定会表示强烈质疑。文化是相通相容的，当本土文化不得不接受外来文化时，只能说明这种文化存在着更合理的因素。在我们的日常话语中，张开耳朵就能接受到那些与仁慈和爱背道而驰的东西。相互残杀，相互仇恨，许多时候，这些原本无论如何也是一种罪恶行为，却被那些自鸣得意的所谓智者和聪明人，赋予各种各样道德、法律和艺术的理由，让罪恶之狼披上羊皮。

作为文化的书写，小说的补充性很强。

在被现代性浸透的当下，小说当然不应该缺席。

问：自然界的驴子狼、此起彼伏的革命运动、得势的一派灭掉失势的……小说发展到后来，人的生命像蝼蚁一样消失，这么惨烈的场景在以往的小说中很少看到，作家置身其中会不会很痛苦？

答：原本更惨烈，我将最早设计的小说结尾改变了。因为我所了解的，并且准备加工进小说中的那些真人真事，太不近情理了，不像是人之所为，只有魔鬼才能如此行事。我将阿彩设计为家在广西，原来是想通过她，将小说引入"文革"时期发生在广西某地惨绝人寰的那一幕。然而，如何在小说中把人铺垫成一个魔鬼，我得另外寻找或者创造一些使人在阅读中信服的经验，所以只好放弃。能够书写，那种痛苦的感觉会轻一些。

一部小说不能包罗万象，这是作家的另一种痛苦。

自由永远是有限度的。我家门前有座鸟语林，比鸟笼子大多了，连人都可以进去游一游。再大的还有自然保护区，以及存在于虚空中的自然保护法。对人之外的其他生物来说，其意义就是，不能越过这些界限。人为自己的生物伙伴设立保护区域，是面对现实的无奈。却没有去深思，这种对自身的设限意欲何为？

问：你一向以现实题材见长，这次选择开掘历史题材是出于什么原因？驾驭如此厚重的题材，你在创作中有不同的感受吗？

答：完成这次书写之后，我才从别人那里听说，这些属于历史题材。最初那段时间，我一直在强烈地抵制这种界定，怎么也不相信，那些就在眼前的事物，怎么就变成历史了？在情感上，我也下意识地觉得岂能连带着使自己早早进入历史范畴！小说家的书写，只要贯穿的是当代意识，就不会与"一切都是当下"的书写有何不同。厚重或精巧，就像年轻时当车工所使用过的车床，一台是普通的，另一台是加长到三米的。我更喜欢操作后者，加工那些巨大的、异型的金属零件。只要磨好车刀，想好切削方法，随后的过程会轻松舒展许多。反过来，在普通车床上，一个班要加工十几根细小的不锈钢螺杆，从头到尾紧张得连和漂亮的女工友说句闲话的时间都没有。小说的书写，也有此中道理。

问：《圣天门口》于评论家和读者都是有很大期待的作品，那么你认为中国作家离"伟大的小说"有多远？

答：对小说家而言，凭空谈论什么是"伟大的中国小说"，就像一条咬住自己尾巴的蛇，尴尬就不说了，稍有不慎，就会使好不容易回到艺术本身的中国文学，重新沦陷为某种工具。二十世纪六十年代，那些"伟大"的人物，有谁还在继续伟大？倒是不起眼的城市掏粪工人时传祥，过去被人称道，如今还在被人称道。

迄今为止，只有苏联的勃列日涅夫和伊拉克的萨达姆说过自己所写的是"伟大的小说"。

只要不是利令智昏，小说应该离"伟大"越远越好。

问：你说《圣天门口》是你年过不惑的灵魂驿站，是指她的文学价值还是对你写作经历的影响？

答：从来没有哪部小说耗费我这么多心血。写了这么久，生活这么久，在世界上行走这么长时间，脑子里沉淀了很多东西。小说中的很多细节是我从小听来的，伴着我成长。这些散落民间的历史秘密总在逼着我，催着我。到这个年龄，选择做一件事，把它做成了，就意味着到了一个站，可以休息一下了。对我而言，它更多属于精神层面的东西。

文学不是诗、散文和小说，而是一种精神、一种意义。

文学不是历史、现实或未来，而是一个阶段的社会良知。

文学不是檄文与颂歌，而是每个人以思想为背景的审美。

文学是一种心灵状态，它可以表现为个人的，归根结底还是群体的。文学的最佳状态是包括写作和阅读在内的许许多多心灵聚在一起反复碰撞。

问：有人认为现在作家写三十万字的作品就可以了。在如此快速的社会中，一百万字的作品会有谁看？你担心过没有读者吗？

答：二〇〇四年秋天，我和刚刚担任人民文学出版社副社长的潘凯雄，在武汉匆匆地见了面，谈及正在写这样一部长篇，当时他没有任何表示。临近年底的某个深夜，他才打电话说，你那个一百万字的大家伙我们要了！我问他没见到一个字，怎么就敢将话说死。他回了一句让我十分感动的话：就冲着这种年代你还敢这样写！在电话里，潘凯雄告诉我，当天下午，社里开座谈会，韦君宜等老一辈出版家语重心长地说，人民文学出版社还是应当出一些厚重的有分量的书。潘凯雄他们开口要定了这本书，一定是比我更懂得一百万字的长篇小说的真正价值在哪里。

《圣天门口》出版后不久，一位熟人在阅读过程中给我发来短信：你为何写那么长？好像我的生命可以万寿无疆。后来他又来短信说，读完即死也值。对于读者，任何人都不必失望。在中国的读书人口中，总是有一些优秀的读书人在作引领。书是要读到三十六岁以后才分出高下。至于十万字或者一百万字，那只是在修养不够的背景下，读与不读的借口。文学作品首先要经过时间的考验。旧书店里回收的几乎都是畅销书。业内一些人，往往低估了读者的才华。当然，也有眼光独到的出版家。比如，十月文艺出版社的隋丽君大姐，从我六年前开始写这部小说时，她就表示一定要亲自编这部书。后来因故书稿没有给她，也成了日后的一大遗憾，不知未来能否弥补。

问：很早就读过《凤凰琴》等作品，觉得你是一位细腻的作家，特别能让细节打动人。你个人的文学传统来自哪里？

答：居住在乡村，出门就能见到一些电线杆伙同一棵大树矗立在田野上。光秃秃的电线杆也很挺拔，却永远不及有枯有荣、有病有灾的大树年年新春焕发。小说需要故事，那些使人震撼的力量却无不来源于细节。大树横空出世，其魅力靠的是从不重复的枝条与细叶。电线杆就不行了，一根直肠子，看一眼便无所不知。"小说艺术根本在于细节"的道理正是如此悟出来的。文学从来出自文学之外。优秀的文学传统，不是出自书本，反而是在民间口口相传过程中，不断淘汰、不断丰富的那些东西。

问：你在一九九二年发表的中篇小说《村支书》和《凤凰琴》，被冯牧先生等人称为"新现实主义小说"的发轫之作。一九九六年的《分享艰难》，被周介人先生、雷达先生等称为"现实主义冲击波"。虽然在整个九十年代，这类写作一直是热火朝天，但其结果并不尽如人意。作为这股潮流的领军人物，你是如何看待的？

答：一直以来，我只坚持写那种小人物的大命运、小地方的大历史。当写作者面对文学潜心思考时，文学也在思考着写作者。这种双向的思想，正是文学之源清纯而丰盈的根本。

我遗憾许多人并没有真的懂得《凤凰琴》。他们要么只知"现实"，不了解"主义"，要么只追求"主义"，全然不顾"现实"。

这些年，真正称得上"现实主义"的作品并不多。

一个人有没有对现实功利的不屑与反叛，有没有对现实的自由视野，有没有对现实的个性梦想，有没有对现实的人文关怀，最终决定着他的现实主义身份真伪。

与《分享艰难》相隔多年，已经有了一些陌生感，却还没有成为散落在民间的秘密。人们总是认为自己对当下最有发言权，一旦小说描写的东西与其主观感触到的不一样，就要否定它。当然，这也是一种在自由民主精神下的个人权利。一旦署其名的书写无人去公开批评，最终的结局一定会是自我扼杀。良知、灵魂、道德……任何时候都不要认为这些已成定语的名词是陈词滥调，那是一个人为文和为人的气节所在。对那股冲击波的批评正是这样的体现。况且，文学中还有一种潜规则，那些没有公开争议的作品往往是没有价值的。

小说之好就在于她有多种解读的可能。

问：曾经见过你给读者签名，一口气下来几乎全是同一句话：文学是永不背叛的朋友。一九九七年夏天，在大连开会，回武汉的飞机失事，你却幸运地逃过一劫，此后，你最喜欢签名的一句话变成了：文学是一个人的福祉。

答：与文学相遇的确是一个人的福祉。

我所说的是真正的文学，不是地摊上都能见到的流行读物。

写小说对我来说真是一件妙不可言的事。这且不说小说本身的妙不可言。它给了我太多的意想不到——对世事的发现，对人的发现，对自己的发现。

一部好小说总是独特得非要天马行空才行。而一部小说再好，也会命中注定是一个必须在尘俗中打滚的东西。我的书写到了何等程度，我的思想境界穿透了哪一重天，在一分钟又一分钟度过的日子里，谁也看不见，我自己也同样摸不着它。用一百万个汉字来打熬六年，最能让自己信服的理由只有一个，那就是：做这样一件可以耗掉更多时间的事，使得自己可以终日面对那可爱的小生命，也让一步也舍不得走远的世俗念头，披上障人眼目的外衣。男人非要到四十岁以后才懂得，如何做父亲，如何善待女性，才能体会到女儿是父亲前世最爱的情人。至于小说，我相信那是一种永远与永恒，那样的小说才会使人始终保持着前所未有的兴趣。

用我家里的话来说，小说是放养的，小说家是圈养的。

在这个充满世俗的世界里，自己又不可能皈依宗教，文学便是最大的福祉。

（访谈者：朱小如，二〇〇五年六月）

四、汉语神韵与华文风骨

问：阅读你的作品，再接触你本人，让我产生了与近期文学界普遍认识同样的感触："二十世纪九十年代的刘醒龙是个被误读了的作家。"你的作品，里面有着太多当下现实元素的纠缠，因而你本质的文学追求屡被湮没在其中；你的为人，富有激情而且率性，满是年轻的活力，让人忽略了你的沉静和对人生、对社会的温暖体贴。一个仍然执着于自己理想的文学老男人——这是你给自己的画像。我以为，除了那个"老"字，很是贴切。在众多的文学期刊"变脸"来寻求生路的时候，你出任《芳草》主编，考虑过刊物在今天这样的环境下的生存压力没有？

答：从前我没有细想这些。接手操办新的《芳草》后，很快就变得疑惑起来：作为整个文化事业的一部分，在国家财政对各项投资处在绝对垄断的现实状况下，将以传承人文精髓、强化民族灵魂作为目标的文学强硬地推向市场，是一种不可以持续发展的行为。好在接手这家刊物之前，有关方面就考虑到了，不仅不用我们四处找钱，还不让我们四处找钱，办刊物的经费基本上是专项资金来处理的。这应该是文学在市场深渊中翻腾多年后，社会整体对其应有的重新认识。不是倒退，而是很大进步。因此，我始终坚持，不承担经济压力下的责任，我只承担在刊物办得好与不好的压力下的责任。

问：从专心写作到出任杂志主编，你将如何延续你的文学理想？

答：乡村中人爱说，凡事老了都会成为精怪。我也该成为精怪级的小说家了。多年的饱经沧桑，确实将人磨炼得不一样了。小说散文诗歌的好与不好，看几眼就明白。是不是真正在写作，也不会听信现今越来越多的蛊惑之词。五十岁的文学老男人，更懂得浪漫，也更珍惜理想的价值。在杂志的扉页上，我撰写了两句话：汉语神韵，华文风骨。原文本来是：优雅汉语神韵，傲然华文风骨。但后来有人私下里与我说，这话有伤人之嫌。我犹豫了多时，直到杂志要开印了才改成现在这样。

文学就应该是优雅的，文学就应该是傲然的，二者缺一不可。

没有优雅神韵的傲然容易轻狂，没有傲然风骨的优雅会流于媚俗。

问：《芳草》开设了"田野文化"专栏，立足于田野，着眼在文化。不久前你将"应景、记流水账、妖魔化"总结为"中国乡土文学的三大败笔"，指出了乡土文学现今发展的症结。你个人的创作始终把目光投注到乡土上，乡土在你的创作中有着什么样的意味？

答：灵魂！血脉！肉体！是日常生活中所走的每一步路。是夜里做梦时总在闪现的魔幻细节。是笔锋绕得再远也要回去的归宿。不只在文学，生活中也一样。

在幸福面前，乡土是一种痛苦。在痛苦面前，乡土又是一种幸福。

在浮躁面前，乡土是一种安宁。在安宁面前，乡土又是一种浮躁。

在虚虚实实的人生中，乡土总是处在"虚"的位置上，与功利性的"实"无关。

任何对乡土有所欲望的文字，都是可耻的。

问：如你所说，乡土应该是人类最后梦想的栖息地了？那乡土文学呢？

答：说出来很多人不喜欢，我自己其实也不喜欢：乡土给文学以生命，文学却是乡土的挽歌。

问：为什么？

答：说俗一点，文学是人的一只慧眼，专门用来看肉眼看不到的事物。存在的、可能存在的和根本没有存在过的，都在其视野中。在文学中，理想主义者的灵魂是悲悯，浪漫主义者的骨子是真实。面对乡土，也难例外。文学看得见乡土的虚虚实实、林林总总，所以才比乡土本身更痛苦。

问：说起你的创作，人们习惯性地联想到"现实主义冲击波"和乡土小说，你个人认为呢？

答：不只是因为办刊物，这之前，我就经常收到稿件，也接待了不少作者，听得最多的一句话是：你会喜欢我的作品。说这些话的人，都自认为与我既往写作风格相近。姑且不说是不是真的相近，他们显然忽略了一个常识：骗子当然最了解骗子，毒贩子才是最了解毒贩子的人，拿着一个滥竽充数的东西去找最了解这种东西的人，简直就是自投罗网和送肉上砧。评论界从一九九六年开始提出的"现实主义冲击波"，在两极分化的评价中，存在着巨大的误会。就像台湾的"三一九"枪击案，现场都搞错了，自然不会有正确结论。如同台湾民众当下将厘清真相寄希望于二〇〇八年马英九的上台，我从一九九九年开始，用六年时间来写《圣天门口》，也是希望文学界回过头来，厘清什么才是真正的"现实主义冲击波"。

问：有人说，你的作品，问题意识或者忧患意识比较突出。你认为，小说家的职责是什么？

答："问题意识"是从二十世纪五十年代的旧文学理论中诞生的，是文学沦为工具后的一种意识形态变异。"忧患意识"则是这种变异的变异，它只是貌似文学，骨子里仍旧是为政治服务的一种工具。当前的小说实践，早已超越了。我所说的是好小说，是被强迫归类但其实大不相同的那些小说，早已从单纯地批判、寻觅，发展到对文化到人性的深入认识。小说能做到的是对人性背景下的人与社会进行审美。也许这就是小说家的职责吧。

小说就是小说。那种说"某某作品是宣言、檄文和判决书"的时代，应该永远成为历史。

问：你的意思是对人与社会的审美表达是小说家的职责，正如你在《圣天门口》中饱含热情去表达的理想社会和高贵人性？

答：从文化的一脉相承上，《圣天门口》虚实并行：虚的说书由女娲怒杀共工起始，延续到辛亥革命结束；实的主干则为辛亥革命后期的乱世与"文化革命"高潮迭起，对此我进行了一次梳理。许多所谓推动历史前进的因素，只是龙舟上的两排桨，如果没有摇橹者的指挥与把握，注定要乱作一团。在人类进化史中，贪欲和施暴，正是这样的两排桨。过去一百年，文学界承袭了太多《水浒传》习气，口称最伟大的《红楼梦》，只不过是场面上少不得要耍一通的花枪。社会这条大船要前进和不沉没，核心还是因为我们的理想是要追求理想的人性。

问：你的小说很注意语言的质地。《圣天门口》尤其注意到不同人物的语言风格和特征，而且小说的叙事语言在保持整体风格的同时又局部地有所变化。

答：《圣天门口》实际上只采用了二十几个方言词汇。汉语本来是非常美的，但是我们的语言现在越来越粗鄙，越来越直截了当，越来越不含蓄，失去了汉语的优雅，这其实是很可怕的。所以我要部分地回到方言，将我特别喜欢的那些，用在小说里。我们的方言，无论从音律、音韵，包括意义，比现在流行的都市语言要强得多，这就是为什么《圣天门口》只用了二十几个词汇就觉得通篇很有异彩。作家在小说中的艺术含量，恐怕与他对方言、对母语的理解传承是成正比的，这就是小说家的宿命。

在这种宿命里，作家可能会走很远很远，却在不经意间发现搞错了方向。

长篇小说更是如此，不仅要有语言的优雅，还要有骨子里的高贵。

为什么说《红楼梦》之外没有好长篇，就因为《红楼梦》骨子里的是高贵，是一种高不可攀，它的人物也好，它描写的生活也好，是写作者的精神结晶。缺少这个根本点，仅靠道听途说的模仿是靠不住的。人对美好生活的向往，也是内心藏而不露的高贵之心在作怪。

生活中，有人靠粗鄙可以得逞于一时，但能如此粗鄙一辈子吗？

问：现在很多作家不理解这种优雅和高贵，有很多时候是一种矫情。

答：对。高贵是骨子里的，凡是表演与作秀的，一眼就能看破。

问：是否可以理解为，你认为高贵和优雅是小说最重要的气质？

答：为什么不是呢？往日的人，以为给孩子取个很贱的名字就会好养一些。在一段时间里，小说也用这种方式养着。看上去小说是活了下来，但这种活法对小说造成的内伤，是难以估量的。就像传说某边疆地区成立周年大庆之际，特地从内地弄了一批茅台酒去。那里的人却生气地说全是假的。后来查证，原来当地从未卖过真茅台酒，没有人识得其中滋味，反而认为真茅台是假酒了。

问：我觉得你早期的作品里面还有一种比较粗粝的像砂石一样的感觉，但是烟火气息还是很浓的，还表现出一种粗放，这种粗放不是粗野、粗糙的那种。到了《圣天门口》，我感觉整个小说很优雅。这种优雅有时候似乎掩盖了小说的人间烟火气，你自己怎么看这个问题？

答：我其实是一向比较欣赏，比较喜欢《白鹿原》的那种粗粝。粗粝的缺点很明显，但它的优点更明显——粗粝的东西往往更能打动人，因为生命就是这样子。写作这么多年，那种表面的、技术上的粗粝是可以改变的。说个不可思议的秘密：我有些文字呈现的技术性粗粝是电脑造成的。

问：为什么这么说？

答：用电脑写作太好修改，改来改去，将自己改糊涂了。我过去的小说，将手稿交给有关编辑后，就再也没有看过一眼，甚至不晓得他们做了哪些修改。

问：手稿是原生态的，没有经过打磨的。

答：实际上是手稿交给人家，人家改了，也不告知一声。最近在编的几个集子，像长江文艺出版社的"跨世纪文丛精华本"，中国社会出版社的"鲁迅文学奖获奖者丛书"，让我终于下定决心将过去发表和出版过的作品重新看了一遍，其中遗憾真是太多了。最大的遗憾是有些手稿已经丢失了，无法订正那些发表过程中的种种修改。很多人认为"新现实主义"的提法出现于一九九六年，实际上，最少也应该追溯到一九九二年。那年《青年文学》第一期刊发了我的中篇小说《村支书》，同时发表了冯牧先生的评论文章，冯牧先生的文章最后有结论说：这是"新的现实主义"。这部小说的手稿，《青年文学》后来退给我了。所以，订正起来没有任何困难。在被恢复的《村支书》的文字中，有些可以说是小说的神来之笔：村干部们在一起时，民兵连长和妇联主任说了些比较放肆的玩笑话，村支部书记有点醋醋地不高兴了，就提醒他们"注意群众影响"。民兵连长说："我们这里只有党员。"村支书回头一看，果然大家都是党员，没有群众。这个细节在当时好像是犯忌的，包括后面表现村支书与妇联主任间那种若即若离的像父女又像男女的细节，都不得不删去。这种删节，也是造成后来种种误读的原因之一。

问：来自民间的各种各样的幽默，其实是文学最生动鲜活的元素。

答：从某种意义上说，当下的文学，需要比以前任何时候都要强大的生存力量。有人会认为是千载难逢的机会，有人则看成是百般无奈的境遇，形而上的庸俗，形而下的张狂，不该明码标价的可以明码标价，本该严格约束的却放任自流。或许，这是人类的自嘲式幽默吧！文学活在这种夹缝里面，面对双重挤压甚至多重挤压，首先要让自身鲜活起来。

问：优雅和粗粝矛盾吗？

答：粗粝在小说中，属于技术层面。优雅则来自心灵。在小说中，它们的矛盾是可以调和的。这即是小说家的才华了。

问：但是你认为比较纯洁或比较纯粹的文学、优秀的文学真的会有市场吗？

答：正像长篇小说真正的尊严是建立在优雅和高贵的基础上，每一个人内心向往的、达到他的生命所希望实现的，就是这种来自生活中的优雅和高贵。我们的生命，我们的生活，想要体现生存品质，除了优雅和高贵，还有什么呢？如果做不到，就会到文学中去寻找，从心理上达到共鸣。这是人类离不开文学的永恒道理。

问：我觉得现在真正的、优雅的、纯粹的文学是太少了。

答：一方面是少，另一方面也和传媒的姿态有关。不要以为天下人就剩下一种俗不可耐了，一天到晚只有物欲和性欲，除了那几个明星之外什么事都不在乎。其实不是这样的。去年（二〇〇五年）十一月底，我在网上建了博客，像我这种认真得近乎刻板、没有什么可以炒作的人，点击率居然很快达到十几万。

问：那这不算少。

答：是的，真理有时候是在少数人手里。我看到后面的跟帖，大多是有想法的文字。反过来，再看看那些过百万、过千万的家伙，所写的文字有何意义？至于跟帖内容，简直就像一些公园中摆放的石头女人，胸前的敏感部位不是被摸得发黑，就是被摸得发亮。一些传媒也如此，只要被摸了，就当成是被"关注"，而不管是不是猥亵。悠悠万事，唯有炒作为大，唯有市场份额为大。真正的理想，都被看作是一穷二白。就像当年搞"反右"和"大跃进"，将自以为是的东西，无限地浮夸。再用不惜消灭肉体的办法，消灭那些自以为不是的东西。这种疯狂追逐暴利和决不放过任何蝇头小利的趋势，所考验的不仅是文学，还有人为了生存而必须具备的那种大智慧。

问：美和文学同样地被挤在夹缝里了。

答：文学界实际上还是心平气和的。这正是当代文学成熟而走向博大的出发点。投机讨巧，将文学作为谋取功利手段的毕竟还是少数。我们也不能苛求大家都写好小说，假如人人都能写好小说那还得了？

问：就像你说的，小说需要优雅，根源在于作家骨子里的东西。如果作家本人就不优雅，怎么能要求他的作品优雅起来呢？但是往往很多人把优雅理解为矫情，其实它更注重、关注人心灵的东西。

答：优雅是内在，不是形式。

问：文学界从一九九〇年前后开始就在提出一个问题：文学要向内转，要关注人的内心。这个问题一直没得到解决，包括现在很多作品其实都是很外向的。

答：如果说当下的小说出现困境，与提出这个问题的批评家们有极大的关系。前年（二〇〇四年）在岳阳的一个会上，我就说这个话了，批评家们说小说家失去想象力，是将本来就是一体的文学评论和小说创作硬性割裂。小说创作需要想象力，批评家更需要想象力。批评家除了想象生活、想象小说艺术之外，还要想象在文化背景完全相同的条件下，这个作家为什么这样写，那个作家为什么要那样写，需要比小说家多一种想象才能完成作品解读。

问：现在的批评普遍疲软，你说到了一个非常关键的问题。现在的批评家很少去想作家为什么要这样写。他们并不关心写作者与作品。

答：这一点我自己比较感动，《文汇报》的周毅，春节时看了《圣天门口》，之后给我写了一封信，有九千字，其中有一句话深深感动了我，她说马鹞子那么张扬，那样危险，最后那么轻轻地就走了，突然感觉到生命的落差。我也很感动，她一下子抓住了小说的核心。写这个细节的时候，我并没有想好，马鹞子的结局如何，当时只是草草地写成这个样子。后来老是惦记着那个地方不满意，回头修改了几次，反而觉得最初的样子是最合适的。分量那么重的一个人，最后那样渺小，没用几句话就将他轻轻地写死。当然也有人认为我太草率了，我也懒得解释。

事关想象的问题，靠解释是没有用的。

依靠暴力生存的马鹞子，最终因一点点小事而像一张纸那样飘然死去，这是最合适的想象。

作品的完成不在大处，关键是细微之处，也是心有灵犀之处。

问：一开始我看你的作品的时候，我并没有这种感觉，但是看到后来，包括看《圣天门口》，包括我有时候上你的博客，看你的有些文章，我的感觉是，你的整个写作路子，似乎有点越来越知识分子。这并不是一个评价，这只是一种感觉，可能把你说的那种优雅、高贵和对内心的寻求，对生命的一种把握，如此种种，都放在这里边。但是还有一种，其实你的小说里边，包括《圣天门口》，可能有对一些人来说不太理解或者不太认可的那么一种理想和自己的理想性的追求。你的写作，整体上对这种追求越来越明晰了。就像大家说的刘醒龙越来越文人气、知识分子气，我不知道你个人对这个有没有感觉？是不是一种明确的追求？

答：优雅与高贵不是知识分子的专利，我的曾祖母没读过一天书，年纪轻轻就开始守寡，青黄不接时，为了养活自己的孩子，不惜成为老家一带有名的"苦婆"。曾祖母的"有名"不是讨米要饭手法如何高明，而是讨要到食物后，一定要拿回家，像是家中正餐那样，从灶台到餐桌重新安排一番，不使幼稚的孩子早早泯灭人生的品质。也许将来我会为曾祖母写一部作品。我所理解的优雅与高贵，更多是曾祖母那样做事和为人。

我没有上过大学，家族中上辈人也没有什么书香传承。如果我有知识分子气的话，那当然也只是一种理解而已。我自己以为，以往的写作，身份不是特别明显，但现在写作，我觉得我的身份的确是明确了一些，我越来越倾向于真正的民间。

问："真正的民间"是指？

答：真正的民间，是那种藏得太深，很容易疏忽和忘记的民间，是指个性与人性得以充分张扬的那种空间，是指不附带任何功利性指向的人文情怀，属于曾祖母他们的使得子子孙孙顽强活下来的空间。

问：但是，你不觉得真正地能关注到民间、认识到民间的价值的恰恰是一些很有知识分子情怀或者人文情怀的人才能达到的吗？

答：知识分子一直是我所崇敬的，因为我只是高中毕业。

问：这和学历并没有必定的联系吧？

答：我很看重这种背景下的"知识分子"和以"知识分子"为定义的各种话题，我也很尊敬所有知识分子。但是回过头来想，为什么只有知识分子才能这样？为什么普通人不可以？

问：不是说普通人不可以，而是说我觉得像你刚才说的那种，生在民间的人，他确确实实每天为了自己的劳作去这么生活，其实也是一种很自然的事情；他不去关注一些更深层的东西，或者说是内在的东西，这是很自然的。但我的感觉是，你现在的关注点越来越有这样的一个特点，就是"从具有人文情怀的态度"来关注这些问题。你觉得呢？

答：我也不清楚，这种不清楚也是一种糊里糊涂的明白。在写作中我会毫无还手之力地受到作品中人物的摆布，觉得我被他们牵着走。当他们要做什么事情时，我是毫无办法的，只好顺着他们。我拗不过他们，没办法。特别是在写《圣天门口》时，出现很多很出乎意料的细节。于是我就想，怎么这样写？为什么要这样写？感觉中作品里面的人是在自主行动，挣脱了我的控制，成了活生生的一个人，真的很奇怪。但正是这些明明摆脱理智与情感双重控制的感觉，才能沉浸于自己的内心。这或许是在暗示，写作者的个人内心，其实就是那种无拘无束、自由自在的写作境界。这种状态不是想找就找得到的，而应该与自己灵魂状态相关，如果没有达到却硬要装扮成这种状态，那就是矫情。

我近来的写作，已经在内心中归于一种安宁。人成年后并不一定就能成熟。而只有成熟之后，才能体会生命中何为安宁。我说感谢女儿的出生，其实也就是说感谢生命，一个小生命的成长更能打动我，启示我。比如说，很简单，为什么会因这部小说的写作而感觉出"优雅"在文学与生命中的关键性？为什么要运用"圣"，在一个小地方的小地名前面加上一个字，变成"圣天门口"呢？没有这段生活，没有这种生命升华，我可能会错过一生当中最为重要的缘分。

问：《圣天门口》和以前的那些作品相比，不知道是你自己有意的还是无意的，你的写作多了一种温情。作品中写到杭九枫的父亲让儿子亲手处死自己，看上去是非常血腥的，但是里面包含了父亲对儿子最深的保护，然后是儿子对父亲的最厚重的理解。我感觉你处理这些细节的时候，有很柔情的东西在里面。这种东西在原来的小说里面没有，或者说很少，包括你惹了那么多人的眼泪的《凤凰琴》。

答：写小说，一定要诚恳，要极度的诚恳。写作是很耗人精力的事情，急不得、不能有功利意识，时间上的功利也要不得，拼命地写完、赶快写完的写作没有意义。我这种人，不是那种天才型的，有点才华也是慢慢积淀起来的。有时候非常想写，但是写得并不好，只能把它当成一种个人的理想和追求来做，才有后来慢慢出现的造化。

问：下一步的写作风格会有所变化吗？

答：我也在想这个问题。也许这要到真正动手之后才能清晰起来。

（访谈者：刘颋，二〇〇六年十二月）

五、圣是深刻的痛

问：你的《凤凰琴》《分享艰难》《威风凛凛》《生命是劳动与仁慈》都结结实实地显示了一种文学的实绩。而《圣天门口》，今后仍将会慢慢地透析出它的非凡意义。正如汪政所说："总体上讲，《圣天门口》是一部沉得住气，在不动声色的保守中包藏野心的作品。"而对我来说，这一次全新的阅读体验带给我的震撼是巨大的。

答：任何新的写作，首先要使写作者自己感觉到新的体验，这包括个人精神与艺术经验。在《圣天门口》这里，还有一个时空性的体验。六年时间，不管放在谁的人生中，都会显得有些漫长，有人甚至还会惋惜。对于我，不谈作品，光是这段时间修炼心性的收获，就太值得了。写作的过程也是催人长进的过程，写作一部作品时的新发现，总是首先对写作者本人产生影响，在这一点上，我们可以将鲁迅先生看成楷模。当然，有些写作者的人格是分裂的，这也是文学魅力之一种，否则"人如其文"的说法，就不会那样著名了。

问：《圣天门口》也完全不同于"新写实主义"以来的写

作了。我觉得这部长篇的写作过程，使你真正成为一个具有独特的价值观和历史观的作家。这是相当了不起的地方。有的作家，虽然写出了历史小说，然而，其历史价值观未必会有。当然，过去一些评论家将你划归某一流派的做法，现在看来也是欠妥的。我总觉得，作家如果真的能够被划归为一个流派，一个真正的作家也就消失了。真正伟大的作家，应该永远是非常独特的。评论家的这种偷懒行为，最糟糕的效果是使作家个体消失了。

答：说我的写作事关乡土，我认账。说我的写作事关现实，我也不会反对。我会致敬所有愿意为我的作品写出任何文字的人，无论批评，还是其他。唯有"流派"一事，我一直在表示异议。从小我就被认为清高、瞧不起人，朋友少，铁哥们更少。因为不会"做人"，我只好选择孤独，还幸运地选择了文学。过去、现在和将来，我都不可能入某个流，属某个派。"流派"一说对写作并无太大意义。写作者如果太热心于此，那一定是实力不够，而不得不靠拉帮结派来虚张声势。文坛上的有些流派，并不具有真的学术意义。相反，在局外人看来，简直就是常言所说的某种组织。说得难听一点、过分一些：都快变成黑社会了。研究现当代中国文学，从"帮派"入手，应该比所谓"流派"更能切中要害。

问：十几年前看你的小说《凤凰琴》，深深地被打动了，所引发的共鸣与感伤，他人难知。因为我本人也曾是乡村教师。当时我有个特别强烈的感受，你一定在农村待过很长时间，不然是无法写出这样的东西的。

答：我更愿意把"农村"叫作"乡村"，"乡村"才是真正意义上文学话语，而不带有政治意味。从黄州搬家到山里后，一家人在偏远的乡镇待了十几年。有几位老师们至今还记得小镇上三个特别淘气的干部子弟，我是其中一个。另外两个，一个在武警部队里当将军，另一个曾在国内证券界呼风唤雨。当年，南方普遍种双季稻，素有"不插五一秧"和"不插八一秧"之说，每逢"双抢"，住地的生产队长便毫不客气地通知镇上的干部孩子去做些割麦插秧的活。因为我家租住在当地农民家里，叫起来更方便，所以，同住在镇上的干部子弟中，数我和姐姐，还有弟弟妹妹去得最多。很多时候，边缘人对事物的敏感程度大大超过处在中心位置的人。

问：作为"新现实主义"旗帜性作品，《凤凰琴》的横空出世，正值"新写实主义"风靡一时。所以，我想先说一说"新写实主义"。在你看来，"新写实主义"是作为一种话语方式还是作为一种叙事方式？再或者是作为作家的观察和认识世界的方法？有些人认为它是对现实主义的颠覆与重构。我倒觉得，从本质上讲，它与现实主义没有什么区别。就像《圣天门口》，我也不认为它跟现实主义作品有什么本质的区别。关于现实主义，我们也应该有一种与时俱进的态度。

答：这要看我们如何界别现实主义了。如果用经典现实主义来比照，与"新写实主义"的差别就如同天壤。作为后者的写作，在世俗面前的姿态是无可奈何的妥协，这也是那个时期的特殊社会心理在背后起作用。所谓物极必反，既然彩虹已经在心里彻底消失，何不就将理想毁灭给世界看看？这种自暴自弃对后来者研究那个时期的社会是十分有意义的。在阅读上，可以将其当成是另一种警世。但在写作者那里，最深刻的动机却是放弃文学对于人和人性的理想。

现实主义不是大杂院，不是什么人都能活在其间的，更不能将过路的或者走错门的人都算进来。中国文学中的现实主义总是急不可耐地想着与时俱进，甚至不大清楚现实主义是什么，便将正在床上做梦的人强行唤醒，要在第一时间里写这个梦，而不管这个梦其实有头无尾。以为如此了就是现实主义，不如此就不是现实主义。现实主义应该注重源远流长的传统，应该将"经典性"作为思想与写作时的首选。

问：我说的与时俱进，就是用当下已经成熟的眼光看现实主义。我们还是来谈《圣天门口》吧！作为一个杰出的文本，它应该提供给我们很多言说的可能。在写作这部多卷本长篇之前，是什么样的东西激起了你的写作欲望？动笔之时，是否意识到自己将要写一部百万言的鸿篇巨制？我是在读到梅外公、梅外婆和雪柠那一段落时，才意识到你在用一种新的价值视角来阐释历史。在读到雪柠看见一群人用刀砍一只老鼠的尾巴，想让它生养出没有尾巴的小老鼠的梦这一段和梅外婆的"用人的眼光去看，普天之下全是人。用畜生的眼光去看，普天之下全是畜生"这句话时，我才开始思索这部小说的真正用意，你应该不是在写作伊始就确立这部作品的史诗品质的吧？最大的可能是在写作进行到一定的程度时，才开始意识到这部书应该以史诗性的作品构架来安排。我查阅了一些资料，你一开始是想写一本家族史的书的，以雪家和杭家两种姓氏为名的，叫《雪杭》。

答：关于史诗品质，不能说没有想到。现当代中国文学一直缺少一部真正具备史诗品质的作品，这也是隐忍在每个写作者心里的最大梦想。我一向习惯于用潜意识来构思。在《圣天门口》的结构上，事先我也只是想到将虚的说书自创世纪开始，延续到辛亥革命成功结束。实的小说主干，则从辛亥革命之后的乱世开始，到"文化大革命"的高潮时期终局。其余事先想到的还有主要人物的命运走向。

至于家族史，这不是我的真实想法。我是在执着地写一座小镇，写小地方的大历史，同时不可避免地要写到小人物的大命运。家族之间的争斗与仇杀几乎成了写往日事件的固定艺术模式，别人已经尝试过的东西，于我已经没有吸引力了，总不能说之前别人写杀死了十个人，为了达成某种超越，就要写杀死十一个以上的人吧？更不可以因为别人写了剥人头皮，就必须写熬煮人的头骨。虽然笔下出现最多的是一座小镇，表现起来却是全景式的。家族间的针锋相对，容易戏剧化，容易出阅读效果，也正是对这类所谓小说要素的保守，想要有厚度和有深度地揭开历史的种种重大隐秘时，其苍白无力也就难以避免了。

问：这种新的历史视角，不能说是你的新发现，但确实，你在寻找一种新的历史视角与价值观时，显然做得与众不同。用恩格斯的话说就是，你揭开了"纷繁芜杂的意识形态所掩盖着的一个简单事实"。这种史识，埋在复杂的——用你的话讲就是"吊诡"的——历史表象下，似乎很多人都没有发现。你发现了，而且用它很好地阐释了历史。

答：小说家的"吊诡"之处，在于他善于运用个人直觉。特别是面对最前沿的人文发现时，更应如此。

问：有意思的是，你对书中两条相互交织甚至相互排斥的历史观也没有给予孰优孰劣的评价，就像雪、梅两亲家，他们自身的福祉，也没有挽救自己，亦即是说，它没有解决现实中的问题。这就使我想问一个问题，你在书中引用了汉民族史诗《黑暗传》，在这种历史的重负之下，你是否认为"不以暴力抗恶"的理论在中国可行？像甘地、马丁·路德·金之类的人物能否在中国出现？你以梅外公遭暗杀回应了这个问题，当然，你似乎又以梅外婆与雪柠的执着解决这样的问题。

答：中华传统文化中，有一个极为独特的理念：仁者无敌。在这种理念下的历史实践，虽然很多时候被碰得头破血流，却也留下足够千秋万代、慷慨悲歌的经典。春秋战国，弑君三十六，亡国五十二。臣弑其君，子弑其父，用现在的话说，那个世界里简直是稀烂。正是在这种稀烂的世界里，知识分子的风骨与品格才显现出来。齐国重臣崔杼杀害齐庄公后，不想在史书上留下丑闻，就要求记录齐国国事的太史伯将齐庄公写为患疟疾而死。太史伯偏偏不听，坚持在简牍上写下"夏五月乙亥，崔杼弑其君光"（齐庄公在登上齐侯大位之前，人称"公子光"）的真相。恼羞成怒的崔杼杀掉太史伯。太史伯死后，其二弟太史仲继承职位，仍旧简书"崔杼弑其君"，又被崔杼杀害。接下来，同为史官的三弟太史叔仍旧不肯篡改史册，继续简书"崔杼弑其君"，三弟再被崔杼处死。四弟太史季接手书写青史之职后，同样一字不改地写上"崔杼弑其君"。崔杼在万不得已的情况下才放过了他。

卑鄙者貌似肆无忌惮，其实是惶惶不可终日。

高贵者往往很难体会自己的高贵。

卑鄙者比谁都明白自身是何其卑鄙。

文学不是用来解决问题的，但文学一定要成为我们在面对各种世俗问题时的良心。

问：我还注意到，以"福音"而论的历史观，其实并未在中国的历史中出现过。说得大一点，汉民族是一个没有信仰的民族，对于历史的解释，也远未达到神圣的地步。所以，面对这样的问题，我们是不是可以认为你的这部大书，在阐释历史时，还是有着相当大的无法越过的障碍的？也因此，天门口这个小镇的历史演绎显得过于牵强？这一点，可能很多人都无法看到，都觉得这小小的天门口，其实只有雪、杭两种力量。然而，实际上远不止于此，还有像傅朗西、段三国、马鹞子、常守义这几股力量。如果再延伸出去，还有冯旅长、小岛北这两种带有符号性质的邪性力量。我觉得还应该加上一些灰色地带的人群：董重里、常天亮。再分得细一点的话，在傅朗西所代表的红色力量里，还有小曹同志、欧阳大姐那个五人小组的"肃反"力量和"红卫兵"时期的白送这样的力量群体。就算是像林大雨这样的人，也有着因夺妻之恨而引发出来的人性的邪恶力量。

答：在小说中反复出现的所谓"福音"，只是一种通常与习惯的说法。正如在更多的人群中喜欢用"菩萨""大慈大悲"之说。她所表达的是与"恨与歹毒"对应的"爱和仁慈",在此基础上发生极致超越的大爱与大善。这种大爱与大善不能说在中国的历史中没有出现过,只能说是没有人关注到。禹征三苗时,舜就告诫他,别急于用兵,要以德化之。禹便用德政感化,三年之后,三苗果然尽数归服。从女娲怒杀共工至此,远古历史早已立下大爱大善的标杆。

二十世纪的文学训练,使得太多的人,将爱之切、恨之深等过于简单的性情当成唯一的审美之源。这种根深蒂固的审美态势,也影响了中国文学向着博大精深进步。另外,小说中有一个更大的秘密,有待你去发现:在《圣天门口》中,我不再使用"敌人"这一概念。可是产生"敌人"的思想土壤,深厚到扁担插下去也能开花。上个月,因为要出第二版了,我在修订时,发现书中竟然还残存有几个"敌人",我对照了一下,是编辑在出版过程中修改的结果,原稿中并没有。你所用的"邪恶"之概念,近几年,美国总统布什同样最爱使用,到头来反而惹得更多的人厌恶他。纵观历史,莫不是以他人为敌、以异类为敌。在我们已经认识到世上最大对手是自己时,小说中人用一点一滴的圣洁来改造或者改写自己,改造身边的人与事,就应该很容易地理解为,这样做才是改写历史的正途。

问:关于"敌人"这一点,确实我们疏于发现了。既然历史是人创造的,我觉得就不能仅仅说成是"人民群众创造的"。在你的作品里,让人信服地看到了,即便是芥末之微的人物,也在影响着历史的进程,也是一种不可忽视的历史力量——是一种推动力量，也可能是一种倒退的力量。

答：人就是人，每一个生命都是历史不可或缺的财富。谁能想到，孙中山在广州多次精心组织革命，无一不是以失败告终。但武昌城内一群"愣头青"，在此铺垫的基础上，仓促之中出手起事，反而成就了辛亥革命的大事变。即使是物，也还可以各尽其能。

问：虽然刚才讲到你对两种历史常识没有加以明晰的判断，但作品中还是隐含着一种判断的，肯定与否定，也还是非常清楚的。比如在"大跃进""放卫星""文革"这一时期的叙述中，看得出你的伤感与悲痛。

答：诚如你所说，文学的判断只能是隐含在文学之中，这是不二法则，否则就要闹出主题先行、图解时政等让人不齿的笑话。当然，用这类图解来写作的人不会再有市场了，却有一种图解某类思想的作品行销于时下，甚至还能引发一定的喝彩声。

中国文学的资源十分丰富，却存在着滥用的问题。

任何时代，再丰富的文学资源也不可滥用。否则，毁掉的不仅是文学，还有时代本身。世界上的生态保护为何越来越严格，也是这个道理——人若毁掉身边的生态，最终将会毁掉全人类。

问：我真正体察到这本书的立场，是在这本书的结尾，你将最后三个字结结实实地给了梅外婆。我觉得这不能仅仅看成是一种小说的艺术。但我们茫然的是，什么才可以拯救天门口？或者说，怎样才能使天门口成为"圣天门口"？什么才是有效的救赎？

答：一般情况下，我不会与人针锋相对，但你这样苦苦相逼，很抱歉我不得不表明自己的观点：《圣天门口》不存在宗教意义上的立场。不能因为小说中出现"福音"等词汇，就将大别山说成是阿尔卑斯山，也不能因为小说中出现"小教堂"，就把西河看成是莱茵河。就像有评论文章硬是以小说人物傅朗西的谐音来说是法兰西。小说中还出现有"巴黎公社"，难道就要说她有异国情调吗？一九九六年，我的小说就被周介人先生评价为有一种"大爱与大善"。这种判断十分重要。文学的中国传统才是我一直所看重的，我始终没有停止过这方面的探索。

前面你已经提及中国文化中缺少宗教信仰，这是事实。传统也好，时尚也好，宗教在中国更像是某种流行与时尚。比如佛教传入东土后的几次大流行，每一次都是得到皇帝的诏告，才流行起来，后来又因天子的敕令显得满地肃杀，那种源自民间的宗教思潮似乎从未真正有过。

在东方，有无信仰和信仰什么并不会导致社会生活出现重大分野。比如，泛神主义者可以认为"圣"就是我们的敬畏之心，环保主义者可以认为"宁可走路也不坐汽车"就是一种"圣"。就小说来看，我写了这样一段话："一个人的能力救不了全部的人，那就救一部分人，再不行就救几个人，还不行就救一个人，实在救不了别人，那就救自己，人人都能救自己，不也是救了全部的人吗？"这个意思我想人人都懂。

问：但关键是，周介人先生十年前的判断肯定无法用于这本书。虽然我知道，在"大爱与大善"这个问题上，你确实让人泪流满面，这在《凤凰琴》里就已经有了。但这本书，显然已经绝非《凤凰琴》的厚重可比了。这里也是一种情感认同。正像我们在阅读过程中完全被这本书圣化了一样，我们的情感选择是放在雪家这里的。然而，雪家精神是否真的在历史上存在过？或者是否有这样的神圣家族企图对历史产生影响？这种阐释历史的方式，肯定不是你写作之初就选择好了的。

答：恰恰相反。不仅是写作之初，写作前许久，我就做出了这样的选择，甚至可以推返到童年。那时候，我们家附近住着一户被划为地主成分的人家。在特殊时期，这样的人家是没有政治地位的。奇怪的是，我一直对他们一家有着深深的敬畏。这种敬畏不是来自小学课文上偷辣椒的老地主将少年刘文学活活掐死。那户人家住着两间搭建在别人家墙边的破茅屋，一家四口，没有一件完好的衣服。多年以后我才明白，童年时的那种敬畏，来源于那户人家的日常处世方式：衣服破得再厉害，那上面的每一个补丁都是整整齐齐的。还有他们仿佛总也弄不脏的手脚与脸庞，总也洁白得没有丁点牙慧的口齿，如此等等。当年我的情感可不是在他们那一边。然而，临到写作了，我才明白，那种记忆竟然一直在左右着我的情感。我不认为，"圣"是可以升到高天之上的精神控制，我景仰的"圣"可以小到记忆中，那户人家的孩子将一块洗净的旧布叠得方方正正装在荷包里，作为清洁自己的手帕。所以，才有小说中的董重里，因为随身的一块手帕始终保持着洁白，才被在"肃反"运动中杀人如麻的欧阳大姐法外施恩。我要强调的是，人人心里都存有一个"圣"的角落，所以，每个人在对待他人时，都要记住并由衷地尊崇这类角落，这也是所谓的雪家精神。

阅读《圣天门口》，不少人会将情感的天平倾向雪家。但在写作中，我却不是这样。对于杭家，我也倾注了同等的情愫。

问：雪家其实也是饱受损害与污辱的。在书的最后部分，有个细节：雪柠从抽屉里拿出一沓从不同年历上撕下来的杂乱无章的日历，每张日历后面都写着一个耳熟能详的男人名字。这一个细节，最能展示两个人的力量：一是杭九枫的纯洁的力量，二是雪柠的承受的力量。所以，雪家的力量，还在于承受，而草莽英雄杭九枫也有着对神圣力量的虔敬。人性从来都是复杂的，所以，我不能太认同很多论者认为"杭九枫是一个草莽英雄"的说法。同样，也觉得在众多的人物之中，杭九枫可能也是你深爱着的一个人物。

答：在雪家人身上体现出来的大爱与大善，还应包括承受之上的那种承担，承受是被动的，承担则有主动因素。但二者又是互动和互为因果的。我喜欢并尊重笔下的每一个人物。相比之下，有时候我会更加喜欢小说中的那些非主要人物，例如常天亮、荷边等。面对写作过程中的人与事，写作者还要经受"自己该如何去做"的灵魂拷问。小说精神往往反映着写作者一定的个人精神亲历性。

问：小说的结尾，"吊诡"这个词用得非常频繁，这应该看成是你赋予历史的一种品质。当然，我们也可以说历史本来具有这样的品质。从这个词出发，我觉得这本书的确有着颠覆的意义，她颠覆人们对历史的认识。或者说，她使我们重新认识历史。

答：关于历史的经典小说，必定同时是一部心灵史。

只有与心灵相伴相随的东西，才会真的深入历史真相中。历史的品质几乎就是心灵的品质。

在时代与历史的交接过程中，许多真相注定要被那只强而有力的大手尽可能彻底地抹去。有一个时期，大家都爱说"海枯石烂心不变"。如果心灵有所改变，就会意味着某种重生。只要能够把握住这条心路，无论历史改头换面到何种程度，写作者都不会被历史的吊诡所迷惑。

问：关于文学意识形态的确立，我们这一代人除了来源于杨沫、周立波等作家，可能更多的还来自鲁迅、茅盾、夏衍等作家。然而，现在想来，他们跟新中国成立后的很多作家有着某种一致性，这样一来，这样的史识与视角不就存在着历史的合理性吗？如何理解你与他们在这方面的不同呢？

答：用一句简单的话来说，这叫长江后浪推前浪。任何历史，政治的、军事的和文学的，距离远，视野总会相对开阔一些。后来者总是幸运儿，因为有前辈们用灵与肉来探索。当然，那样的前车之鉴，也还需要善于理解和运用。文学总会首先与她所处的时代共命运。当社会苦难太过深重时，文学也难以幸免。这样来看二十世纪的中国文学，以鲁迅为代表的那一辈，以周立波等为代表的稍晚一批，虽然隔山隔水隔时空，其经历却是一样的，都是用文学来请命，力图挽狂澜于既倒，救国民出水深火热。从现代文学的出现，到当代文学的兴起，许许多多的作家一直在承担着"国家兴亡、匹夫有责"之责。正因为如此，前两年突然盛行阅读当初以汉奸之身置于民族大义之外，写下的那类闲散舒适的文字，足以让后来者深思。

二十世纪九十年代以前的中国文学，承担了太多本不应该由文学来承担的重责，这是由阶段性的历史决定的，后来者应该向作为亲历者的那些作家表示足够的敬意。文学经典性的重要方面，就在于她与本民族的命运休戚相关。到我们这里，文学的环境已经改良，无须再用负重百十来斤的能力，无奈地承担两三百斤的分量。

我们这代人如此三生有幸，究竟有何德何能？

那么多的大师在前面披荆斩棘，为我们争取到一派豁然开朗。剩下来，就看个人的文学造化了。

无论是鲁迅生前，还是在先生身后，对他的研究与表述，一直存在着深刻的片面。在这一点上，我所读出来的鲁迅，并不是那个普遍认同、只会将文章当作匕首和投枪的鲁迅。我想这一点很重要，鲁迅精神不能只理解为某种阶层或者执政当局的天敌。文学就是这样，除非有新的超越性的元素出现，才能获得生命力。

后来者的优势并不是树上结的果子，只要季节适当就可以挑着箩筐去收获。只有懂得站到高处，钻进深处，从茂密的果树丛中发现新的变异株，进而培育出新品种之人，才是真正有优势的后来者。

问：这些作品的写作者们，其实在写的过程中，可能会受制于红色的心理暗示，或者干脆成为一种舆论的工具。但是写作过程中的虔诚，应该是与你一样的啊！

答：这是中国文学史如何写的问题。我个人的看法是，中国文学也有一个聚沙成塔的过程。后人评说当然容易许多，过来人就大不一样了。不管怎么说，我都会始终敬重杨沫、周立波等前辈作家，是他们告诉了我，母语是何等美妙，文学对于人是何其重要。

问：正像有人已经指出来的，你的这部大书，可能并不是一种史诗性的建构，相反，整部书给人的是一种反史诗的意味。当然，从结构上讲，这本书已经出现了史诗性的构架：《黑暗传》的嵌入，以及你着意安排的《黑暗传》与本书开头之间的一段鼓词，然后本书开头与整部《黑暗传》的对接。然而，董重里逃了，常天亮死了，从内容上，你掐断了他们重述历史的可能，更重要的是，你对天门口的叙述，已经不再是对《黑暗传》的接续，而只是对它的反拨，虽然表层上仍然是以暴力为中心，然而传达的是反暴力的主题。

答：我是一个很感性的人，那种太过理性的观念，常常让我望而却步，害怕自己会越想越糊涂。事实上，重述历史的是整个天门口，而不是一两个人。

人的开始是生，人生的目的绝不是最终的死，却又从无例外地要走向死亡。

暴力作为一种有效的变更历史手段，已经深深地扎根在我们的历史里。《黑暗传》的引入，是为了将文本的纵深扩展到汉民族史已知的最远端，让其间接地变为叙事过程的一部分，使得小说所展现的所有暴力，一目了然地追溯到共工被女娲所杀的根本之上。至于反暴力归结，正像小说所援引的，近代中国从梁启超先生那里就开始了。二十一世纪以来，人类对暴力的反拨声浪已经越来越强劲。在中国，就有"建设和谐社会"方针的提出。毫无疑问，这是最为明确的反暴力立场。《圣天门口》是用一种深刻的痛来唤醒人的意识里对痛的憎恶，用一点点地积累起来的柔性的力量，去和各个阶段的宏大历史发生对冲。

问：这里就自然地涉及有关宗教与神性的东西。在这本书里，你是否有意夸大了宗教与神性的作用？具体地讲，你可能过于夸大了雪家的作用。虽然，你对"雪"这个姓作了非常诗意的演绎。然而，宗教在这个世界上是一种存在，而神性只是一种追求与一种境界，只有在小说的滥觞阶段甚至是在文学的源头，作家们可能才用以解决他们所不能解决的问题。

答：我要再次强调，文学中最为紧要的还是爱与善。

阅读者与写作者的立场存在差异，是可以理解的。纯粹就这个问题来看，如果不是狭隘地将小说中的描述，直接而生硬地认定为"那就是基督或曰宗教"了，对雪家处境的理解就不会出现歧义。同样，也就不会产生对"爱与善"在文学中巨大存在的质疑。宗教与神性，在文学中只能是一种"也许"。在我生活过的一些山区小镇上，当年的教堂还在，只是做了别的用途，有的就做了小说中所描写的那类卫生所。教堂在，不等于宗教就在。一个口称"上帝保佑"的人，很有可能是天不怕地不怕的无神论者。

小说不是神学著作，哪怕她会经常提及神学中的某些词汇，描写某些宗教祀事，也只是为了表现社会生活的丰富性、世俗性和日常性。

中国文学应该坚持自己的传统，不要再像前二十年那样，动辄使用欧美艺术尺寸来丈量我们的作品。

前几天，读到一则新闻，有德国"著名"汉学家斥责中国当代文学全是垃圾。且不说由"娱记"弄出来的这则文学新闻，是不是也娱乐化了，这种近乎无理的说话方式，也太不像德国人的性格。以中国当下现实来看，读"狼"和"美女"的人，多半是想着晋升为"键盘侠"却还在考"科目二"的那种人，也只有他们才有莫大动力，如此概括中国当代文学。假如有外国人真的跟着这样说了，那他一定不是"汉学家"，而是"汉学徒"。本来这种事情是不值得大肆渲染的，同样的话，早已被那些人在中文网页上贴过无数遍，因为增添了德国人的背景，才弄成无风三尺浪。这已经不是崇洋媚外，而是更为可怕的另一种：西方文化作为世界中心文化的观念，正在成为潜意识中的真实。

事情不大，但有诸多值得中国文学界反思的东西。

在世界文学中，一直就有纯英国文学、纯俄罗斯文学甚至还有纯日本文学之说，可从来就没有纯中国文学出现。

当代中国文学太过看重所谓与世界接轨，甚至不惜抛弃传统。一些有影响力的作家，其写作资源往往直接依赖于欧美文学的营养。中国文学的好坏与否，不在于外国人如何评说，而在于有没有独立于世的传统与风格。在这一点上，我同意顾彬所说：中国作家要发出中国人的声音，不能老想着如何发出德国人或者瑞典人的声音。

还应该看到，这件事的潜在原因，是图书出版受资本过度影响所带来的恶果。"狼"也好，"美女"也好，都是资本通过相关运作来影响市场，只是为了获取最大额度的利润。本来与文学毫不相关。外国人并不了解这种现实，不明白铜臭在当下中国的无所不在，而将那些花钱赚吆喝的软性广告语言，当成了文学定论。

我很担心，一部纯粹的中国小说，用舶来的宗教与神性进行评价，会不会犯下一叶障目的错误？

问：这一点，我能理解。就像有些所谓的资深学者在指责中国当代文学时，我只能遗憾地说，他不懂中国当代文学的成熟与高度。具体到"雪"这个姓氏，你可能在选择这个姓氏时也是费了一番心思了。中卷部分，对雪的意象进行了细致的阐释，可能是你选择这个姓氏的全部理由了。同样，我觉得"梅"也是你精心选择的。你连梅外公和梅外婆的名字也没肯给出来。为什么呢？

答：雪姓的出现一点也不深奥，写作冲动初现时，在杭州赶上一场几十年不遇的大雪，于是，不仅有了雪姓，还有了杭姓。在写作初期的电子文档上，书名是《雪杭》。梅外公没有名字是因为我不肯给梅外婆一个名字。从生下来，我就没有见过外婆。在孩子心里，外婆是唯一比妈妈伟大的女人。同样，外婆也是离每个孩子最近的梦想。我女儿也像我一样，出生后就没有外婆。夫人十四岁时丧母，上大学时巧遇母亲的大学同学，自此二人关系情同母女。那位阿姨的名字中有一个梅字，于是便顺理成章地有了梅外婆之梅。这样来想，有些写作成分，简直就是对自身生活缺失的找回。

小说写作，过程并不深奥。人物与情节，去来都自然而然。后来的一些问题，是想得多了，才出现的。有中生有和无中生有，都是小说流传时产生的魅力。

问：《圣天门口》除了史诗性问题值得讨论，其叙事方式也是值得我们关注的。在写梅外婆去世的时候，以及梅家的有些事情时，你多少使用了一点玄幻手法，这一点，我相信多数读者是会接受的。我想问的是另一个问题：在"肃反"、土改、"大跃进"这些历史阶段时，如果换用一种荒诞手法，是否更可以体现你的情感选择？

答：你们这一茬人可能会这样看，毕竟你们后来听来的那些，已经在口头传播过程中或多或少地妖魔化了。于我则无必要，想要写的那些，在心里贮备了数十年。荒诞得再艺术，也还是某种侧面。当下的文学现状，已经暴露出这类写作的狐狸尾巴。我读过的一些当下"荒诞"，真的只是一种手法。

采用所谓"荒诞"手法的最大可能性，是为了掩盖这类写作中的主要元素的缺位。

须知，一切关于荒诞的艺术从来就不是手法，而是渗透到灵魂里的一种生存哲学。

问：我曾跟东西谈过他的《后悔录》，他说过一句话，让我对荒诞与变形有了一点想法。我过去是非常拒绝在文学作品里使用这些文学手段的。这些跟幽默还不一样，虽然它们也可能表现一个作家的智慧，但是，历史与现实本身就是一种荒诞的现象，或者如你所说的"吊诡"，为什么还要选择这样的手法呢？所以，我觉得你的文学选择会得到更多的人认同，就像在面对这些情形时，梅外婆是清醒的甚至有了某种预见性，而杭九枫与董重里也是清醒的。既然如此，现实主义的手法也许是更重要的。面对现实的毁灭与荒谬才更是触目惊心的。

答：你在前面提及的这些特殊阶段，六十年代以后的写作者们迟早要正面面对。有时候我会杞人忧天地设想，在我们之后年代的写作者中，毕飞宇的出众简直就是被泛滥成灾的"荒诞"衬托起来的，因为他是年轻一些的写作者中，极少数不靠"荒诞"来立足的。荒诞的产出与存在，需要与之匹配的哲学厚度。既然中华文化中从未有过这类学说，单一的文学"荒诞"，就算能一时地"哗众"，却无法真的有所"取宠"。

问：《圣天门口》里一个重要的关键词，那就是"死亡"。我觉得你在处理人物之死这件事上，显得非常用心。比如雪茄、爱栀夫妇的死，那样的破空而来，那样的让人不甘，你就这样把读者晾在那里，直到书的后半部，才真正揭开了这样处理的原因。如此安排，足见圣心，一反中国人的情感方式，以猝死了结一切爱恨情仇——不，没有了结爱与情，了结了恨与仇。但问题在于，并不是这一切了结了，就不再生新的恨与仇啊。

答：你说得很对，我对小说中人物的去来，从来不肯处理得太随便。对于人来说，死亡是何其了得的大事，那就更不能简简单单地以一了换百了。人虽死，对应的那种大爱与大善却一直在贯穿着。这便是雪家人执着寻求的，要生生地扭断"以血还血，以牙还牙"这类死结连环，哪怕自身的承担与承受是那样的不可预估。新仇旧恨哪怕深似海，却像难以克服的随地吐痰，不能见到满地都是秽物，就觉得反正已经脏了，自己少吐一泡痰也不会令其变清洁。所以，我才让雪家人那样做。

对仇恨的最大报复是不去报复。

少一次报复，就等于灭掉一份仇恨。报复越少，灭掉的仇恨越多，那类"以血还血，以牙还牙"的死结连环，才有斩断的可能。这也是人生所能到达的最高境界之一种。

问：在你面对血腥与死亡的描写时，也未必能尽脱死亡所带来的心理重负。比如，在常守义巧施连环计的时候，你可能没有顾及读者，也没有顾及你自己是否能够面对。当然，你可能要说，你尊重了写作的需求。但我觉得，这里的常守义，也不敢面对自己转瞬之间让两个生命终结的事实。

答：佛语说，苦海无边。其意在于，恶是没有边际的。佛语又说，回头是岸。其意是为，唯有善才是恶的不可逾越之界。有限与无限，有界与无界，往往在瞬间里就产生了。活着的人，只有懂得每一种死亡，只有对每一种死亡的发生都感到疼痛，才能真正走进历史并理解历史。

问：我是在这里转回头重读这部小说的。我觉得我要重读的原因之一，就是你的写作过程中，已经没有了读者。从阅读的经验上讲，比如我，从来都是对作家的写作过程有着某种预期与猜测的。我们是这样走上阅读过程的。然而，我们过去的阅读经验，特别是意识形态方面的满足，到此已经荡然无存了。当然，这可能正是对读者与对事实的最大尊重。

答：写作于我，在自己的心灵轨迹之外，很少去想其他因素。

在文学中，在描述对象、作者和读者的三位一体中，再也没有比心灵相通更为重要的东西。

问：到第二遍重读时，原先对雪家的同情，便已变成敬重，而对段三国——这可能是这本书中，一个最为诡谲也最为智慧的名字——将两个女儿分别嫁给杭九枫与马鹞子的行为，感到特别容易接受。你肯定在这个名字上以及在像一省、一县、一镇等名字上下过功夫。当然，有意思的是，他们是被丝丝线线连起来的。至于对董重里那样的整体"投降"，也没有更多的阶级意识的对立与不满。

答：小说中应该有些有趣的东西。这种有趣，可以提升品位，还可以一展才华。

特别是原本只是为了有趣，到头来在不知不觉中成为小说中不可忽视的元素，就更加有趣，甚至不仅仅是有趣，而且意味深长。

问：过去，我们读刘震云的小说，如《故乡天下黄花》和《温故一九四二》时，明白了国共之间的一些碎片。然而在你这里，进一步解决了一些重大的遗留问题，杭家是大户，常守义近乎痞子，就连傅朗西也几乎用了君子不齿的手段点燃星星之火，只有董重里是"清流"。这让我想起刘震云的话，用在你这里是非常贴切的："为什么我的眼里常含泪水，是因为这玩笑开得过分。"我觉得我们几代人，都被历史要弄了。

答：是人玩弄历史，还是历史玩弄人，这里面也有一个如同雪家人所面临的是"承受"还是"承担"的问题。

问：我在阅读过程中时常停下来想一件事，你想要表达什么样的历史感呢？虚妄？怪诞？诡异？虚无？没有逻辑？历史确实没有逻辑。但这里，我又想到胡适的一句话，历史是任人打扮的小姑娘。现在的问题是，不但是外包装上的打扮，有时候，关于价值底座都发生了根本的分歧。这样一来，历史真的就太虚无了。

答：我在山东师范大学做过一次文学演讲，题目是：历史是当下的心灵。无论后来者如何议论，历史还是历史。真正的疑问在于，我们的心灵是否充实？只要心灵是充实的，历史就会还我们以真相。

问：从这个角度上讲，读者对你的感谢自不待言，但一个清醒的读者，在此刻一定是非常痛苦的。

答：有时候，我也会感谢自己。这里的自己，是那个文学的自己，而不是世俗的自己。是文学的自己，让世俗的自己生活得更有品质。

问：我再一次感觉到你的书有一种"暴力"色彩就体现在这里。无疑，你有着对历史秩序与历史事件重新拆解与构建的雄心。但这一部现实主义质地的小说出版后，你是否担心如我们——二十世纪六七十年代的人，会饱受一种如铁砂炮般的打击：我们会不知所措，心想我们真正的历史究竟在哪里？

答：怎么会呢？你们这个时代的人有许多来自优势文化修养中的智慧，也不缺才华，只要你们不想等到我们老得无法再做什么时才挺身而出，该承担的早承担，该承受的早承受，就没有任何东西能够在你们面前瞒天过海。

问：雪大爹的死也是非常诡谲的。外在的动荡引发了他的内心紊乱，让他姓氏的洁白偏要染上一层肮脏才肯死去。

答：作为家族之首的殉职与作为传统礼学者的殉道，雪大爹的死亡，应该在这二者之间。历史进展到这一步，早已容不得他来选择了。

问：除了刚才说及的几种死，你的书中还有很多个体生命的消亡，你都作了非常出色的描写与叙述。给我最大震动的还有小岛北的死，你处理得跟雪茄夫妇一样——直到另一个历史时代开始，才终于揭出了真正的死因。但他未对天门口采用火攻，是否真的是因为还心存一念之仁呢？

答：在写作者心里，这个疑问的准确答案是：Yes！之所以没有明确地做出表示，一是出于小说叙述需要各种不同的悬念，二是这时候用不着给出明确回答，因为我必须相信阅读这部小说的人。比如，在你这里，难道不是带着答案来求证吗？

问：我是在读到这里的时候，开始思考"为何我们的价值观无法挪移"。过去，我们看日本人，是泾渭分明的。然而，小岛北让我们看到了另一个问题，那就是这个世界上，可能最没有人性的人，还是留存了一点人性的东西在心灵深处。或者说，用梅外婆那样的话来说，所有人都不希望自己是个畜生。

答：人活着就得与人息息相伴。懂得幸福法则的人，首先会选择相信别人也有一颗与自己相同的善良之心。鸿门宴上的项羽选择了相信刘邦，虽然最终落得四面楚歌，却被我们尊为盖世英雄。

问：因此，你这本书的意义，放在天门口这个弹丸之地，是理所当然地成立。然而，大而言之，放到中国，也有着民族的意义。而从世界的角度看，我觉得这本书，是目前少见的具有了世界性意义的一本书。当然，有意思的是，你的书中有了像"乌拉"这种欢呼语气词和对巴黎公社的视点。

答：二十世纪的中国变革，本来就是这个世界中天大的事情。它影响了世界，世界也影响了它。

问：看你的这本书，使我对"新旧"定义的界限也被打破了：重要的不是时代的更迭，也不意味着后起的时代就一定超越了前一个时代。所以，这本书的超越时代的意义也是巨大的。以前，我们对新旧时代的看法是非常直接的，总以为一个时代结束了，就是另一个时代开始了。其实，划分时代新旧的标准远不止这一个。从人性的角度上讲，时代的区分可能是非常混沌和模糊的。我认为，这本书对我们这一代而言，是重建价值观所必需的；对更年轻的一代读者而言，是建立价值观的必要。不知道这样看，是否从另一个角度说出了这本书的价值？

答：一百万字的小说出现在这个时代，要想不成为一团巨大泡沫，就得具有一些全新的、有特质的人文因素。要作为一种新价值的文学载体，而不是一处文化垃圾回收站，而这也只是诸多可能性中的一种。

问：你曾经说过，《圣天门口》是迄今为止你写作经历中最安宁、最享受的。为什么这样说？

答：那一阵，基本上处于一种半隐居的状态，人家找不到我，我也不跟外面联系，我自己想怎么写就怎么写，没有任何压力，那是一种很纯粹的状态，我能写多少是多少，写自己最愿意写的。也从不规定每天自己必须完成多少字，那样没意思。

问：我时时有一个感觉，写这本书，除了定心定性，除了对全部人物有深入的分析与理解以外，还得对军事学、医学、民俗学、气象学、物候学、地理学、政治学、历史学等学科有所涉猎并有着对风土人情的研究与把握。更重要的是，对思想史这一块的研究与思考，既不能像学者那样抽象，又要高于思想家们的解说。这实在是一个非常庞大而艰辛的工程啊！这本书的写作，我觉得一般人可能是无法扛起来的。然而，你只用了六年时间，实在是一件了不起的事。

答：所谓六年只是表示案头时间，一部作品的诞生，不只是案头工作。小说中的核心人事，从我记事的时起，就在心里反复地打造与琢磨。从小说完成后的激动中平静下来，我才明白，自己分明是在用毕生来写这部小说。她几乎掏空了我，无论是艺术层面，还是生理意义，都是如此。枯灯下独守六年，我把身上最优质的那些成分，尽数倾注到小说中，留下来陪伴我肉体的是一连串的疾病。

问：前面讲到，你需要动用很多方面的知识才能完成这本书。最后部分对二十四种白云和各种人的对应使我想有所问：这里人与云的对应，是一种神来之笔，可你在写这些人物之初，是否也像当年的施耐庵那样将一百零八人揣摩透了，才动笔写笔下的这五六十号人的呢？

答：请允许我在回答了你的所有问题后，在这一点上保有一点秘密。既然是人与天的关系，就当是天机不可泄，可以吗？

问：叙述上的障碍可能还是存在的。因为篇幅限制，或者说，百万字的长篇实在是太难操作了，有的地方仅以叙述与交代代替了过渡。虽然，在很多民俗与地方特色的工艺叙述方面，你做得非常精细，使这本书在细节的叙述上具备了如洪治纲所讲的"飞翔的姿态"，但有些地方可能还是有点粗疏。不知你自己如何看这个问题？

答：长篇小说是当代中国文学中最不成熟的文体。即使是二十世纪九十年代那些堪称典范之作，也有显而易见的诸多问题。相比而言，粗疏的缺憾出现在长篇小说中，就没有中短篇小说那么重要了。有时候，还会让人觉得粗疏只是长篇小说中不成问题的问题，是长篇小说的某种组成部分。

长篇小说用不着写得太精致的，在一些重大纪年与事件的连接处的粗疏，是长篇小说必不可少的艺术特点。

粗疏所相伴的一定是宏大，如同海啸只会发生在大海里。

所以，与其说是粗疏，不如用粗粝更为恰当。只有那些相对宏大的事物，才有出现粗粝的可能。

问：这可能跟你的着眼点相关，毕竟天门口不能像贾府那样，直接而敏感地对应着宫廷与整个时代。但你的心思挺大，你嵌进了全部中国历史啊！这样一来，就可能使那部历史成了董重里与常天亮的道具，而未能植入小说的肌理之中。

答：长篇小说的结构本来就是见仁见智，有喜欢倒叙插叙地将历史与现实扭在一起变成语言迷宫的，有喜欢用"我奶奶、我爷爷"等第四人称全知全觉，还有娓娓道来、喜欢追忆似水年华的，然而，这些都写不了我想写的。汉民族从创世纪开始的历史通过说书形成一种古往今来的氛围，这种氛围又将天门口时下的人事引入历史当中。如果将那种常见的为追求普通阅读效果的戏剧化因素，用在这样一部作品里，就会因为过于刻意而变得见小。

问：最后，我们来谈谈这本书的语言。这本书在方言的运用上还是非常谨慎的。不知你对方言的使用如何看？我看你在《凤凰琴》的写作中，对方言的使用也非常有节制。

答：对方言的运用，我只选择比普通话规范的那些用语有所超越的部分。如相对"知道"的"晓得"，相对"聊天"的"挖古"等。作为母语的汉语，文学界应该有种危机感，随着中国国际地位的日益提升，汉语热在全世界持续升温，所谓语言的"全球化"问题也变得不那么突出了，反而是汉语自身的过分口语化，加上一些语声含糊、组词难看的"腔调"，使得我们的母语越来越烂。在我所主编的《芳草》文学杂志的扉页上，我撰写了两句话：汉语神韵，华文风骨。的确是有感而发，我喜欢听台北人讲的国语，感觉上那种优雅古典的言说方式，才是我们的正统母语。真正的方言，往往是经历了长久的历史选择后存留下来的母语精髓。时下的许多被称为"方言"的，其实是俗语，多半是汉语在白话化过程中，不断产生的糟粕，如果不明就里将其塞进文学作品中，会有损文学品位。

问：邵燕君等人评论这本书时说，她大大超越了同一类的小说写作，你个人的总体评价是什么呢？

答：一百年后，人们还读不读她，你我都无法亲眼看见。在我们的有生之年，如果一直有人读她，我就会相当满足。我一向要求自己用良知写作，要对得起自己那些不再的时光。

所以，我也一直在要求这本书不要辜负我自己。

问：这本书之后，还有什么写作打算吗？

答：二〇〇六年出了三本小说集，其中·本是翻译成法文后在法国出版的。二〇〇七年年初还有一本小说集和一本写亲情的随笔集要出版。此外，一部关于乡土的长篇散文也断断续续地写得差不多了。这两年大部分精力用在主编改版后的大型文学杂志《芳草》。但是，不会太久，我就要动手再写一部长篇小说。

问：最后，表达由衷的歉意与谢意：《圣天门口》是一个体系庞大而又非常完美的文本，可言说的方面实在太多了，穷我一己之力，只能追问到这个层面，这要向你表示歉意；另一方面，在我的阅读生涯里，有了这一次全新的阅读体验，这是要向你表示诚挚的谢意。

答：也谢谢你，用读者与审美者的双重身份，给了我一次公开倾诉的机会。

（访谈者：姜广平，二○○六年十一月）

六、人为什么会在梦里醒来

问:《痛失》在《当代》(二〇〇一年第二期)刊登后,又于二〇〇一年四月由长江文艺出版社出了单行本,并很快登上了各大城市新华书店的图书排行榜。同时,《小说月报——长篇增刊》和《小说选刊——长篇增刊》都进行了全文转载,各地佳评如潮。这些情况你都知道吧?

答:文学作品如果没有得到作者的授权,出版社和杂志是不能随意刊载或出版的,这种面上的事,自己当然晓得。

问:我读过一九九六年你发表在《上海文学》上的《分享艰难》,而《痛失》的第一部分就叫"分享艰难",这二者有何渊源?你怎么会想到把这一当时就引起强烈反响的中篇又铺陈为长篇呢?

答:还是在一九九五年十月份吧,中篇《分享艰难》写完,可以说,那个中篇是我以前的一些积淀。中篇刚刚脱稿,就又有了许多新的想法。那时我还以为自己会为这部中篇写个续篇,写成长篇却是没有想过的。真正下决心是在去年(二〇〇〇年)五月份,我作为中国作家代表团成员之一去了一趟美国，感受很多，内心的撞击很厉害。那时，小女儿刚刚出世，看着如此纯洁的小生命在自己怀里一天天长大，一些关于艺术、关于历史、关于时代的东西，就开始拼命地从骨子里往外冒。我迫切需要表达一种真情、一种作为父辈的责任。我认为，我们这一代人有责任尽最大努力把事情做得更好一些，不要把不好的环境留到下一代。从美国回来，小女儿才两个月大，我却不顾一切地开始动笔写《痛失》。照道理我本不该在这时候写什么小说的，可那股创作激情已经一发不可收，由不得自己了。当然，我也想过，能早点将《痛失》写成，交付社会，交付读者，应该是对小女儿最大的呵护。

写《痛失》这样的小说是需要相当的骨气的。

我得强调一下这两个字：是"骨气"，而不是"勇气"。

《痛失》的第一部分就叫"分享艰难"。虽然基本上完整地保留了先前中篇的架构，但在这里它只成了一个起点。就像一个人在登山，"分享艰难"只是表明那人刚从山脚下开始往上攀。最早的时候，我是答应将《痛失》给上海文艺出版社出版。写完后，人民文学出版社的两位编辑闻讯专程来武汉，看了三天。是她们建议我再将《痛失》往下写，写成"三部曲"。这样我才有了包括《痛失》在内的"日异三部曲"的构思。只要能够保证写作时间，后两部会在明年年底之前写完。《痛失》最终由长江文艺出版社出版，是我没想到的，主要是他们的诚意——尽管表达诚意的方式有点过头，还是打动了我。

问：《痛失》这部小说命名简短有力而内蕴丰富，你能简单谈谈命名的含义吗？

答：将"痛失"作为书名，是在从洛杉矶回上海的飞机上突然想到的。

老实说，这两个字让我的心情变得很不好。飞机上有各种国内难以见到的中文报纸，那上面形形色色的说法让我气恼不已。听过几十年关于爱国的话题，自己也跟着说了几十年，这时候才晓得，爱国的情愫是流淌在一个人的血液中。至于《痛失》扉页上的那段话（"作品直击乡村官场的龌龊，用人机制的缺陷，以及官本位主义的盛行，展现在你面前的是道德水准的痛失，'以民为本'的魂灵的痛失，以及良知的泯灭与救赎的无助……"）也可以算作一种理解吧。

问：关于《痛失》的主人公孔太平，有很多评论家都指出这个人物的崭新意义，也引起了很多争议：他既不同于以前我们文学作品中曾表现过的一般的好官、清官，又不好说他就是一个贪官、坏官，毕竟他有才干、有魄力、群众威望很高，又能体恤民情，与民同甘苦，比如与农民一起去卖红甘蓝一节，这就不是一般的贪官或坏官所做得出来的，你自己怎么看待这个人物？

答：对待孔太平，我是很客观的。他的产生有坚实的社会基础，或说是有无法回避的社会基础。孔太平是一个地方政府的管理者，也是一个"政治家"。对于"政治家"，我们不能再用传统的"好人与坏人"的标准来观照了。因为"政治家"的产生，本来就是各种得失条件经过无奈的平衡后，所做出的稍好一些的选择。昨天上午我收到一封电子邮件，北京的一位文学前辈在评价《痛失》时说：《痛失》好就好在打破了好人与坏人的界限。实际上，现实的社会生活基础决定了"孔太平们"不可能成为百姓们所希望的，也不可能照着从前榜样进行翻版。只要我们理智地去观察"孔太平们"，就会发现，只有这样的人才是真实的，才会实实在在地存活于我们的身边。

作为乡村精英的孔太平，他也只能如此。

在我们这个时代，出现孔太平这样的人是很正常也是很普遍的，同时他也是发展变化的。在开篇的"分享艰难"中他好一点，正面的东西多一些，质朴的东西多一点。在后来上了"青干班"以及当上县委常委以及县长后，接触面广了，无论是工作、生活还是主观意识便不可避免产生变化，差不多是无师自通地学会吃回扣、玩弄权谋，就连生活腐化等也一步步地被他当作心安理得的事了。了解孔太平身上发生的这些，对认识"孔太平们"很重要。为什么随着他的权力大了，能量大了，见得多了，搞明白了，他会变得不清白了！

所以我想说的是：我们在无奈地接受这种人物时，必须狠狠地去限制这种人物，外界要有东西去强有力地限制他、制约他。这样他在为公众做事时也许会更少一点私欲，多一点公正。

去美国一趟，让我弄清一个问题：世界上很多国家的国体都是建立在治国者对国民的不信任上，种种立宪的动机都从这一点出发；美国却反其道而行之，它的立宪基础是建立在国民对治国者的不信任上，他们认为治国者总是腐败的，总爱出现决断错误，因而一开始就必须牢牢限制他们。这一点很有意思。

对孔太平的变化，孔太平的腐败，不能只从他个人身上找原因，更重要的是要从机制上找原因，好机制比好人更重要。

问：当下腐败问题已成为重大社会问题，好在当前我国反腐倡廉的力度进一步加大，这也带动了关于反腐败的文艺作品的热播热销，你的小说《痛失》也多处写到了官场的腐败，一些所谓的官场新游戏规则，你是怎么看待腐败的？

答：腐败由来已久，自古到今没有不腐败的，只要有人高居社会之上，腐败就很难根治。这里有很深刻的个人欲望的基础。所以对于腐败，绝对的杜绝是很难做到的，不现实，但是这里面有个"度"的问题：应在老百姓能接受的程度上。对这个"度"的把握，不能光靠自律，也许具体到一个人，自律是有效的，但就群体而言，要实现自律，太难了。我曾经出过这样的一道算术题：一个掌管着百万资金的人，贪污或者挥霍掉其中的十万元，另一个人只掌管一百元资金，但他非法占有了其中的五十元。相比之下，后者的行为显然更加恶劣。实际情况是，后者在社会上的存在比前者更普遍。为什么会出现这样的情形？这是需要每一个人都来回答的问题。

问：《当代》副主编洪清波（笔名洪水）在评论《痛失》时，回顾当初围绕中篇《分享艰难》所发生的争论，感慨地说，那时大家都犯了盲人摸象的错误。现在有评论家又将你的《痛失》和另外几个作家的作品放在一起并统称为"政治小说"，你是怎么看的？

答：关于《分享艰难》的很多说法，在我看来至少有一半人是在意气用事。他们说的并不是《分享艰难》这部中篇小说，而是"分享艰难"这四个字。

对于说"《痛失》是政治小说"的说法，我见过樊星的一篇专论中有提及。樊星他这样说想必是经过深思熟虑，有他自己的考虑，就像他总爱从"问题"出发来认知一部文学作品一样。真正的小说也正是这样的：它能够提供多种思索和欣赏的角度，包括社会性和文学性。就我自己的写作初衷来说，《痛失》是传统的以人为本的小说，我也只看重它是不是小说。只要它毫无疑义地是"小说"就够了，别的我是不去在意的。如果它写到了政治生活，这也属表现的需要。我不会刻意去追求什么标签。我只想表现一种真实，一种生活的真实和思想的真实。

真实是最有力量的东西。同时，它又是很可怕的，让人情不自禁地想回避。

在现实中，我们的百姓实在是好到不能再好了。只要出现一个虚拟的"好人"，在他们的眼窝里，就会流淌起千年以前就有的热泪。他们从来就没有意识到，在这个世界里，不管是昨天还是今天，那种所谓的"清官"以及它所代表的"清官政治"根本就不曾存在过。但是这些东西就像鸦片一样，一直在精神上麻醉着他们。他们更没有想到，就算是"好人"也靠不住了。实际上我们需要更多的是"好机制"，有了好机制就不怕没有好人、能人，也就不怕坏人太多。没有好机制，好人也会变坏的。所以不管是"清官小说"，还是"好官小说"，其实都不是真正意义上的"政治小说"。

就我的个人观点，社会上正在流行的一些小说，并不能起到所谓的"积极效果"，甚至有可能正好相反。在有意无意当中，限制了百姓们对社会的认知程度。

我喜欢非常坚实、非常扎实地写好一个人，再从这个人身上寄寓自己的一些思索。

在这一点上，《痛失》与其他的小说是有严格区分的。

问：有评论家说，你的作品中渗透着一种深厚的"乡村情结"或"农民情结"，而《痛失》看起来也是以乡村作为故事发生的主战场，你自己怎么看这一评价？

答：是的。我的童年、少年时代是在乡村度过的，那里有我难忘的和美好的记忆。对于一个人来说，他的童年、少年时代生活也许将会影响他的一生。正是这种经历让我在情感上与乡村一方贴得更近：没有乡村情结、没有对农民的牵挂，自己的人生就不是真实的。

但惭愧得很，当年我还在乡村的时候，却是乡村的"另类"：因为父亲母亲都是国家干部，没有土地，这就使得我和一般的农民家庭的孩子在成长的心理上大不相同。后来，我又来到城市，离乡村越来越远，但对乡土的怀念却一直没有停止。

一个人离开自己的乡土越远，对它的回忆、怀念越是深厚。

人是不能没有过去的，没有过去就显得没有根基，就显得虚伪、不真诚。

我喜欢乡村，写到乡村就充满激情、充满感情。我也写过一些关于都市生活的题材，也有读者缘，但目前能激发创作冲动的首先是乡村。虽然在我的电脑里已经有一部关于城市生活的长篇初稿，我总是没法安排时间将它最后写成，只要一有关于乡村的小说构思，我就会毫不犹豫地将它丢到一旁。

谈到乡村和农民，有一个值得深思的现象：当下很多人都很鄙薄乡村和农民。中国目前仍是一个农业大国，这是由农民所占的比重决定的。当少数人（非农民）去鄙薄大多数人（农民）时，这是很不正常的。的确，我们的乡村、农民有很多陋习，很多不文明的东西，可城里的人就没有这些所谓的"农民意识"吗？譬如随地吐痰，譬如乱穿马路，譬如自己家收拾得干干净净，公共场所却尘垢满地、毫不在乎，譬如天气一热，男人们便开始光着膀子在屋子里晃来晃去等，这些行为无论从哪一点上去看，都继承着农民们在那无边无际的田野上，无拘无束的生活习惯。只不过有些人穿上了西装，穿上了皮鞋，身上的肌肉量大幅下降，脂肪量疯狂上升，皮肤泛白，手上没茧，看起来不大像个农民了。

无论对中国或是对全世界来说，乡村问题、农民问题应是最先锋、最现代的问题。这是不以个人好恶为转移的，因为它是历史和未来的双重需要。忽视对这一先锋问题的关注，将会是很危险的，甚至是灾难性的。而解决了这一问题，许许多多的问题都将会迎刃而解，我们的社会，我们的时代也将会有天翻地覆的变化。中国人特别是知识分子们的"城市情结"过于浓重了。在这一点上，他们总是健忘，从而无法使自己担当起他们处处所扮演的"现实的批判者"角色。因此极少有人去研究，为什么直到今天，生活在城市中的人，其收入与纳税的比例，只有生活在乡村中的农民们的十几分之一？在我看来，这种以牺牲农民和他们的利益为代价的"城市意识"，是最落后和腐朽的。

《痛失》中，真正的农民人物写得很少。孔太平等人已不再是一个农民了，有名有姓的农民仅田细佰父女等几人。在小说中，他们处于受伤害的地位。就连自己的亲外甥孔太平，也不由自主地为了自己的利益，而一再对他们做出一些让人心寒的事。这种安排不是有意的，但它已经具有了象征性。

我不欣赏根据题材领域等给作家分类的做法，作家的写作是自由的、创造性的，任何的分类总会带着强加于人的意味。

问：能聊聊《痛失》的悲剧意识和批判精神吗？曾有评论家说，你过去的一些作品缺乏这些东西。而关于《痛失》，已有评论家指出：小说具有深沉的批判精神和悲剧意识。你自己怎么看？

答：是否有悲剧意识、批判精神，这是阅读者的阅读体验的问题。就我个人来说，我只管踏踏实实地去写，写好几个人物。

在我们这个时代，大多数人都不可避免地将会成为悲剧人物。面前的时代是过去许许多多岁月所没有的，它的剧烈嬗变，它的飞速发展——正因为变化太快，每个人都拼命去追赶，拼命去改变。既想改变自己，又想改变周围，生怕被时代浪潮所抛弃。当一个人不断地改变时，事实上就是在不断地丧失自我，同时也在不断地被发展过程中的新事物所否定。这种特点决定了时代的悲剧特色。用文学手段来表现时，作品中主要人物不可避免的悲剧色彩可能更浓厚一些。

当我们的时代、社会进化到生存环境、社会机制比较定型、比较完美、比较和谐时，肯定的东西就会更多一些，否定的东西就会趋少一些。那样，时代的喜剧色彩就会更浓一些，而人们的生活就会更舒适、更幸福、更快乐一些。

某些人喜欢"选择性批判"文字，面对《村支书》《凤凰琴》《挑担茶叶上北京》《大树还小》《路上有雪》等作品的悲剧性，采取一种"视而不见"的策略，起码不是一种正确的学术姿态。

问：关于你的小说，不管是现在的《痛失》，还是先前其他的作品，大家一致的看法是"叙述好，读起来有一种酣畅淋漓之感"。我听好几个人说起，他们一拿起《痛失》后，都是一口气读到凌晨三四点，非要将它读完不可。好像不如此，就不完整，就破坏了什么东西似的。这样一种阅读的感觉是你有意追求的吗？

答：小说本来就是一种动感的东西，它不像散文诗歌，可以面对静物潜心写意。小说是一条奔流不息的河，没有水在其中流淌，河流就会干涸，就会死亡。有些作家不主张让小说太好读了，他们需要一种间隔和停顿效果，认为唯有这样才会使读者保有自己的思维空间，闭上自己的眼睛，好好地理解这部小说。这让我联想到，现今各地修造了许多水库，那些往日美丽的河流，马上变得奄奄一息，丑陋不堪。我喜欢有故事的小说，自小我就喜欢这样的。作为一个读者，我首先想享受的是一部小说能给自己以阅读上的快感。有了快感，自然就会牢牢记住所读到的。至于小说中的思想，我不认为它可以凌驾于小说故事之上，它只能是小说故事的一种成分。

我希望我的读者能在放下小说后的某个瞬间里，忽然想起小说里的某人某事，原来还有另一层含义。他们在读小说时可以边哭边笑边咬牙，怎么都行，就是不要边读边想。我会认为那小说里一定是在故作深沉。

在《痛失》里，我还作了一种尝试：让孔太平一个人从始至终独自处在叙事的角色上。这与流行的多角色叙述，或者是第四人称角色叙述相比，多了不少限制。唯一的好处是时间关系、人物关系、地理关系，一下全都变得清清楚楚。在这样的叙述里，写作的难度加大了，却能体现我对小说阅读者的一贯尊重。

问：听说《痛失》只是"日昇三部曲"的第一部，后两部情形会怎样？

答：后两部肯定会尽快写出来的，所以就用不着事先太唠叨。有一点可以明确：在后两部中，《痛失》里的所有人物我都不会丢下不管，他们仍将继续主演，故事将继续向前发展，其命运结局肯定是在大家意料之外的意料之中，好比"人为什么会在梦里醒来？"

（访谈者：王普，二〇〇一年五月）

七、只差一步是安宁

问：《痛失》与《弥天》，两部作品相隔只有一年时间，却让我非常震惊，因为个人经验和理性批判结合得那么好。你的乡土经验似乎变得更加鲜灵、更加激越了。我觉得这部小说（《弥天》）有精神自叙的色彩，主人公温三和的身上是不是有你的影子呢？你们同生于一九五六年，是不是巧合？

答：任何心灵真实，一旦启开，都会让人震惊。更何况还有这壶经年累月、越酿越醇的乡土老酒如影相随。

温三和高中毕业后去水库工地的过程正是我的经历，时间、年龄、场景都一样。一九七三年的冬天，十七岁的我就在鄂皖交界的岩河岭水库工地上，后期是号称"两万多民工中唯一的技术员"。像小说中的那一段一样，我在工地上同指挥长吵架，气得大哭，在当时，我真的不明白为什么一个"老水利"会允许人们把沙土往核心墙里倒。岩河岭水库现在还在，当时的岩河岭大队是全省非常有名的"学大寨"先进典型。小说里水库的设计，也是按照当时的真实情况描写的。

写作者对乡土的理解及情感，一定要到离开乡土多年以后，大约是十五到二十年吧，才能渐入佳境。

别人会不会这样，我不知道。反正我有这样的感觉。

问：在《弥天·序》中，你说这是一本"对过去的痕迹产生莫大兴趣"，试图重新"亲近乡土""拷问灵魂"的小说。众所周知，"乡土"在你的小说中一直是一个非常重要的元素，你的《村支书》《凤凰琴》《分享艰难》等作品出世以后，有论者甚至认为你是一个乡土作家；但是，以往你的乡土小说中人性赞美的成分较多，这次似乎不一样，这次"拷问灵魂"的概念对你而言，完全是新的，这个概念在《弥天》中占据了什么样的位置呢？

答：你是说"重新亲近乡土"吗？

难道我的理性与情感曾经远离过乡土吗？

我记得有人似乎如此说过。这不是事实。有很长一段时间了，只要一提到乡土，我就有一种欲哭无泪的感觉，甚至有一种"自己是乡土的掠夺者，这辈子也许无以为报"的念头。

一个人，一个只能写作的人，能还给乡土什么哩！

就算能将把自己撕碎撒入乡土，对乡土又有何用？

这种感觉从写作《分享艰难》或《痛失》中就有了，也许我的"乡土"在别人看来是"泛乡土"，但没办法，我的"乡土"就是这样。身为乡镇干部的儿子，在乡村时是孤独的，进城后也是孤独的，在以类型划分的社会，我这辈子注定要孤独到底。好在还有小说这样一种表现存在的方式，这样的孤独总在赐予我一种令人惊讶的视角。还有乡土，乡土一直在乡土里。乡土仿佛从来就不晓得她一直在我心里。所以乡土也从来不在乎她是不是在谁的心里。

这个世界里，还有什么比乡土更孤独！比孤独更感痛苦的是乡土，是那只差一步就能到达安宁的寂寞，是这寂寞里对我和所有人的宽大之怀。

我一直在试图获得某种回答，对于乡土，一个人的力量到底有多大？为什么讴歌反而显得苍白，为什么诅咒无法掩盖她的美丽？乡土从来只属于远离乡土之人，她是人类所有挥之不去的传统中的一种。

换言之，真正的乡土只会存在于灵魂之中。

再换言之，一个民族的灵魂，不管她愿意不愿意，都会在很大程度上依附于乡土，毕竟乡土是我们的文化母本。

我不敢说"拷问乡土"——那是忤逆不孝！是淫母弑父！我只能面对乡土，拷问灵魂。我崇尚用灵魂和血肉来写作，我不具备用思想和智慧进行写作的天分，所以我只能选择前者。写作者的灵魂与被写作者的灵魂，一直是我努力触摸的方向。在《凤凰琴》等作品中，面对在人性与灵魂中苦寻生存价值的弱势人群，我所用的方式是抚慰。到了《分享艰难》和《痛失》，情况变得复杂起来，人的弱势无可奈何地让位于环境的弱势，在灵魂的天平上，我不得不选择包容。而《弥天》是一段若远若近的"文革"心灵史，除了拷问，我想不会再有别的更合适的方法。

在《弥天》中，拷问既是手段，也是目的。

如果还能达到其他目的，我必须得感谢批评家和读者的再创作。

问：这部小说中我看到了非常"恶"的个体形象，如乔俊一，他整天背着枪，是个用"枪"说话，用"暴力"说话的恶王；更看到了人性"恶"的群像，如枪毙女"知青"现场围观的人群，有些细节非常残忍，如用脚把女"知青"肚子里的胎儿踩出来的细节，感觉上好像你对人性的认识有了改变，是这样吗？你以前的小说，比如《生命是劳动与仁慈》强调的是"生命于己是劳动，而于别人则是仁慈"。我最近也有些思考，觉得没有超越信仰的民族，人性总是趋向于恶，"文革"时期是残酷斗争，市场经济又会催生商业欺诈。

答：周介人先生曾经就"善与恶"的话题表述过一种很深刻的观点：同为善，却有"一般的善"与"大善"之分，平常的善追求完美，大善不求完美，却有对恶的包容与改造。周先生没有直接地说过一般的恶与大恶，我想它们是存在的。平常的善与恶，只在人性的层面上发生。大善和大恶的产生，除了人性因素外，一定还带着深深的文化根源。《弥天》如果能将这种大恶表现出来，哪怕血淋淋得令人作呕，从我的心情来说，应该是对周介人先生在天之灵的一种安慰。

不管过去现在还是将来，我都会信守，生命本应是劳动和仁慈！所以哪怕在面对大恶时，我仍要求自己怀着足够的理想——相信人！

再说，不相信人，我们还能相信什么哩！

在大善里，人人都是社会的支点。

在大恶里，人人都是历史的罪人。

问：你曾经是"新现实主义"小说潮流的领军人物，你的"分享艰难"甚至成了这派小说的一个主导词，就此余杰和摩罗曾经批评过你，他们都是我的朋友，他们的思路我大致能理解，我想听听你的看法。

答：余杰和摩罗面向当下所表现出来的思想状态，一直受我的尊重。这也包括你，你也曾对我的写作有过尖锐的批评。中国文学有太多用暴力来表达不同观点的悲剧，所以仅仅使用尖锐的声音，应当是文学回归坦途、走上坦荡的正常行为。

说到"新现实主义"及其"领军人物"，这无疑是你们强加的，我说不上接受还是不接受。

这是一个正在走向自由与民主的时期，需要这样说的人自有自身的道理。余杰他们更多的是在借助某个话题、某部作品，急风暴雨地向外界传达自己最新的思想。我的写作一直是极其独立的，过去、现在和将来都不会与其他人搅在一起。近三年，我有意放下热炒热卖的中短篇不写，就在于我想还原并且保持住独立于其他的距离。

这几年文坛上流行"民间"说法，不仅民间的感觉让人喜欢，类似的乡间、田间、车间、人间和心间的东西也都是我所喜欢的。

对于《分享艰难》，我一直认为正反两方都在误读、误解，真正懂的人有多少我也不晓得。那些读后一声不吭的人，显然是最值得怀疑的对象！陈思和先生早就提醒过人们，此"分享艰难"非彼"分享艰难"，洪水（洪清波）先生后来也有过"当年有关《分享艰难》的争论，都是犯了盲人摸象的错误"的感慨。余杰和摩罗的学养，是值得信任的，阅读上有分差并不要紧。

一部作品经过许多人阅读后，却只有一种观点，那将是写作者的失败。

在写作中，我总是十分地尽力，不敢在哪一个字、哪一句话上投机取巧。如果有哪一点做得不好，那一定是我的天分不够，与我对小说的敬畏之心，对写作的清洁之情无关。

有机会请转告余杰他们我的一个问题：在我的老家，县财政每年可以明列在账上的开支将近一亿元，那么去年的一到四月份的财政收入为多少？我曾伸出四个指头让北京的一位高官猜过，他从四千万元猜到四百万元，就不敢猜了。我可以告诉你：四十万元！这个数字可以说明很多问题，也可引出很多话题。

问：《弥天》触及了许多"五四"以来启蒙主义者常用的批判主题，它的深刻我觉得近年只有阎连科的《日光流年》、莫言的《檀香刑》可比，达到人性反思的力度，写出了中国人人性当中善良和残忍、极端禁欲和极端纵欲之间的二元共存关系，这是我非常欣赏的地方。但是，我也有疑惑的地方：你在批判的时候是非常有力度的，但在赞美、表现希望的时候却似乎落入了中国人的老套子，你把希望寄托在女性身上，比如温三和与秋儿、宛玉，宛玉救了温三和的政治性命，秋儿救了温三和的心，这种"女性乌托邦"在曹雪芹那里也有。由此，有的时候我会想，我们的思想家和文学家，似乎缺乏更高的渴盼与祈求，没有心灵的力量去寻找那个比"人"更高的超越者和大全的理性力量和精神冲动，常常简单地到女性那里寻求精神的安慰和肉体的慰藉了事，事情到了女性那里就似乎结束了。最近听说你正在写一部有宗教内容的新长篇，不知道你对此怎么看？

答：在我的最早记忆里，有关西方文化并让我永记不忘的一句话是——有史以来，上帝最了不起的创造唯有女人。

在对女性的赞美与依恋上，东方文化从来就不逊于西方文化。毕竟我们都是来自母体，在潜意识里，只有母体是最纯洁、最安宁的地方。

很多时候，文学的魅力就在于思想的半途而废。

在最后一刻里，写作者尽一切可能地将情感留给文学，而将命运前途交付读者。这样做恰恰是最负责的写作。在思想的历史里，最应当让我们铭记的是，任何人都可以成为一个民族的良心，但任何人都不应该以自己的头脑作为民族的头脑。一个强盛的民族，是因为人人都有一个强大的头脑。

文学的不朽，并非由于思想深刻，而是因为将千千万万个活跃着的思想头颅凝聚到一起。

在这一点上，文学与宗教的意义是完全相通的。正在写的新的长篇里，的确有宗教的意义贯穿其中。这又回到最初的话题，对灵魂，最有力的拷问，如果不选择文学艺术，那便是宗教。最有力的救赎，也是文学艺术和宗教。与文学一样，宗教的魅力也是因为思想的半途而废。在两个半途而废里，作为文学的前者，是为了在作品中引入最广泛的思考。作为后者的宗教，则是在思想境界里出现黑洞时，提供人性化的意识空间，使得思想出现困顿时的人，继续有船可渡、有路可行。

（访谈者：葛红兵，二〇〇二年七月三日）

八、当代文学的精神再造

问：你走上文学创作的道路比较早，在小说创作领域取得了很好的成绩。这么多年了，你还记得你发表的第一篇作品是什么吗？

答：《黑蝴蝶，黑蝴蝶……》是我的第一篇作品，发表在一九八四年第四期《文学》上，这个杂志在一九八三年叫《安徽文学》，一九八五年以后也叫《安徽文学》，就这一年叫《文学》。文坛上总有那么些人爱折腾，当年贬损电影的一句话"戏不够，歌来凑"说给文学界也错不了。

问：你还记得它的具体内容吗？

答：《黑蝴蝶，黑蝴蝶……》写了几个年轻人的事情，思考了人应该如何认识自己，如何实现自己的价值。表现了对前途、命运、青春的思考，也认定和思考了个人命运。现在来看这部小说还很有趣，小说中的一句话"机遇是只有少数人才能享受的奢侈品"，到现在还经常看到有人在引用。

问：你的作品一下就切入"人"的问题，基本奠定了你以后文学创作的大致走向。但是这样的思考在当时还是很"前卫",与当时主流文学创作的主旨有很大的不同。我想,当时的编辑发表你的这篇小说,也许是看中了你的这篇小说的其他方面吧!

答:文学这个东西还得信点缘分,我写这部小说就是缘分到了。一九八四年年初,我把小说稿寄给《安徽文学》杂志,编辑部的苗振亚老师很快就回信给我,随后还专程来湖北看我。他喜欢我的小说,主要原因是看重我在写作中透露出与同为大别山区的皖西一带写作者完全不同的小说气质,所以他想来看一下。《黑蝴蝶,黑蝴蝶……》虽然有些青涩,但总还是有些生命力。

问:在发表《黑蝴蝶,黑蝴蝶……》之前,你就没投稿?

答:前些天,我在浙江青年作家讲习班上提到,早发表作品不一定是好事。如果我要急于发表,一九八一年就可以发表作品。当时我给《长江文艺》寄出一篇小说习作,编辑部回信说基本达到发表水平,但提出了四条修改意见。我只接受了一条,还写了回信驳斥其他三条意见。这让对方很生气,直接把我的那篇习作毙掉了。如果遵照他们的意见修改,那篇习作就有可能发表。那会我在心里建立起一根并不完美的标杆,认为文学就是这样的。这种标杆可能是很差劲的,与我同时起步的一批年轻人,早早就有作品发表,后来就难以为继,才华可能是次要的,主要还是立在心里、属于自己的文学标杆不太行。我没有按照编辑的意见去修改,因为我的文学观念和他的文学观念不同。当时很有名的小说如《在小河那边》《我该怎么办》

等，深受年轻人喜欢，我的那篇习作差不多也是走的这种路数。那篇习作没能发表，反倒催促我继续思考文学的问题。《黑蝴蝶，黑蝴蝶……》也只能算是习作，这篇习作从个人心灵出发来表现普通年轻人在偌大世界面前的命运寻觅，已完全跳出"伤痕"与"反思"的写作路数。

之后我写了《卖鼠药的年轻人》《戒指》等，然后就迅速转向了"大别山之迷"系列的写作。

问：你很坚持你的文学观。

答：我一直是这样。小时候，母亲就说我脾气犟，犯了错挨打时，低着头谁也不看，也不会哭叫。不过我挨打的原因全是不听话，比如说偷偷跑去游泳。按母亲的话说，只要听人说，什么地方有孩子在游泳，她就敢断定其中肯定有我。成年之后，曾与母亲说笑，谁让你在长江边上生我，却将我带进大山中扶养。

性格上，我特别像黄冈人，一根筋。认准的事情，谁说也没用，一定会坚持到底。哪怕事情在别人眼里已经错得一塌糊涂了，也不肯回头。

问："大别山之迷"系列充满魔幻色彩，充溢着浓郁的地方风情，你的创作是否和当时的"寻根"文学一样，都受到了拉美魔幻现实主义文学的影响？你的文学启蒙教育源自哪里？

答：关于"大别山之迷"和"大别山之谜"，我与出版界和评论界"较量"了近二十几年，直到近期才变得完全由我自己说了算，回归到自己写"大别山之迷"的初衷。此前，出版界几乎千篇一律地将我的手稿中的"迷"改为成书后的"谜"。评论界也是基本认同"谜"而极少赞成"迷"的，甚至还有人批评说我"迷""谜"都分不清。只有刘富道老师站在我这边，他在给我的第一本小说集《异香——大别山之谜》写的序中说，还是叫"迷"好。那本小说集出版时，我在与编辑的争斗中败下阵来，他们坚持要将"迷"改成"谜"，并取得了暂时的胜利。幸好，刘富道老师替我出了这口气。

从开始写"大别山之迷"，我就一直这么说——不存在"拉美魔幻"对我的写作的影响！这一点恰好可以通过"迷"和"谜"的文学判断，作为印证和区隔。文学界面对"拉美魔幻"习惯用"谜"，是可以理解的。面对中国文学时，对"迷"的运用，才能更好也更有意味地体会五千年东方文化的神秘与神奇。

我的文学启蒙教育，更多的是受到了民间传说的影响。小时候，每到夏天，在室外乘凉，爷爷就会给我讲很多的故事，有《封神榜》一类的传奇，也有只限于当地流传的民间故事，这才是我的文学启蒙教育。在写出《我的雪婆婆的黑森林》《人之魂》《老寨》之后，我才读到马尔克斯的《百年孤独》。一开始我很着迷，但很快就失去兴趣，现在我可以坦率地说出来，我受不了那种在百年时空中跳来跳去的语言。当然，这也可能是翻译成中文后才有的问题。

文学作品的最大魅力只能是母语给予的。

问："大别山之迷"系列还有哪些地方到现在你还比较重视？

答：我看重这一组小说充分展示了个人对自然、对艺术、对人性等通过文字表现出来的那种想象力。在这些小说里，个人的想象力可以发挥到极致。但是问题也出在这里，想象力过于放纵后，对小说叙事艺术造成的反噬作用。毕竟写小说的目的还是要给人看，过分放纵自己的想象力，而不考虑别人怎么样进入这种想象中，不考虑别人怎么样去理解你的想象，这就形成了后来人们所说的"读不懂"。几乎没有人跟我说过能读懂我的"大别山之迷"。也许这种写作是任性的，我在创作中不加克制、肆无忌惮地展示着我的想象力。在后来的写作中，我才慢慢意识到：好的文学作品，是在相对收敛、相对理智的背景下写出来的。否则，自己以为写得好上了天，实际效果可能适得其反。

问：你认为你的整个文学创作经历了哪几个阶段呢？"大别山之迷"应该是你创作的第一个阶段吧。那么第二个阶段的创作有哪些作品呢？

答：这种阶段性划分，也许不太合适，不过时间上的先后总还是客观存在。早期的作品，比如《黑蝴蝶，黑蝴蝶……》、"大别山之迷"系列，是尽情挥洒想象力的时期，完全靠想象力支撑着，对艺术、人生缺乏具体、深入的思考，还不太完整。以《威风凛凛》《凤凰琴》为代表，直到后来的《大树还小》，这一时期，现实的魅力吸引了我，我也给现实主义的写作增添了新的魅力。从《致雪弗莱》开始，到现在的《圣天门口》，这个阶段很有新意。

问：《威风凛凛》是第一个转折，也就是第二个阶段的开始。如果说第一个阶段，你的文学创作过多地依赖于一种想象力的发挥，那么从《威风凛凛》开始探讨人的精神问题，这也是你以后的创作一个非常重要的线索。能谈谈你对这部小说的一些看法吗？

答：《威风凛凛》之前的小说，呈现的是对于个人精神状态的探讨和表达。"大别山之迷"系列写到后来，就陷入了"迷"的状态。突然觉得弄不明白写作究竟是怎么回事，怀疑这么写下去的意义何在。在写作"大别山之迷"系列的中后期，也就是写到《异香》的时候，内心很苦闷，感觉难以为继，不能再这么写下去了。

问：写作完全依赖个人想象力，是很难继续下去的。写作毕竟是一个复杂的过程。最终是什么一件事情，让你的创作出现了新的转机呢？

答：有一个契机，或者也叫机遇，那是一九八六年十一月。在红安县召开的黄冈地区（现在的黄冈市）业余文学创作会议上，省群众艺术馆的冯康男先生，讲到一首小诗："前天我放学回家／锅里有一碗油盐饭／昨天我放学回家／锅里没有一碗油盐饭／今天我放学回家／炒了一碗油盐饭／放在妈妈的坟前。"在场的有一百多人，只有我被它感动得泪流满面。那一瞬间，我突然明白艺术原来就是用最简单的形式、最浅显的道理给人以最强烈的震撼和最深情的启示。一首只有三句话的小诗，所表达的东西却太丰富了。有人曾说，这首小诗模仿余光中的《乡愁》。《乡愁》的情怀，在台湾的老兵们最懂，对于更多没有经历这种历史的离愁别恨的年轻人，母亲手炒的油盐饭，才是最深刻的痛与爱。

年轻时藐视权威，甚至嘲笑巴金先生"艺术的最高技巧是无技巧"的箴言。是这首诗让我恍然大悟，并且理解了巴金先生之太深奥和太深刻。

多年以后，再次见到冯康男先生，我与他说起这事，他自己一点也不记得了。当年在场的还有也是写小说的何存中等人，包括组织这次活动的黄冈地区群艺馆的几位，他们也一点记忆也没有。这首小诗，在我心里收藏了几年，经常冷不防地冒出来，让人感到一阵悸动。到了一九九二年时，终于酿成一杯好酒。

关于这首小诗，曾经有几个刺耳的插曲。都怪我当初写过一篇文章，称自己不晓得作者是谁。实际上，冯康男先生早就告诉我这首小诗作者的名字，以及作者短暂而凄婉的一生。冯先生还提醒我，就当不晓得作者是谁，免得惹出某人的不快。如此，便有几个好事者自报家门，声称是自己写的。其中一位最离谱，说是自己在小学四年级时写的。此后，我只好公开披露，这首小诗的作者，是长阳县清江边一位十八岁女孩，名叫黛妹。

问：在《威风凛凛》中，你曾提到了"百里西河谁最狠"这一暴力主题，你对它是怎么认识的？

答：暴力是我们的历史习惯，历朝历代的人，都喜欢用暴力手段解决问题，在精神上征服不了对方时，就会毫不留情地实施肉体清除的办法。殊不知对肉体的清除会带来更大的精神灾难。从《村支书》《凤凰琴》《秋风醉了》到《分享艰难》《大树还小》，总体上有种一以贯之的东西，那就是对人的关怀、对生命的关怀。具体一点，就是对人活在世上的意义的关怀。人活在世上的真正意义不是小说所能解决的。

小说的写作只是提供一个路径，引导你去运作，引导你去尝试。如果小说最后加个结论，告诉别人应该怎么做，就像当年的《金光大道》《艳阳天》等，硬加上一些未卜先知的内容，就会无法避免地成为日后的笑料。

问：你认为小说的创作中，不应该有太多直白的说教或者类似"板上钉钉"性质的东西吗？

答：成熟的文学作品往往表现出一定程度的迷惑的状态。比如《村支书》，作品出现的时候引起了很大反响。多数批评家认为，在当时到处都是"新写实"那种灰暗的基调的时候，《村支书》表达了一种人性光亮和生存理想。就小说来说，它究竟表达了什么样的人性光亮和什么生存理想，并不晓得，也说不清，通常会将其认识为表现人性的美的一面，其实并非如此简单。《村支书》中，老支书是那么可亲可爱，深受当地人欢迎，但相对于时代来说，却又是明显落伍。然而这种落伍，并没有妨碍他人格的强大。我并非想通过这样的人物来表达自己的理想，而是为了在变化太快的现实面前，提醒时代关注：除了生存的舒适度外，还应该有更为紧要的人格强度和生命力度。

问：是否可以说你开始树立了一个道德理想主义者的

形象？

答：这个是你说的，我没想过这个问题，但我反对，至少是不希望自己的写作被贴上任何"非文学性"的标签。更坦率地说，从个人情感和日常处世来讲，我是不喜欢那种道德理想者的空洞说教。

道德可以不是主义，道德从来就是一种理想。

道德是不可以武器化的，也不能作为人间的唯一标准。

问：你的作品开始涉及了道德救赎的问题：人要在历史困境、现实困境中，用精神力量、用信仰来拯救个体，实现个体的价值，彰显个体的力量。市场经济时代，是个人的精神、信仰受到冲击，个体的精神开始萎缩的时代，你在作品中却致力于塑造在现实、功利面前得有自己坚定的价值趋向的主题，我想，这是你的小说深受欢迎的主要原因。

答：看来我有必要再次强调：我一直有着对浪漫主义文学的神往，那些关于道德、关于救赎的话题，并非我写作的初衷。

用生命品格作为定义，才会更接近我的写作初衷。

我作品中的人物大都面临精神和利益的对峙。像《凤凰琴》，所有人都为转正名额明争暗斗，但当以转正名额为象征的利益突然来了之后，大家才明白：既然自己不能离开穷山沟，这样的利益又有何意义？其实，拿到转正名额和没拿到转正名额，这里面并没有可以办成铁案的对与错。小说因此提供了一个极大的思索空间。

一个人在一生中都会遇到这类问题，在道义上选择对了，以日常人生的标准来衡量却是错的；还有完全相反的一种选择，道义关乎人生，利益关乎日常。一定含义的对与错，免不了总在无意间逆转，并且关乎人的一辈子，任何简单的定义都是狭隘和片面的。

文学作品也不例外。任何一言以蔽之的想法，都是轻率和不负责任。

问：在你的小说中，除了个人的价值与现实环境的冲突之外，还隐含了个人精神价值、人格尊严、道德问题和历史趋势之间的矛盾和冲突，是不是呢？

答：很多人认为《凤凰琴》是描写教育问题。这种认识没有看到文学的发展，其文学意识还停留在二十世纪五十年代。用旧的文学意识来套当下的文学，就像研究如何让神话里的千里马在高速公路上奔跑。不要以为当代中国文学只在现代主义上有了长足进步，在现实主义领域同样进步非凡，在艺术性与思想性等诸方面，其进步幅度甚至还超过现代主义在同一时期的表现。

问：你的作品开始关注个人在历史发展中的尊严和价值问题。个人在面对历史和现实的趋势时，如何从精神层面来应对现实和历史趋势？《分享艰难》这部作品遭受到很多批评，你如何看待这些批评？

答：实际上，批评这部作品的批评家，不久之后就开始表示对自己当初批评的不认同，认为自己误读了。

问：你也这样认为吗？

答：的确是误读了。腐败等一系列早已存在的社会问题，仿佛是在一九九六年前后，一夜之间爆发的——这可能吗？在此之前，大家都对改革充满了理想，以为只要今天改革了，幸福就会像花儿一样迎着明天的朝阳遍地开放。但在那段时间里，人们才真正意识到，也许还不仅仅是意识到，而且是不得不接受改革不可能一蹴而就的事实。改革速度过快带来的大量后遗症压迫着我们，文学界针对《分享艰难》表现的焦虑，远远超过这部作品中各类人物所表现的焦虑。

问：这么说来，你认为对《分享艰难》的批评，在很大程度上是社会普遍存在的焦虑的缘故？

答：分歧最大的其实不在于我的文学观，而在于通过这部作品所表达的社会意识。那个时候，尽管很多批评家批评了这部作品，所使用的"武器"却是落后的。比如说他们之前一直批评的所谓"清官政治"，在此背景下，早就被文学界抛弃的"清官文学"，又突然被一些人顺手重新捡拾起来。写这部小说时，我并没有直接的意识，是大家的批评让我清醒过来，思索自己为什么会这样写，然后我才明白，其实内心有另外一种想法。

我一直对庸俗的"清官文学"很唾弃。"清官文学"喜欢解民于倒悬，实际上只是一剂虚妄的心灵鸡汤。那些清廉的文学形象更是当年所谓"高大全"的盗版。我小说最大的不同点就在于，我懂得了人要活下去，社会要向前发展，必须对特定事物进行一定程度的认可，包括对那些也干了坏事的乡村政治家，因为他们也会做一些好事。

天下文学免不了都要入世，哪怕是口称"最纯粹的作家"，在自己追求的写作风格上表现得像模像样，轮到评论其他风格的作品，便又下意识地随大流、入俗套，重新拿起"斗争"的利器。

问：《分享艰难》要说的是谁分享谁的艰难？

答：这也是批评家后来就一直在纠缠的问题：作为老百姓的我们为什么要为贪官污吏分享艰难？确实是这样的，没错，我们不应该为贪官污吏分享艰难，这是毫无异议的！但是，我们也还要想到另外一点，在这个社会上，我们是否应该承担一定的社会责任？不能只想享受改革带来的红利，而拒绝有可能的负债。

问：就是说，我们也应该分担改革的艰难？

答：如果不是由组成这个社会的每一个人去共同分担改革带来的艰难，这个世界上还有哪些人能够替代呢？难道还要推给外星人吗？不改革，国家就完了，民族就完了。而改革就会出现大量的问题，谁来解决？谁来分担？单靠某一帮人，他们承担得了吗？"清官文学"也是一种看起来很正面的负面负担，它所赞美的清官政治对我们正经历的现代化改革无异于一种灾难。近代中国为什么一直无法建立现代政治体制，其原因就在于我们放弃了自身的某些责任，将本该由每一个人分担的责任，全部交付给所谓的清官。

《分享艰难》想表达的是，既然我们选择了，我们就要承担。但在当时，社会普遍处于焦虑状态。改革开放初期的利好，让人们只看见改革带来的好处、带来的福利，没有想到改革也会带来那么多痛苦。花团锦簇的理想一旦破灭，就把责任推到某些人身上，认为是某些人带来的。这就带来了一种全新的矛盾：改革难，不改革会更难，在不得不改革的时世面前，我们该不该承担时世的艰难？这部作品表达的意思应当是，作为社会人的我们，在分享改革带来的成果的时候也应该分享改革的艰难。这才是现代的、健康的人格。

问：有批评家认为，《分享艰难》缺乏人文关怀，你怎么看待这个意见？

答：我有跟几个批评家讨论过，他们不是说这部作品缺乏人文关怀，而是一说到《分享艰难》，就把这一时期，在此旗号下的作品都囊括了，是针对这类作品统一来谈的。如果读得仔细一点，就会发现《分享艰难》与他们总在类比的一些作品有着根本的不同。在那些小说中，有些细节虚构得太离谱。比如，老干部用好不容易到手的一点退休金，去保释因嫖娼而被派出所抓了起来的前来投资的外商等。这种事即便是真的发生过，也是有违文化传统的。

说《分享艰难》缺乏人文关怀的批评主要依据的是小说中的一个细节：洪塔山把孔太平的表妹给糟蹋了。所有人都认为，不应该原谅洪塔山，怎么可以原谅这样的人呢？有批评者曾经著文说：孔太平的舅舅给孔太平下跪，要孔太平放过洪塔山。在我的小说中，正好相反，是舅舅不打算公开追究洪塔山后，孔太平扑通一声跪了下来。从文化心理及太多的日常事实来看，这样处理是极为真实的。在中华文化渗透到的每个地方，大姑娘弄出了这种事，做长辈的哪个会愿意张扬呢？这是批评者眼里属于同类小说中完全不同的情节！遗憾的是，处在比小说家更为激愤状态下的部分评论家，混淆了两类完全不同的写作立场。

问：越是从事专业文学批评的人，在阅读小说的时候越要细致！

答：写作粗糙不得，阅读同样粗糙不得。

问：《大树还小》也引起了争议，你怎么看？

答：针对这部小说的争议是最浅薄的。如果说《分享艰难》的争议还有它的社会意义，那对《大树还小》的争议真的没有意义。其实根本就没有过争议，只有一方在骂街，我懒得同这些将文学常识丢在一旁的人说什么。

问：主要分歧在哪里？

答：我在作品中是要解释一个精神层面问题。我想在还原那个时期乡村真实的同时，借助"下乡知识青年"这样的群体来表达一种想法：有一类人总在控诉曾经受过磨难，但在同一时间、同一地点，那些世世代代同样受着磨难、至今仍看不到出路的另一类人，他们的人生立足点，他们的生命价值又在哪里呢？我要表达的其实就是这点。但他们却认为我在丑化"知青"。

问：你的追问确实很有意义。

答：他们最恨的是小说中的四爹说的一番话："你们'知青'来这里受了几年苦，人都回去了，还要骂一二十年，我们已经在这里受了几百年几千年的苦，将来也许还要在这里受苦，过这种日子，可谁来替我们叫苦呢？"

只要稍有良知的人都不会挑出这些文字进行批判。

小说其实是在提醒历史与社会，要注意这样一个事实："知青"生活再怎么苦，几年后就离开了这个地方。然而，土生土长在这个地方的人，就该如此祖祖辈辈在这里受苦受难吗？

问：可惜，有这种思想和情怀的人太少了。你创作了许多优秀的中篇小说，你知道我最喜欢你的哪部小说吗？你可能想不到的，我最喜欢的是《挑担茶叶上北京》。

答：那确实是没有想到。

问：《挑担茶叶上北京》有历史的与现实的内涵，同时包括政治思想与个人意志的较量。我个人认为在思想、艺术、叙述和情感控制上都超越了你以前的作品。

答：比较《挑担茶叶上北京》和《分享艰难》，应该说在艺术上，《挑担茶叶上北京》更有意韵一些。《挑担茶叶上北京》和《分享艰难》是同时期的作品，是姊妹篇。

问：你怎么看这两篇小说？

答：《挑担茶叶上北京》比《分享艰难》的小说味道重些，

艺术气息更浓。

问：想谈谈你的长篇小说。你在一九九六年出版的长篇小说《生命是劳动与仁慈》，但好像反响不是太强烈。在你看来，它是一部怎样的作品？

答：有评论家说它是"打工小说的发轫之作"。《生命是劳动与仁慈》与我有很多的亲密关系，属于精神自传吧。我把十年工厂生活的所见、所闻、所想、所接触的东西在小说中作了某些表现，也表现了我的困惑：普通劳动者的个人价值如何体现？对普通劳动者的价值的认定问题，很多时候是很无奈的。从个人感情来说，就是工人作为一个阶层在当下所面临的困境。

到目前为止，社会对普通劳动者没有应有的认识，从一九七七年恢复高考以来，我们所有的教育都是精英教育、精英意识。将科学知识提高起来没有错，劳动的价值也应当水涨船高才合理。

一部小说写得再好，如果没有好的印刷工人将其印制成书，又如何做得到洛阳纸贵呢？

问：人民文学出版社是以"探索者丛书"的名义出版这部作品的，大概也是意识到了你这部作品在某些方面的超前性吧！

答：这部小说出版时，有人用所谓先锋性来怀疑我是否写得了"探索小说"。《生命是劳动与仁慈》在社会和人的精神状态的层面上的追问，也许比现代主义旗号下的探索者走得更远。属于终极关怀的问题当然需要探索，我们所处时代中那些被忽略了的小问题，同样需要探索，这样的探索更能昭示某种大方向。一个小人物，尤其是一个社会地位低下的小人物；一类人，尤其是处在社会底层的一类人，他们的精神状态与生存状态，从来就是一条贯穿我小说的命定线索。

以一九九六年的风潮来看，我写这部作品确实很不合时宜，那个时节的思潮就是如此：现实生活不值得探索，反而是那些看露天电影时，看到有男女光着屁股才是探索——真不明白，某些人的脑子是如何想事情的。

问：《生命是劳动与仁慈》和其他只是拘泥于探讨人的终极性关怀的作品相比，也是一种探索。其实，你的这部小说中也有一些很有意思的细节。

答：小说中有个细节，有人在名叫武汉的大城市里开了个乡村风格酒店，摆设有斗笠、蓑衣、水车等东西。当时很多人认为是笑话。他们说，这怎么可能呢，人们还没有享受够幸福，怎么会怀念那些苦日子呢？我是毫不怀疑，在城市的现代化过程中，人心中那种与生俱来的怀旧心理，特别是对乡村怀念，肯定日甚一日。所以在写作时，我想象了这样一座酒店。现在，一切都印证了。

小说不可能是预言，但小说家一定要有预见。

问：一九九六年前后，能有这种文学情怀，确实够得上是探索。

答：发自内心的情愫，以不合时宜的方式表达出来时，当然是探索。

问：你一九九四年到武汉后，创作题材发生了某种转变，开始创作都市题材，便有了《城市眼影》《我们香港见》这些小说。

答：当时有种心境，想换个脑子写一写。但这不是我兴致所在，只是一种尝试，是为了尝试另一种能力。这是一种性情文字，它不代表什么，我也不想向别人证明什么。

问：我们集中地谈一下《圣天门口》吧。我认为，《圣天门口》在当代长篇小说史上是一部集大成的小说，也是你个人创作历史上集大成的作品。有些人认为这部作品完全超越了你以前的作品。而我个人认为，这部作品和你以往作品的联系还是很紧密的，你怎样认识这部作品与你以往作品的联系？

答：《圣天门口》肯定与我以往作品是有着必然联系的。相比较的话，我觉得它继承了我近期对写实风格的痴迷执着，以及较早时间段里对想象、浪漫的狂放。这样的综合在个人写作经历上，既是一种优势互补，也是生命长河的新发展。

问：你能以"革命历史题材小说"为视角坐标谈谈《圣天门口》吗？

答：在刚刚结束的第七次全国作代会上，《文艺报》记者曾就"文学如何创新"的问题采访了我。在我看来，在建设和谐社会的历史背景下，写作者对"和谐精神"的充分理解与实践，即为当前文学创作中最大的创新。中国历史上的各种暴力斗争一直为中国文学实践所痴迷，太多的写作既以暴力为开篇，又以暴力为结局。《圣天门口》正是对这类有着暴力传统写作的超越与反拨，在文学上，契合了"和谐"这一中华历史上伟大的精神再造。

《圣天门口》相对于以往写近现代史居多的小说，一个重要的分歧就是它不是在"相互为敌"的基础上来构造一部作品、认识一段历史。我通过这种虚实结合的写法，求证我们对幸福和谐的梦想。

写小说也要有"大局观"，这很重要。

问：你认为文学家和历史学家对历史的写作有什么区别？

答：作为文学家，在写历史时，必须用现在的眼光，而非当时的眼光来看待历史事实，应该有新的视角、新的意识。否则就很难超越，只能是模仿别人、刻录别人。

问：最初触动你写《圣天门口》的机缘是什么？

答：是内心的一种情结。从出生那一天开始，就有一种东西在自己全身上下拼命积淀，多年来的写作，要么是这个局部，要么是那个局部，一直没有比较完整地表现出来。有时候，写一条河，就顾不上写河边的山；有时候，写一座山，就没办法写山脚下的那条河。直到今日，一想到自己上山砍柴遇上的那条大蛇，自己的心还是会像当初一样战栗；一想到自己独自与几个年纪相仿的孩子拼死打斗，自己就会毫毛倒立。还有那些陪伴整个少年时代的传说——所以，我一直想写一部能够表现成长至今的经历中最为淳朴、深情和挚爱的作品。

问：你是如何为《圣天门口》进行素材积累的？

答：在大别山的每个角落里，都有真正民间化的东西在流传。那些可以化作文学元素的东西，有的相伴着我天天生长，有的静静地存放在某个角落里等着我，或是看见，或是听见，或是嗅到，或是摸到，稍不经意，就会被它们撞个满怀。然后，化成血液流淌，变成骨骼支撑，呼吸时一同呼吸，流汗时一起流汗。当我终于决定写一写它们时，无须临时抱佛脚，它们就会从笔尖、从键盘上跳将出来。

问：《圣天门口》标志着你的创作进入一个崭新的阶段。由发表《黑蝴蝶，黑蝴蝶……》开始，你的小说延续了对人的精神和生存的关注，并在此基础上生发出"道德救赎"的主题。而从《圣天门口》开始，对人的救赎转向神性救赎，即对人的生命的敬畏。小说中的一系列人物都体现了这个观点。能谈谈对作品中梅外婆、阿彩、马鹞子、杭九枫等人物的感想吗？

答：我赞同"对人的生命的敬畏"的观点。

一部好的作品应该是完整的，就好像平常所说的一杯水，它应该是一个整体，由水、杯子以及杯子中无水的空余部分组成。事实上，人们在说一杯水时，并不包括杯子，更不包括杯子中无水的空余部分。中国小说盛行描写暴力、血腥、仇恨，如果仅仅是这些东西，我们民族怎么能延续几千年？又说中国人普遍有着阿Q精神，革命者被处决了还有人拿着馒头蘸了血吃下去。汉民族如果仅仅就这样，那绝对延续不到现在。中国文学，缺乏对一只杯子的整体表现与深究。杯子本身以及杯子里的水，普通人都能看见。文学除了这样的看见外，还要发现杯子中那些确实存在无形部分。比如总让马鹞子和杭九枫感到敬畏的梅外婆，那才是脊梁所在。

这种重要的关键描写，肯定与神性无关，也与道德不沾边，而是做人做事的堂堂正正、磊磊落落、清清洁洁。

问：很多人喜欢拿《圣天门口》和《白鹿原》相比较，你如何看待《白鹿原》这部小说？

答：《白鹿原》很好，是一部很诱惑人的小说。从小说本身来说，它将陕北气质表现得淋漓尽致，从头到尾贯穿得非常好。它是中国小说的一种标志。

问：为什么你的作品有那么强烈的民间意识？

答：因为我的文学启蒙教育主要来自民间。

请注意，一定要分清楚，是民间，而非民间文学。民间文学有它的特指，是属于文学最外围的边界性的文字。

此外，还有两点决定了我的作品充满民间意识。首先，小时候我一直生活在小地方，我没有见过大世面，一不晓得主流是什么，二不晓得大地方的人关心什么，生活状态是什么模样，就连县城也是不常去的。当时的环境，且不说非正规的茶余饭后，就连正式的乡村课堂，也不过是·种换了模样的民间。其次，我的成长经历决定了我和主流思想、精英思想保持了一段距离。在别人眼里，"文革"是天大的灾难，可是，事实上的"文革"对我的最大影响，是让我成了实实在在的自由人。这种自由自在更容易使我在十二三岁时，有将近两年时间处于无政府、无组织、无主流、无纪律约束、无文化教化的"绝对民间"状态。所以"文革"时的主流成分，在我成长的关键时期，也无法对我施以特别大的影响。正是这种山野间乐陶陶的无拘无束，使得我习惯于当一种"主流"产生时，会下意识地先表示一种"且慢"的心态，回头再想一想有没有可供说服自己的理由。

真正的写作确实需要以一己之经验，与外界保持距离。

问：你被看作是乡土文学的代表性作家，你是如何看待乡土文学的？

答：乡土是我个人的情感所在。乡土在不同时期有着不同的调整、不同的意义。只要人在这个世界上生存，只要人还对自然，对田野，对山水怀有深深的留恋，乡土和乡土文学就一定会沿着它既定的模式发展下去，我对这一点深信不疑。

问：这就是你的文学作品一直弥漫着乡土气息的主要原因吧！你认为好的乡土文学应该是什么样的？

答：中国乡村小说有几大败笔。第一种败笔是刮东风时写东风、西风来了写西风的应景之作，其间生硬地安插一些投城里人所好的所谓乡村的变化，加上极为媚俗的所谓人性觉醒之类的情爱，美其名曰敏感。这类写作态度不诚实，有人媚俗，有人媚上，这种人是在媚自己，其笔下乡村，只不过是个人作秀的舞台。第二种败笔是所谓时代的记录员，经常带着笔记本下乡，记到什么东西回来就写什么。当年的"现实主义冲击波"本是由《上海文学》主编周介人先生联手雷达先生一起提出来的，周先生却明确说过，他其实不喜欢某人和某人的写作。还有一种败笔，那就是将乡土妖魔化，还硬要说成是狂欢式写作。我对这样的小说总是感到深深的恐惧，读到最后很害怕，因为我所读到的全是仇恨，没有一点点爱与仁慈。

问：你认为真正的乡土写作是什么呢？应该站在什么立场上去看待乡土？

答：首先不是上面说的三种。在乡土越来越处于弱势、边缘化的局面下，必须有一种强大的、深沉的爱和关怀，它既不应该是乡土的浅俗"粉丝"，也不应该是乡土的指手画脚者。应把乡土当作自己一生的来源之根和最终的归宿。具体怎么去写，那是个很宽泛的话题。

问：你刚才说的"关怀和爱"怎样理解？

答：这不是通常所说的爱心。爱乡村，不是要给乡村、乡村中人提供多少物质援助，这种物质援助可能是一种恩赐，是一种居高临下。真正爱乡村是一种由衷的爱，你可以不给它任何东西，但是你的心应该和它在同一位置。回到写作上，我说的这种爱、这种关怀，是一种对乡土的感恩。

没有乡土，哪来当下的文化？哪来当下的温饱？

问：最后我想请你谈谈你的小说观。

答：从长篇小说来讲，它应该是有生命的。在小说当中，中短篇小说确实很依附于一个时代，如果它不和时代的某种东西起一种共鸣，它很难兴旺下去。长篇小说不一样，长篇小说是一个独立的生命体，它可以不与当下的任何环境发生关联而独立存在，可以依靠自身的完整体系来充实自身。比如这几年一些好的长篇小说，它们都有自身的丰富性，构造了一个完整的生命体。

（访谈者：周新民，二〇〇六年十一月四日）

九、哪种写作可以被遗忘

问：你的长篇小说《天行者》获得今年的茅盾文学奖，你的其他作品也获得过鲁迅文学奖等重要奖项，能否谈谈茅盾文学奖和鲁迅文学奖的区别？

答：茅盾文学奖评的是长篇小说，而鲁迅文学奖评的是长篇小说之外的中短篇小说、诗歌散文等其他文学形式。当然，由于长篇小说是各类文学形式中，写作难度最大，影响也最大的，所以受到的关注也最大。长篇小说的写作水准，可以代表一个国家的文学高度。

问：获得茅盾文学奖后，你一下子成了媒体追逐的焦点人物，最近被问到最多的恐怕就是获奖感想吧？

答：确实，有一段时间祝贺、采访电话都打爆了。这个奖毕竟是中国文学界的莫大荣誉。将它授予在文学路上走了很久、走了很远的一个中年男人，我觉得说"感谢""感激""感动"，都不为过。

问：奖项代表了对一个文学创作者的极大肯定。在这个时刻，回想自己文学路上走来的一步步，是否别有感慨？

答：如果时间往前推三十年，我绝对不会想到自己这辈子会以写作为生。

我并不是一个天赋很高的人，幸得老天爷眷顾，让我将有限的天赋集中到写作上。别人伸出十根手指，个个都能派上用场，我只能将十根手指缩回来，攥成一只拳头，才能发挥人生的效能。

刚开始写小说时，手稿都被退回来了，对方用的都是打字机打印的统一格式的退稿便条，只有抬头的"刘醒龙同志"和最后的日期是手写的，有的连这两处都省了，直接附上一张无头无尾的便条，一退了事。当时我在湖北省英山县阀门厂当车工，办公室负责厂内信件收发的那位从部队转业回来的，每次退稿回来，他都会从车间大门走进来，摇摇晃晃地穿过几十台轰隆隆的机床，来到车间最后面的车床面前，笑盈盈地说上一句："又是退稿吧！"二三百人的小厂里，人人都晓得我在写小说。书记、厂长经常笑话我是"坐家"。因为别人下班后到处玩乐，只有我一个人待在宿舍里"写东西"。

问：几乎每一个成名作家都经历过退稿的打击，是什么支撑你坚持了下来？

答：那时我是典型的文学青年，有梦想，也单纯。退稿退到人都有些羞怯，也因此与邮递员熟悉了，时常在下班后去邮局分拣室，直接将自己的邮件拿回去。财务室的出纳会计偶尔会临时顶替帮忙收发信件，只要有我的退稿，她会将所有信件都分发完后，才来到我的车床旁，与我说一阵无关紧要的话后，才将又大又厚的信封递给我。虽然从头到尾没有用一个字表达宽慰意思，但那种善解人意的语气所传递出来的好感，让我在一篇日记中用"黑牡丹"来赞美她。当然，从头到尾，她都不知道我的这种好感。

在那种时候，自己做得最正确的一件事情是——没有不惜一切代价地寻求发表。当时，有一家杂志对我的一篇小说习作感兴趣，认为基础很好，希望改一改，并列出四条修改意见。我就给他们回信，同意其中的一条，但不同意另外三条。结果他们就请我将这篇习作"另处"。几年之后的一九八四年，才在《安徽文学》（当年叫《文学》）发表小说处女作。

问：虽然初出茅庐，你对自己的创作还是很坚持的。

答：我们黄冈人以废名、黄侃、闻一多、胡风为典型，都是一根筋，明明晓得转个弯就会有看得见摸得着的"好处"，就是不肯也不会转弯。只有一门心思地不断摸索、前进，才能不断自我提升，达到一定水准了，运气也就说来就来。不过，到现在我还是认为，过早地发表作品、过早地成名，对作家来说并不是好事。少时了了，长大未必。经常有人指出，某某和某某的作品中，始终成长着一个孩子。这话让人听来总觉得怪怪的。

问：有文章说你的路途充满了艰辛而又平静如水，那你的个人生活状态和写作状态是怎样的？

答：在充满艰辛的过去，平静如水只存在于内心。在平静如水的现在，充满艰辛的反而是内心。

问：你是二十世纪八十年代开始写作的，那时可是文学的"黄金时代"啊！具体说来，你最初是如何走上文学之路的？

答：高中毕业后当工人无忧无虑地过了几年。那时候，县城里业余文艺创作活动十分活跃。在快乐无忧的年轻时光，突然在车间里遇上一次触电事故，之后的痛定思痛，几乎就是那个终极问题的个人化版本：这样悄悄地来，悄悄地去，人活一辈子的意义是什么？于是，第二天下班后，一出车间就跑到街上买了一沓稿纸，从此开始将业余爱好，步步演化，使得文学成为自己的精神支柱。

一次偶然的机会，我与一位痴迷电影剧本创作的高中学弟一道去县文化馆，认识了其时个人创作正处在"大喷发"前夜的姜天民。第一次见面，并不怎了解姜天民的才华，只对他坐着的一把破藤椅，还有他右手中指关节上厚厚的老茧印象深刻。那把破藤椅是他生生坐破的，而手指上的老茧是被写作用的钢笔生生磨出来的。二〇〇七年我在《芳草》文学杂志第三期上，策划发表了一组纪念姜天民的文章，包括他生前所写的散文《雪的梦》，那种类似海潮般的才华，依然感人至深。正是受到如同兄长般的姜天民的"引诱"，我才开始真正的小说创作。

一九八四年三月上旬，我收到《安徽文学》(当时刊名《文学》)编辑部的信函，告知小说处女作《黑蝴蝶，黑蝴蝶……》将在第四期上发表。几天后，我同参加县文艺创作学习班的一些人一道，住进安徽省霍山县漫水河镇上的一家小旅馆里。那天中午，我正在房间里写作，突然进来两位陌生人，其中一位就是处女作的责任编辑苗振亚先生。原来他们要去英山寻访，不料长途汽车在漫水河镇上抛锚了，便打电话到英山，得知我正好也在这座小镇上，便来找我。

同行的几位非常羡慕，说我这是运气来了，门板也挡不住。世间之事，匪夷所思，倒霉时，放屁也会砸后脚跟。世事机缘有时候巧合得让人不敢相信。

问：这样的巧合，后来还发生过吗？

答：有时候生活太戏剧化了。一九八六年十一月，我去红安县参加黄冈地区文学创作会议。那次会上，我遇上那首名叫《一碗油盐饭》的小诗。会议结束后，大家结伴去天台山。山上有座庙，庙里有位年轻僧人，大家围着他好奇地问这问那。年轻的僧人后来让同行的一位女士留下说话，询问先前站在某个位置上的男子是干什么的，说是此人左眼眉心有一颗别人看不见、只有他看得到的红痣，还作了一种吉祥的预言。大家一对号，年轻僧人所说的正是我。一九九一年春天，《青年文学》编辑李师东，为着即将推出我的一系列作品，专程从北京来访。那时候交通不便，通信也不便，而我又是刚刚调到黄州工作，城里城外认识的人不会超过十个。谁能料到，李师东出了黄州车站，在街边首次开口向人打听时，被问的那位，恰恰就是这十个人当中的一个。

《黑蝴蝶，黑蝴蝶……》发表后不久，因为种种复杂的人事原因，我实在受不了此中挤压，主动提出要求，结束了在县文化馆的一年多的"借调"，返回县阀门厂工作。三个月后，经由调整后的县文化局局长胡克先生重新提议，我又被正式调入县文化馆。在办调动手续时，分管人事和分管文化的两位副县长闭门商量了半个小时后，才在申请报告签字同意处，用上"英山县人民政府"的大印。不要说在县里，就是在国内，如此办理一位普通工人的调动手续恐怕都是绝无仅有。

问：真正被文学留住的人，也就留住了。时间也在见证，这些留下来的人，伴随着改革开放的大潮，留下了极有价值的文学。

答：重要的是，我用这些文字，将个人心灵，身边生活，还有内心所能达到历史深处和时代峰谷，作了性情的记录。回过头来看，同时代许多自认为才华在我之上的人，如果能够真正地沉潜下来，也许早就写出了皇皇巨著。

我一直将对这些日子的怀念，变成往后的每一天。

问：你觉得近三十年来的中国当代文学创作水准有没有下滑？

答：我以为当代文学创作水平有了极大的提高。只不过有些人眼高手低，非要借贬低文学来求证自己是智者和明白人。真正的小说是用灵魂和血肉写成的，这对有些人来说，有一个不敢以灵魂与血肉相互面对的问题。

问：一是媒体没有及时宣传，或者是误导，另外是批评界没有主动去发现更有创见的东西，缺乏专业立场和专业眼光。

答：中国的文学真是灾难深重，长期不在一条正常的轨道上行驶。二十世纪八十年代，好不容易悟出"文学不是用来服务的工具"的道理，十几年后又冒出了"市场化"，这股前所未见的"铜臭"，险些让好不容易走出意识形态困境的中国文学，变成社会生活的排泄物。因为文学传播载体对市场没有免疫力，盲目地相信一些不真实、不诚实的东西，导致品质恶劣的文字产品突然走红。

问：有人认为在市场的影响下，大部分作者失去了二十世纪八十年代那种对文学理想的执着追求。你怎么看？

答：不管哪一行，杰出者肯定是少数，只要有人代表就行。

问：现在利用网络写作的人非常多，他们如果有二十世纪五十年代出生的一批作家的那种精神，产生优秀作品的可能性也许更大。

答：判断一个国家、一个民族的文学质量如何，还是要看他们的文学作品是否具备了某种高度，而且首先要看长篇。因为真正能够传世的大都是长篇。

现在有很多人在写，很多人在买，还有很多人在骂。为什么会骂？因为他们还在热爱文学。

骂的人越多，越是文学的希望所在。

如果全是叫好之声，文学就会玩完。

问：文学中能留下来的精英肯定是少数，但他们的受众面目前看来被那些言情小说大大压缩了。

答：文学是一场没有终点的长跑，比的不是谁跑得快，而是看谁跑得更远。

很多人不明白什么样的写作才是真正的写作。真正的写作者，无论他的年龄有多大或者有多小，其作品都应该受到比他年幼和年长人的喜爱。如果一个人写出来的作品只能固定在某一类人的眼球上，则无疑还是一名喜欢哗众取宠的"文学爱好者"。我很欣赏有几位青年作家，年纪很轻，却有超越同龄人的清醒，早早地就能看出自己的缺点，并忧虑自己的文学路还能走多长。现在的年轻人，才华是不会有太大问题的。成问题的是他们缺乏写作资源，这是阅读、生活和想象等一整套体系构成的文学素养。这很重要，否则就有可能将垃圾当作宝藏。

作家也好，作品也好，至少要到三十年后，才能见分晓。

分高下，鉴优劣，不是像眼前就能做到的鉴宝节目那样行事，还是等等看吧！人生苦短，固然要及时行乐，那些相对永恒的目标，带给我们的幸福指数与愉悦值应当更高。

问：你谈到作家有两种，一种是用思想和智慧写作，一种是用灵魂和血肉写作。你推崇用灵魂和血肉写作的作家，说他们是真正的作家。那么你提到鲁迅，说在中国目前没有比鲁迅更伟大的作家；你曾经也写过一篇文章叫《有一种伟大叫巴金》，那么鲁迅和巴金在你的文学创作上和为人品格上都有怎样的影响？

答：鲁迅离我们很遥远。对鲁迅，我们只能从历史中去对照、去寻找，他存在了就不可能改变。但是，在某种意义上，巴金是伴随着我们成长。在我们的人生当中，有一半时间是和巴金一起成长的。在我懂得鲁迅时，鲁迅已经不可能有任何改变了。但是巴金，作为一个老人，在八十岁的时候还在成长，到一百岁仍然在成长！"从现在起，我是为你们活着"，巴金给这个世界留下的最后一句话意义非常非常深刻，他用自己的最后存在，为这个世界承担了巨大的责任，巴金老人非常了不起，尽管《光明日报》发表这篇文章时，将标题改为《有一种大师叫巴金》，但我坚持认为老人家配得上"伟大"二字。

问：你在一次讲座中说："不了解历史的人，是个没心没肝的人。"现在很多的年轻人并不关心历史，对严肃的东西基本上不感兴趣，有人甚至认为"80 后"基本不构成力量，基本是泡沫，你怎么认为？

答：很显然，谁也不可能把某一代人否定掉。哪怕是互联网上的电脑病毒，那也是一种存在。正是这样的存在，在促使我们建立一种反病毒的防御机制。"80 后"的出现，不仅仅是在互联网上，首先是从电视开始。"80 后"几乎是在和父母甚至是爷爷奶奶一起抢夺遥控器的控制权的过程中长大的，后来又进展到抢鼠标和键盘。在"80 后"的上一代那里，就没有建立起相应的防御机制，成年人和少年们完全站在同一起跑线上，不晓得电视、电脑还有互联网的厉害是双向的，有正面也有负面。如同在自然界中生长的万物，应对任何一种外来物种入侵，都要付出惨重的代价。熬过这一阶段，就会好起来、强大起来。我们这一代人在成长过程中，也曾饱受极"左"思潮的伤害，然后就有了相应的免疫力。

问：你在一九八四年才初登文坛，可以说是迟来者。那是先锋文学非常抢眼的时代。你却没有在先锋文学上逗留。那么，你是如何看待先锋文学的呢？

答：有人说湖北没有先锋小说家，这既对又不对。八十年代中期，我发表了一组表现近代大别山区民间状态的系列小说"大别山之迷"，由一部中篇和八个短篇所组成。省内三家文学刊物《长江文艺》《长江》丛刊和《芳草》破天荒联合召开了"刘醒龙'大别山之迷'系列小说研讨会"，后来的湖北文学界也将这些小说称为"省内最早的先锋小说"。我喜欢自己在写作这些小说时的那种澎湃激情，还有那些指向极致的想象。

问：一九九二年的《青年文学》相继在第一期和第五期上重点推出了你的中篇小说《村支书》和《凤凰琴》，引起轰动。冯牧先生亲自撰写评论，称这些作品为"新的现实主义"。七月，《青年文学》杂志社在北京召开了"刘醒龙小说研讨会"，荒煤先生和冯牧先生亲自到会发言。这一年也被文坛戏称为中国文学的"刘醒龙年"。正如后来许多人所叹息的，如果那些年全国性文学奖没有停办，你的一系列小说会不止一次榜上有名。你在文坛崭露头角后，被评论圈子界定为"新现实主义的领军人物"。对这一标签式的界定，你有何想法？

答：通常情况下大家都会习惯性地关注某种叙事风格的变化，这是可以理解的。一个心态稳定的作家，不会被外部各种各样的说法所迷惑，会依照自己的思路朝前走。

问：你一直在写乡村题材的小说，而且都很有影响。有评论认为你简直可以作为农民的代言人。你对此有什么想法？

答：我不敢说自己是农民代言人，但我对乡村的感情超过农民自身。有很长一段时间，只要一提到乡土，我就有一种欲哭无泪和这辈子无以为报的悲观念头。一个人，一个只能写作的人，能还给乡土什么呢？就算把自己撕碎撒入乡土，对乡土又有什么用处呢？这种强烈的感觉，从写作《分享艰难》就有了。我一直觉得，一九四九年以前，因为土地不属于农民，他们想爱也没办法爱，真正爱土地的是拥有土地的自给自足的中农，以及能过上小康日子的富农。我能做的，就是用文学所特有的博大胸怀，来表现乡村在当代社会中的真实情形。

问：从二十世纪九十年代以来，你创作的乡土题材小说《凤凰琴》《秋风醉了》《弥天》等一批作品让你获得很大的成功，可以看出来，你的情感与乡村亲密无间。因此有人对你提出了严厉的批评，说你对城里人"颇有微词"，认为你有狭隘的小农意识。你对自己有什么样的评价？

答：我的全部情感来自乡村。我一直试图获得某种回答，对于乡土，一个人的力量到底有多大？为什么讴歌反而显得苍白，为什么诅咒无法掩盖她的美丽？乡土从来只属于远离乡土之人，她是人类所有挥之不去的传统中的一种。我对乡土上发生的一切都充满深情，绝没有鄙薄任何人的意思。

有一年，在上海举办我的长篇小说《弥天》讨论会，有人讲了一个女"知青"的真实故事。这个女"知青"是极不情愿下乡的，总在想着怎么离开。有一天机会来了。一批官员到这个村子里视察，女"知青"就等在路边一堆热乎乎的牛粪旁，等官员们过来的时候，她用双手把牛粪捧起来，送到庄稼地里。于是，官员们就号召大家向她学习，并马上把她调走了。这种故事就不只是"颇有微词"了。研讨会上提到这个故事，同时还提到我的中篇小说《大树还小》，正是这部作品让一些人认为我对城里人"颇有微词"。

每个人都应该对自己过去的一切行为负责，如果缺少这一点，不愿意正视过去的行为，只能认识到自己是受害者，而没有意识到自己行为的负面作用，那么，在实质上就会深深地伤害到乡村。

我对城市从来不反感，城市给了我很多鲜活的人生体验，给了我安身立命的家，如果在这种情况下我还反感城市，那就太反常了。我是一九九四年凭着《凤凰琴》的社会影响，通过"人才引进"调入武汉的。城市信息量大、变化快，而我内心永远有一个乡土的背景存在，难免产生更多的焦虑和痛苦。

问：你觉得乡村受到了什么样的伤害？

答：我看过一本关于农民的书，里面有一个情节：几十个农民在天安门广场，面对崇高的国旗，齐刷刷地下跪。看到这里，我顿时泪流满面。这就是农民，软弱中有坚强，无奈中坚守对国家的信仰。很多人写乡村的怨恨和丑恶，却没有真正理解那里的善和美。当然，我们已经发展到二十一世纪，农民应该从心理和文化上进行调整，更好地适应时代的发展。

我自己也写过一部关于乡村的长篇散文《一滴水有多深》，那是我写得最伤心的一本书。

问：其实无论是乡村还是城市，对一个写作者来说，都应该有个反思，而不是单纯炒作一些无聊的东西，但现在很多人似乎在回避这些问题。

答：确切地说，当下写作者缺乏的是骨气。面对时代，写作者应该是最清醒的。而有些只关心与个人得失相关的局部，写冰山时只写水面上，水面下的庞大冰体就当不存在，没有一个良好的历史视野，这是中国文学的悲哀。《弥天》里写到倪老师因"反动言论"而被捕，大家感兴趣的是戴在他手上的手铐是不是不锈钢的，拥挤着都想看看不锈钢是什么样的，看到了就"啊——"地发出惊叹。我们的文学在历史行进中，如果只像一群围观者，只注意那些"花边新闻"，而对主要问题表现出漠视，那是很悲哀的。

问：二〇〇〇年五月，你以作家身份出访美国，回来后说自己"内心受到的撞击太厉害"，为什么？这跟你上面的想法有关吗？

答：最根本的想法其实是：历史不会怜惜哪个民族。去了一趟美国，确实受到冲击，感觉我们必须更加努力了，不然就会被淘汰。无论是乡村还是城市，中国还是世界，我们都该有所反思，有所醒悟。

问：有人评价你的作品是乡土文学，你也说过乡土文学是所有文化的根。但是现在有一个现象，人们对乡土文学好像有一种排斥感，一方面可能是因为那些真正符合大家期待的优秀小说不多；另一方面是，大家能看到的乡土文学只是诗意化、美化了乡土的，你觉得怎样？

答：实际上，这也是中国文学的根本性问题。比如说华西村是农村建设的楷模，但华西村未来将在文学中以一个什么形象出现，并不是靠经济总量来决定的，而是靠背后的人文质量。再比如说，华西村的教育情况怎样，教师待遇怎样，教师来到这个村子，是当成来此挣钱的打工者，还是怀着对知识的感恩之心礼遇？如果在他们眼里传承知识与文化的教师都是可以用钱来打发的，哪怕华西村是世界第一村，那又如何？因为人文质量没有改变，本质上还跟三千年前是一样。我们的传统文化中的某些部分也是这样，看起来对文化很重视，实质上反文化、反知识的气氛很浓。用钱能解决的问题就不是问题，这话说到点子上了。

那些用钱也解决不了的才是真正的问题。

钱可以买许多书，但买不来真正的经典。

问：这可能是一个方面，在农村里，大部分人对读书人还是很尊重的。

答：理论上是这样，在社会现实场景中，对知识分子的尊重往往带有一定的功利性。乡村当然不可能例外，由于春夏秋冬之间播种和收获等明显带着季节性的缘故，表现得更加清晰可感。就像对待土地，长庄稼的和不长庄稼的，肥沃的和贫瘠的，乡村的态度迥然不同。我在县文化馆工作时，有一阵，负责收集整理当地的民间文学集成。在口口相传的民间故事和传说中，嘲讽和取笑作为乡村知识分子的秀才，成了这类口头文学的定式和常态。在这些民间文学中，饱读诗书的秀才，只有考取功名，才是文曲星下凡，否则，便是四体不勤、五谷不分，除了弄一些文绉绉的文字游戏，狗屁用也没有。

问：中国传统文化有一种实用性，应该说他们对取得功名的秀才很尊重，对落魄的秀才就比较轻视。在农村，那些得到功名的文化人可以主持各种仪式。

答：对乡土的评价，无法形成真正的焦点。公众对社会的理解有两个来源，一个是媒体，另一个是学校，但媒体和学校都存在言论禁区。就像《凤凰琴》，谁能把它的精髓说出来呢？小说中描写，界岭小学老师们的高尚品质之事好不容易登上省报的头版，然而，省报的头版头条却是"大力发展养猪事业"。这么关键的细节，就连文学界也从未有过公开评论过。许多人只是将把这部作品当成是进行爱国主义教育的宣传品，这就很容易造成对乡土小说的逆反，导致乡土小说的举步维艰。

读得深入一些的人不想吭声。

没读明白的人却在那里胡搅蛮缠地叫阵。

问：本来乡土题材中的矛盾和人物都非常丰富，但现在大多数乡土文学中呈现出来的都是很平面的东西，跟媒体上了解的差不多，要么是纯粹的苦难，要么是乡间的青山绿水。那么，你对有关乡村的制度和人物的文学创作有什么看法？现在有些知名作家所创作的乡土人物大都是想象出来的，现实中可能没有这种人，你如何看待？

答：有些人在写乡土的时候，并不真正明白乡土应当如何进入文学中。以为只要提及乡土，不管是葫芦还是瓢，自然而然就是乡土文学。乡土文学是真的要做到乡土是一个人的生命之"乡"，灵魂之"土"。"乡土"就像我们的生身父母，一辈子与其相处，直到终老，才发现来不及真正了解他们。有几个儿女真正了解自己的父母呢？

乡村生活，除了环境化、情感化内容以外，还有其特定的政治文化。

我反对把乡村衰退归咎于城市化。

中国乡村之每况愈下，是从太平天国开始急剧加快的。在乡村，过去有乡贤等不同类型的相对坚实的阶层，成为一种稳定力量。这样的阶层，为了保护自己的利益，就必须同时肩负起保护一方水土的职责。向上，他们代表乡村对抗官府或者与官府达成必要的妥协。向下，他们又起到替代官府与底层民众进行沟通并代表官府收取利益，从而在事实上成为乡村的中坚力量和代言人。但是从太平天国开始，频繁发生的起义和战乱，让这批人消失了，这才是乡村衰退的最大原因。

现在的乡村，有知识的人为了追随知识而快速流入都市，新的"力量人群"都是暴发户，许多人甚至就是由"流氓无产者"快速变换而成的"流氓有产者"。在他们身上非常缺乏文化含量和文明含量，具体表现在日常行为时，只会疯狂地掠夺财富，一切都是为了自己，而不去维护一方水土。那种打着"慈善"旗号的帮扶行为，往往是为着下一步得到更加丰厚的回报。

问：有媒体曾报道说：在你看来，二十世纪九十年代的乡土小说的意义在于敢于对大一统的城市化进程表示质疑。那么，大一统的城市化进程是不是对乡土小说构成了一种压迫或者伤害？

答：二十世纪九十年代以来的乡土小说对城市化表示质疑，这个话题显然不是我的原意。

事实正好相反，在文学当中，经常是都市风格的作品对乡土表示质疑。很多时候是时尚对传统的质疑、流行对经典的质疑。经典和传统，当然不会去质疑那些过眼烟云的东西。本来是时尚和流行在质疑经典与传统，一到媒体那里就变了味，就倒过来了。

经典和传统不需要质疑，它会长久地流传下去，而时尚和流行很快就会消失。

文学是不可以娱乐化的。

即便是所有世俗化的媒体，全都用娱乐的态度对作家，文学也不应变成他们所认可的无聊话题。

问：一些乡土作家的小说里面对于乡土的描写带有一种理想化的成分，比如说将乡土美化了或者诗意化了，那么你觉得在你的创作中有没有这种倾向？你个人的创作始终把目光投注到乡土上，乡土在你的创作中有着怎样的精神内涵？

答：人有很多梦想，乡土只是其中的一种。对乡土的理解应当开放一点。

武汉人经常要到东湖去玩，城市人的文字也经常写到某某公园。比如，老一代的武汉人写小说经常会提及解放公园和中山公园，北京人则会信手写写香山，上海的黄浦公园也是热门的写作素材。"公园"是个什么概念？为什么要叫公园而不叫街道，不叫巷子，不叫楼盘，不叫广场？公园在某种意义上是自然的，是城市人和自然亲近的一种窗口和最简单的沟通方式，所以，说公园与田园只有一步之遥是没有一点问题的。

喜欢时尚的年轻人不大用"乡土"概念，改叫了"田野"，这种说法的转变，并不能代表"乡土"已经死亡了。只要人类不是由机器所制造，人类的情感也不由电脑芯片控制，建立在自然之上的种种乡土就一定会长久地生机勃勃。

乡土是自然的另一种表述，从字面上看，是充满个人感情的一个词语，背后深藏着的是一种情结。

问：虽然中国乡土文学的问题还比较多，但好的作品还是推举乡土文学，而都市文学可能由于发展阶段尚不成熟，优秀的作品还比较少，你认为是吗？

答：我认为还是应该回归到艺术的本质上来谈。艺术的本质是向后的，人在时刻向前走，越是走得快，越是走得远，到头来越是留恋过去。但记忆是不可靠的，因此艺术就取代了记忆的位置。

任何艺术都喜欢表现黄昏，没有几个喜欢清晨的。

"挽歌"总比赞歌更加感动人。

问：现在都市人的精神出现了那么多问题，但真正好的作品还是少，是不是跟传统有关？

答：艺术是天生的，是无拘无束的，往往与天然的乡村有着与生俱来的亲近。现实中的城市，几乎所有事物都是经过技术性处理的，所以，城市更能体现技术的优势。

问：有人说，二十世纪八十年代兴起的先锋文学、实验主义，热闹一时，风头十足，实际上只是叙事技术的改变，就像城市相对乡村呈现的科学技术优势。深层次的文学观念，还是传统的。你如何看待这一时期的现实主义写作似乎比较沉寂的现象？

答：我反而认为，现实主义文学其实一直是处于主流状态。因为现实主义仿佛天生就会关注生存的当下，更符合时代的精神和需要，更能赢得人们的共鸣。在读者中，现实主义受到的关注远远大于所谓先锋和实验主义，后者在学界回响较大，因为他们对这种新生的、当时不被普遍接受的写作倾向更同情、更鼓励。

其实，我在写作最初，对艺术、人生也处在一种"探索"状态。当时写"大别山之迷"系列小说，完全靠想象力支撑着，也被称为"湖北最早的先锋派"。但写到后来我就陷入了迷惘，不明白写作究竟是怎么回事，不明白写下去的意义何在，直到现实的魅力"迷"住了我。

问：二十世纪九十年代中期，文坛出现了一股"现实主义冲击波"。你的中篇小说《分享艰难》《大树还小》等就是其中的代表作。能就此具体谈谈吗？

答：这几篇作品在当时引起了很大争议和批评。一方面是人们对现实主义创作要求更严格，不仅仅在艺术上有一定标准，还要承担一切的社会责任，作家的压力更大。另一方面，那个时期，改革进入了攻坚阶段，出现了前所未有的困厄与阵痛。而对改革充满理想和憧憬的善良人们,对改革之痛并未做好心理准备。《分享艰难》等作品中表达了面对社会焦虑时自己的思考:作为社会人的我们,在分享改革带来的成果的同时,也无法回避对改革过程中伴生的艰难的承受。小说发表后,遭到一些误读,引起了争议。直到几年后,一些批评家才承认在这件事上犯了"盲人摸象"的错误。

实事求是地说,当初那些激烈的言论,本身就有所回避,或者说是选择性视而不见。

一九九五年十月,我在武汉西郊的纺织职工疗养院住了两个星期,第一个星期写的是《分享艰难》,第二个星期写了《挑担茶叶上北京》。这两部中篇小说可以说是姊妹篇,作品的情绪和场景,完全一致,《挑担茶叶上北京》后来还获得首届鲁迅文学奖。然而,这个时期的所有针对性"轰炸"中,除了《分享艰难》《大树还小》,其他作品,包括紧接着发在《上海文学》一九九七年第一期头条、也是中篇小说的《路上有雪》,仿佛被谁雪藏起来,或是施了障眼法,这也太不可思议了。

问:从另一角度来看,小说所遭受到的误读和争议,也是一种"分享艰难"——通过文学创作,分享了社会改革调整转型的艰难,分享了人们思维观念转变的艰难。而这也正是现实主义文学作品的价值所在。

答:确实如此。无心之"误"可以说是很正常,若是有意之"误",则很令人唏嘘。

问:一九九二年,你以《凤凰琴》一举成名,小说中的民办教师感动了许多人。你当时是怎么想到将目光投向这个群体的?

答:民办教师是一个最不起眼、最卑微的群体,在一些地方,甚至当地的农民都瞧不起民办教师。但正是这个群体,对二十世纪后半叶的中国乡村社会进步起到了至关重要的作用。

上初中时,学校校长就是民办教师;我的中学同学,有不少人成了民办教师。这个群体在当时是一种日常存在。历史行进到今天,回头去看,这些日常存在的普通人对中国乡村社会的进步起到多么大的作用啊!

写《凤凰琴》时,主要出于一种感动。离开待了十年的工厂,到县文化部门工作的最初两年,总看到一个瘦弱男人挑着箩筐在街上捡垃圾,虽然衣服破旧,但穿得整整齐齐,草帽压得很低,看不见脸。后来才晓得,此人曾是离县城十多里一所乡村小学的民办教师,由于政策原因被清退了。他教了二十多年书,已经干不了体力活,但又有一家老小要养,没办法只能捡破烂,又怕被自己的学生看见,觉得没面子,才故意用草帽遮挡面部。这位民办教师的形象和命运在我心里压了很多年,憋得难受。虽然小说里没有写到这个故事,但这成了我写作《凤凰琴》的一种思想准备。

问:时隔十七年后,你怎么会再次想起用《天行者》来续写民办教师们的生存情状?

答:《凤凰琴》发表后,有很多读者提出希望能写续篇,但我没有写。这并不等于说我不想写,而是觉得没有做好准备。十七年时间,也让我从当初表现民办教师的艰难和品格,转向了关注、思考乡村知识分子的命运本质。

问：你说，写《凤凰琴》出于一种感动，而写《天行者》完完全全处在一种感恩的状态。

答：这个时代太容易遗忘了。好像不丢掉历史，就没有未来。其实正好相反，没有历史就没有未来。对于为中国当代的进步和发展做出了默默无闻贡献的乡村知识分子，历史欠他们的太多。所以，我们不能欠，不能遗忘，拿起笔写写他们，让后人铭记他们的存在，这是一种起码的态度。

问：在《天行者》扉页上，你写道："献给二十世纪后半叶在中国大地上默默苦行的民间英雄。"你怎么理解这个"民间英雄"？

答：小说中写了民办教师们所经历的三次转正，一次比一次荒诞，一次比一次疼痛。但这些可敬可爱的人们，在关键时刻总是表现出大爱和大善，在最卑微时展现出生命的非凡意义。

现在的社会发展很快，人们往往只关注少数一些出风头的人，将功绩都记在少数人的名下，各行各业都是如此，完全不了解像民办教师这样做出巨大贡献的大量人群。前几天我从电台里听到，上海有一群城市听漏工，每到夜深人静时，就走上大街小巷，凭着多年积累的经验，通过一根简单的金属棒，聆听埋在地下深处的自来水管是否漏水。如果不是偶尔听来，或许我也像绝大多数人一样，到老也不可能晓得，因为有这样一群人的存在，我们的城市生活秩序才得以维持正常。社会生活中，有太多其他类型的乡村"民办教师"和城市"听漏工"。他们从事的工作微不足道，所做的贡献也无法表述、无从计量，但这些人却是社会进步中真正的英雄。

问：茅盾文学奖颁奖词高度评价《天行者》："他的人物从来不曾被沉重的生活压倒，人性在艰难困窘中的升华，如平凡日子里诗意的琴音和笛声，见证着良知和道义在人心中的运行。"这是否也从另一个角度说明，淋漓尽致地书写民间英雄、强有力地展现民族精神高度和人性力量，是文学作品震撼人心的最主要原因？

答：文学的第一要旨是表现其母语所承载的民族精神与灵魂。

我始终相信，一个泱泱大国，一个有着五千年文明的古国，它的生生不息、绵延不绝，一定是靠着强大的精神力量才得以延续。在我们的现当代文学中，这种表现非常不够。我们对自己的发现和了解是远远不够的。

海明威的《老人与海》确确实实写出了美国精神。一说到中国精神，人们首先想起的是阿 Q。对这种负面的国民性，当然需要反省，这是毫无疑问的。但绝不能把阿 Q 作为中国的国民形象，不能将自己妖魔化。我们的父老乡亲、兄弟姐妹，他们做了很多让人感动和震撼的事情，也是他们在默默无闻地体现一个民族屹立于世间的强大精神支撑。

中国文学或许到了应该反思的时候：是否对得起自己的父老乡亲、对得起生我养我的土地？

问：在《天行者》之前，你还曾耗费六年时间创作长篇小说《圣天门口》，这在日益浮躁的当下是不多见的。

答：六年时间其实仅仅是案头工作，一部作品的诞生，岂止是案头工作！我写《圣天门口》的这六年，几乎没出过门，敲坏了三台电脑。"复出"后，因为长时间不出门，脸色有些苍白，加上剃了个圆寸，在火车站被警察连续拦了三次。他们要查我的身份证，我只好无奈地对着警察反问："你们是不是看我像是刚从监狱里出来的？"

问：从某种意义上讲，写长篇和蹲监狱没什么两样。

答：一部长篇写完，从屋里走出来，发现天特别的亮，地上也是白茫茫一片，让人感觉恍若隔世。

刚开始写《圣天门口》时，我女儿刚出生，是什么都不懂的一堆小肉团。慢慢地，她会爬到我的电脑前问我这是什么字；再到后来，会一段段地念出来。等我把小说写完，女儿已经上幼儿园大班了，感觉这个作品是伴随女儿一起长大的。当我最后点击邮箱上的"发送"标志时，鼠标迟迟点不下去，有一种非常舍不得的感觉。

完成《圣天门口》的兴奋期过去之后，人才感觉到极度疲劳。有次我参加湖北电台的一个活动，刚开始只觉得房间里开着暖气比较热，突然一下子变得很难受，有种呕吐感，便赶紧上洗手间。在洗手盆前站着，我不停地冒虚汗，几乎要晕过去了。旁边的清洁工大姐，问我是不是病了。回到会议室后，有人发觉我脸色不对，要送我去隔壁的协和医院。好在没有真的出事，下楼后，一吹凉风，人就恢复过来了。

写长篇小说真的很伤元气，所以，我们有理由对写一些大部头作品的作家表示充分的敬意。不少人对张炜的四百万字长篇颇有微词，我能理解，也很尊重，冲着这一点，他能独占本届茅奖五部作品之首，是够格的。

愿意拿自己的生命去和魔鬼交换一部超大作品的人，纵然不是人间极品，至少也是千金难买、一将难求。

问：随着进入"泛经济"时代，能甘守寂寞、用几年时间磨一部长篇小说的作家越来越少。文学创作似乎进入了"大跃进"，很多人两三年，甚至几个月就可以出一部"鸿篇巨制"。

答：在文学中，始终存在着一个写作者不太愿意诚实面对的问题：哪种写作可以被遗忘？

如果写作变成了一件很轻易的事，那么这种写作是可以遗忘的——肯定有相当部分的人不认同这个答案，因为这样的答案既残忍，又残酷，一点情面也不给。

每一次新的写作，都应该是对自己写作才华极限也是对自己生命力的一种挑战。也许又有人要说，这样是故意把自己搞得像"天降大任于斯人"——他们可能觉得码码字不就赚几个钱嘛。那我觉得，这是"道不同不相为谋"。

问：你认为的"作家之道"是什么？

答：作家当然也有很多种，有一些作家满足娱乐需求、迎合大众口味，这也是可以理解的。但一定要有一批作家，他们的写作、他们的存在，真正体现我们民族的灵魂质量，就像曹雪芹的存在、鲁迅的存在、巴金的存在那样。很难想象，如果没有他们，世界该怎么看待中国文化？我们总说，伟大的时代要出伟大的作品。时代的伟大是由历史来评价的。对文学创作者来讲，当然应该努力尝试走向博大，让自己的心胸更宽阔，思想更深邃。

问：你创作了很多部长篇小说，你自己对《天行者》怎么看？

答：我也是普通读者，当然也有个人喜好。从抒情的角度来判断，《天行者》要浪漫一些；从阅读的深度来说，当然是《圣天门口》。如果我是自己小说的读者，我会选择在《天行者》与《圣天门口》之间，交替阅读。故事性强的作品，读者总会多一些，但也不要忘记，要读一些有较高阅读难度的作品，一方面是尊重自己的情感，另一方面也要不断刷新自己的阅读能力的新高度。

问：你能谈一谈这两部作品的创作灵感和创作过程吗？

答：长篇小说的写作，有一个漫长的过程，我现在准备写的关于武汉的小说，对别人来说可能出乎意料，但自己心里已经琢磨了好些年。从有写作欲望到开始写，正常过渡时间至少在五年以上。

短篇小说抓住一个灵感，抓住一个人物，抓住一个细节就可以。长篇不行，得有层出不穷的灵感，一批成熟的人物，一批鲜活的细节。在厚度、广度、深度上必须有更充分的东西，仅仅靠幽默，仅仅靠俏皮，仅仅靠抒情，都是不够的，必须是这几个方面的成熟结合和建构，才能写出一部出色的长篇小说。

《圣天门口》是自己几十年人文积淀的一次爆发。从个人内心情绪，到身体体能，做了很多年的准备工作。如此充沛饱满的准备，让写作有了基本保证。《天行者》是我从内心上对自己前半生的一个交代。那些放在心里很长时间的东西，终于写出来了，这才发现，不仅是自己的心灵之痛，更是中国之痛。

问：有人把你的《圣天门口》和陈忠实的《白鹿原》比，你觉得有可比性吗？

答：怎么比那是别人的事。两部作品时代不一样。

评论界有种说法，当代中国文学没有一部作品跨越一九四九年，要么写到一九四九年为止，要么从一九四九年开始。《圣天门口》率先打通了这个壁垒，从二十世纪二十年代一直写到六七十年代。这种打通不仅仅是文字系数上的，还包括思想史和历史观。这得益于鄂楚人文史对中国近现代史的重大影响。

问：你多次强调，作家要牢记，在有限的天赋之上还有无限的天职。

答：这种天职就是对历史、对现实的立场和作为。面对泥沙俱下的种种潮流，敢于激浪飞舟、砥柱中流是作家的天职。当天职被忽略、遗忘时，最终的受害者将是我们自己。

当所有人都盼望做赚钱好手时，那"不幸"成为作家的少数者，才是这个时代的最大荣幸。

问：你有说过："长篇小说是一个独立的生命体，它可以不负载当下的任何环境而独立存在，可以依靠自身的完整体系来充实自身。"能否具体谈谈这句话的含义？

答：有句话说，高处不胜寒。长篇小说是不可复制、不可模仿的，它是独立的生命体，它甚至会成长，因为它本身有蓬勃的生命力，经过一定的时间，它会焕发新的生命形象。而中短篇小说不同，它们的命运与生活是同步的。生活每到达一种新的状态，它们几乎会同时到达，这种与时下生活休戚相关的特性，也是其无法摆脱的宿命。所以，写短篇和中篇，不知不觉地就会为时代代言。长篇不一样，首先是它的规模，使得作者无法一蹴而就，在写作的过程中，生活的足音早已向前飘荡了很远。如果说长篇小说是成熟的长者和沉思者，中短篇小说便属于时间长河里的年轻人。

问：听你这样说，感觉是长篇小说就有点与时下的社会拉开了距离，不关注当下的生活？

答：毫无疑问，长篇小说写作也会关注时下的种种态势。这种关注只是背景，只是气氛，只是契机，根本原因还在于回眸——人自身所经历的昨天、前天、大前天，包括更远的时候所留下的命运的痕迹。长篇小说是建立在命运的基础上。我们经常所说的长篇小说要有长度，所指的不是篇幅有多长，不是写了多少万字，而是生命的长度，或者是命运的长度。从分量上讲，那种由中短篇小说拉伸的长篇，不是真正的长篇小说。

问：你一连多次提到"命运"，我想听你谈谈，它到底指的是什么？

答：命运，怎么说呢？比如说《天行者》里的人物，界岭小学的民办教师们好不容易得到转正的机会，却阴差阳错地把机会让给了别人。当第二次、第三次转正机会先后来临，他们依然由于这样那样的原因，与终身渴望的东西擦肩而过。如果说第一次是偶然发生的错过，接二连三的错过不断发生，那这就是命运了。就像民间文学中的那个传统故事，一个孩子满周岁，亲朋好友来祝贺，都说这孩子将来有出息。有一个人却说，这孩子将来要死！人一出生，就注定要死去，这就是命运。命运是你明明晓得它在那里，百分之百不想接受、又不得不百分之百接受的某种事实。命运时常用一种冷眼来看待人生，逼迫人们去努力挣扎，去奋斗，尝试用各种各样的方式来摆脱它。在这样那样的过程中，它会散发出生命的光辉，从而体现生命的意义。

每个人都讨厌命运，反过来，谁也无法超越命运。

问：你经常提到高贵、优雅和诗意，我们应该怎样来理解？

答：对人来说，日常生活很平庸，甚至碌碌无为，很多时候，琐事杂物，一地鸡毛。人越是在这种环境之下，越是向往和这种生活不一样的东西，不会因为生活是一地鸡毛而向往一地狗屎，一定是向往美好的、向上的生活。

对写作者或读者来说，这是他日常面对的生活。为什么人们还要在阅读或者写作中再煎熬一把？读也好，写也好，很多时候是在寻找生活中看不到的、缺失的美好。

每天上班，待在了无兴趣的写字间，看不到理想的生活所在，是不是理想生活就不存在了？不是，我们需要借得一双慧眼，这种慧眼可以通过文学的桥梁来获得。

文学的魅力在于审美。"厚黑"一类的作品，短时间内能蛊惑一些人，但终究成不了大器，人对恶的、丑陋的东西的厌恶是天生的。

优雅、高贵、诗意才是人与生俱来的最大欲望。

问：在接受"茅盾文学奖"、发表获奖感言时，你深情地提到了自己的老父亲，也感谢了自己的故乡。故乡和乡土对你意味着什么？

答：我来自乡村，来自广袤的大别山区，自然而然地有一种深厚的乡土情结，我也特别乐意被称为"乡土作家"。

但我一直为自己惋惜，我无法像很多人那样，有一个固定的、可以触摸的故土。虽然我是在乡下长大的，但因为父亲工作关系，我一岁多就离开黄冈老家，搬迁到英山，后来平均不到两年就搬一次家。别人谈到故土，会有自家的祖屋、门口的大树，甚至一头少年做伴的老水牛。对我来说，这些全没有。我对于故乡的感觉，直到三十多岁时第一次随父亲回老家时才有。当时老家的房子已经倒塌了，只有一片宅基地还被别人种着菜。

问：这是否会影响你对乡土的感知和了解？

答：谈到对乡村的了解，有些同行肯定超过我。他们在乡下有祖屋、有菜园、有三天两头就能见面的七大姑八大姨，太多的乡村民情、乡村故事、乡村人物就在他们身边发生着。为什么他们不能写得更生动？原因很简单，因为他们晓得的太多，反而不知取舍；我晓得的略少，但是我珍惜。换句话说，我是个"穷人"，我只有那么一丁点儿财富，如果我不珍惜，我就一无所有。所以我会宝贝它，尽可能地去珍惜它、爱护它、想象它，恨不得一个钱掰成两个用。

问：心中的乡土也只有被珍惜了，才会焕发出光彩。

答：是的。虽然我之后一直在城里生活，但是我的感情和记忆中的大部分，都是关于乡土的。作为一个写作者来到城市，感受到的城市是化过妆的，不能马上分清哪是真实，哪是乔装。乡村从来都是素面朝天，你费尽九牛二虎之力掩盖的某个细微之处，它马上会在更广阔的天地里袒露给世界。

问：只有写熟悉的东西，才能写得鲜活生动。

答：写作者的既有经验十分重要，我的写作当然也不是凭空而来的。就像《凤凰琴》中升国旗的细节，我见过很多乡村小学挂国旗的方法。开学时，搞一两棵树，用铁丝捆扎在一起，把旗子系上去。我据此想象了在一支笛子、一把凤凰琴和一群孩子参差不齐的国歌声中，国旗慢慢升起的场面。很多人读了后表示，非常真实而且有震撼力。

问：现在你长居城市，会为了文学创作特地去乡村采风，接回"地气"吗？

答：也许体验、采风不失为一种方式方法，但我认为绝不可能成为一种常态。我特别不能接受"某某某每隔几个月都要回老家看看，深入基层，接回地气"的宣传俗套。真正的"接地气"，应该是把乡土当作自己一生的来源之根和最终的归宿。你可以不给予它任何东西，但是自己的心应该和它在同一位置。哪怕坐在五星级饭店的旋转餐厅，也不要忘记乡土中那只坐在上面可以数星星和月亮的大石磉。

写作就应该是一种对乡土的感恩。

没有乡土，哪来的我们当下的文化和当下种种的一切？

问：你说过这么一句话："长篇小说就像传统中国家庭中的老大，注定要为命运承担更多分量。"你所说的"分量"指的是什么？为什么说"长篇小说就像传统中国家庭中的老大"？

答：在我们的家族史中，长子长孙总在承担更多的责任。长篇小说在能量大、影响大、难度大之外，所承担的艺术审美，思想启蒙和心灵史志的作用，也是空前的。

问：这里说的难度，你是如何去克服的？是靠一个作家的责任还是别的什么？

答：没有难度的写作，其意义是要打折扣的。在写作中对新难度的挑战，更能挖掘出写作者自己也无法预料的潜在能力。

做任何事情，都不要搪塞，要想尽一切办法把它做好，做得与众不同，有新的效果。哪怕天天打扫同一间屋子，哪怕对着那一锅炒了几十年的萝卜白菜，都要有创新的理想。

因为不断出现的难度，当写作完成时那种享受也是空前的。

十月二十二日，《十月》文学奖在宁波颁奖，我不能坐飞机，那边仍再三打电话要我去救场，我不得不从黄河边上的碛口古镇乘车赶往太原机场。因为汽车发动机起火，半路上临时换车，耽搁了近一个小时。赶在机场相关航班关闸的最后时刻，换到了最后一张登机牌。在登机口登机的时候，突然发现，航空公司给我升舱了，从经济舱的最后一排，换到了头等舱。这时，一场沙尘暴的前锋已经到达，飞机起飞时，在太原上空绕行了好久，后排的乘客颠簸得都要呕吐，头等舱内稳如泰山。

这个事例有点牵强，但道理还是有的。

问：从这件事情可以感觉到，作家还是被尊重的，但被尊重的作家很少很少。在诗人作家或者文化人得不到尊重的当下，文学的出路在哪里？我们作家应该怎么做？

答：进入二十一世纪，最广泛的公众视野里，文学已悄然淡出，这未尝不是好事。它可以让文学从喧嚣中全身而退，冷静地、沉着地、老老实实地建构文学大厦，老老实实地改造文学这所千疮百孔的老屋。不少人在有意无意之间，用一种无聊的心态来阅读《红楼梦》，甚至将《红楼梦》粗俗化、妖魔化，而真正热爱和懂得《红楼梦》的人并不多。《红楼梦》是中国文学在历史和在当下中最典型的象征，但需要沉着冷静诚实的阅读态度。

文学只有回到寂寞，才能重现辉煌。

或者这样说，作家只有回到寂寞时，才能重现辉煌。

作家不仅需要寂寞，作家写作时也必须寂寞一些。

　　　　（访谈者一：曹静、刘路，二〇一一年九月

　　　　　访谈者二：南往耶，二〇一一年十月二十六日）

边角料书系

刘醒龙

Collection of
Liu Xinglong's
Literary Interviews

文学访谈录

（下册）

刘醒龙 著

团结出版社
UNITY PRESS

十、小说是闲笔的艺术

问：我在香港看了许多你的访谈文章，总有一些看得不太明白。例如你接受胡殷红的访谈中，谈到《天行者》的创作，最后你引用了李清照的诗："生当作人杰，死亦为鬼雄，至今思项羽，不肯过江东。"你说这诗正是乡村知识分子的写照。这该如何理解？

答：这是一种悲剧色彩、悲剧情怀。李清照最钦佩项羽的地方，不仅仅是生当为人杰，更是死亦为鬼雄。人生要依照自己的价值标准去活，依照自己的理想、自己的信念、自己的梦想去活。至于最终活成什么样子、活成什么状态，那是自己没法左右的，但一定要按照自己的理想去活。

问：那就是说有自己个人的原则，按个人的立场去做人、做事？

答：对。虽然人生苦短，也不应当全是为了利益而活，还是要有利益之外的想法。哪怕在别人看来，这个目标很卑微，也很傻——用武汉方言来说是很苕——也要为这种信念而活。

问：好像小说《天行者》所形容的"苕妈"……

答：我写过一篇文章专门谈"苕"。武汉话中的"苕"，和北方话中的"傻"，很多人以为是等同的，其实不完全是，还有些细微的差异。只有在武汉这个环境生活下来、慢慢地融为一体的时候，才会察觉到的。武汉人说你"苕"，往往先将自己摆在特殊位置，然后发自内心地给对方以些许怜悯和叹惜。而不像"傻"，很多时候带有贬义。"苕"并不全是贬义。

问：你祖父在民国时期是"汉流会"的"红旗老五"。其他一些分析文章介绍，民国时期湖北的帮会十分复杂：派系林立，政治倾向各异。那"红旗老五"在"汉流会"中是什么样的地位？

答：不久前还跟我几位堂弟聊起这个话题。"红旗老五"是地方上的一个小头目。但关于"汉流会"，现在的记录材料是不全的。最初的"汉流会"纯粹是一个江湖帮会。早期它谁也不亲，只在地方上为自身利益打拼，抗日战争前期是亲国民政府的，后来发生改变，倾向支持中国共产党和新四军。民间帮会，没有特定的亲谁或不亲谁，江湖中人有困难时，出手相帮，都是为了日后万不得已时，给自己留条活路。江湖中人不好对付，他们在三教九流中都有生死患难的朋友。

问：所以，是民间帮会形成势力后，看哪一方的政治组织来招揽？

答：民间帮会就像现在香港的资本家要分散投资一样。像台湾的大老板，不论国民党与民进党，两边都会投资，因为不晓得谁会上台。美国的资本家也是，对共和党和民主党两边都支持，都不得罪。民国时代的民间帮会也都类似，不这样做就不是民间帮会。

问：有一位韩国的学者尹恩子研究湖北帮会，他的文章提到：民国时期，湖北的帮会有些是帮国民党"清共"的，有些是在抗日时帮共产党筹经费的。

答：这还要从民间老百姓的角度来看问题，他们是参与者。比如我爷爷，他是参与者，民间帮会干些什么事，他是晓得的。我们后来看的资料，从政治利益上考虑，谁长期执政，民间帮会就尽可能把自己说成往执政党靠拢。在三四十年代国民政府执政时期，如果有明显亲共的帮会，肯定早就被剿灭了。须知这些民间帮会头目是公开的，是明目张胆的，需要在地方上招摇过市才有威信。他们明面上不得罪国民政府，暗中会帮共产党。带枪的人是不能得罪的，更别说国家机器。

问：那好像小说《圣天门口》里的段三国一样，两边都投资吧。

答：段三国还是个投机者。小说开始时的杭家很典型，实际上杭家是两边都不得罪，他们自己个人情感上有某种倾向，但在处世上面面俱到，你有困难我就悄悄帮你，也是为了自身的生存着想：将来万一我有事了，你就会出来帮我说话。现实生活上，一九四九年之后，过去上海的帮会龙头，像黄金荣、杜月笙他们，为什么能活下来？一九四九年国民党从上海败退前后，他们帮了共产党。他们晓得大势已去，不帮不成。这个

"江湖"，它有它的规则。在我的认知当中，没有一个绝对的、靠着某一个党派的江湖帮会。

问：官方的历史就不会记载这些细节了。

答：历史记载通常是粗枝大叶的，是很粗糙的东西。所以文学的存在意义，是在这些粗糙的历史记录背景下，建立一个丰富的艺术世界，让读者通过细节来了解历史，可能存在另一种样子。

问：以虚构的故事，提供想象的空间。

答：历史可能是这样。因为人物的内心想法如何，我们是没法记录的，只能是想象，尝试去接近，却没有可能百分之百还原。这种想象是必需的，能在现实与历史间行走的唯有灵魂。有了想象，灵魂才能活跃起来。

问：我留意到你推荐大家去看何耀榜的《大别山上红旗飘》，特别是要看一九五九年的初版。但是我目前只能找到一九八三年第二版。你说，看了初版，就会明白"所谓洋人指挥战斗"，究竟是怎么一回事。我以为是不是这样的情况：何耀榜在一次战斗时受伤了，国民党方面说他们已经杀死何耀榜，并且把他的首级挂在什么地方，把他的尸身放在什么地方示众。何耀榜看到这则假新闻后分析说，他们这次战斗损失很大了，所以要这样造谣。请问是不是讲这件事情？

答：还有其他一些内容。就是明明晓得真相，但说另外一套话，把一些历史事件隐藏起来。说到底，战争都是违反人性的，当面临灭绝、没有办法时，为了生存，为了战胜对手，一切手段都会用。

问：看过你以前的一个访谈，提到你小时候爷爷教你读《三字经》《论语》，但你父亲把这些书都烧掉了。这是你多大年纪时发生的？

答：小学时代，应该是"文革"之前，大概一九六三年到一九六四年。那时全国上下正在开展"社会主义教育运动"，简称"社教运动"。因我父亲经历过"反右"，"文革"时被揪到台上狠狠斗争过，所以他后来对我写小说是非常反对的，认为我就应该在工厂里当一个工人。父亲曾经当过织布工人，他一直认为当工人阶级是最伟大的。当工人上班、下班，小家日子过得稳当，有事也惹不到你。

问：所以他反对你到县文化馆从事文学创作。"烧书"这事是否也反映出你父亲和爷爷两代人在对传统文化的态度上有很大冲突？

答：这个还不关传统文化的事。这与中国在那个时代的特殊政治环境有关，与发自内心的政治恐惧有关。因为经历过一九五八年"反右"斗争，知识分子都没有好日子过，但工人不受政治影响。在当时，工人阶级地位最高，人称"工农兵学商""工人阶级领导一切"。所以，父亲有"工人阶级安全可靠"的想法。

那时放学回家，天黑之后，爷爷点上煤油灯，一句句地教我读《三字经》。邻居家都听到了，就模仿爷爷。很快全村人都跟着用黄冈方言在我们全家人面前怪腔怪调地说着"人之初，性本善"。对当地村民来讲，嘲笑外来者的语言，是一种娱乐方式，实际上并没有恶意。但父亲毕竟是那小地方的一个小官员，当时在搞社会主义教育运动，大家都在学毛泽东的著作。我们家作为干部家庭，一举一动都很敏感。

问：教小孩读《三字经》和《论语》是要朗诵，以增强记忆，读书时一定要朗读出来，不是光看的。

答：一开口朗诵邻居便能听到，乡下的房子是土坯房，墙上有缝，不隔音。父亲担心会在政治上有不好的影响，被人指责我们家人"还在搞封建主义"，所以就把那些旧书都烧了。

问：那时候的政治运动都搞批评与自我批评吧。

答：父亲还将爷爷狠狠地吼了一顿，至今我还记得父亲将几本旧得发黄的儿童蒙书扔进灶膛里的那种凶样子。爷爷不敢再教我，对我也是一种解脱。那时候，我喜欢到田野上撒欢，并不喜欢读这种书。

爷爷是一个善于讲故事的人。最近，我和堂叔、堂弟也讲起他。在老家黄冈的乡下地方，爷爷算是一个人物，他很聪明，能无师自通，许多事是一学就会。爷爷养了三个儿子，我父亲是老大。一九四九年前后，爷爷就让他的大儿子和二儿子，跟着共产党做事，在那时是需要眼光和胆识的。

问：他有读私塾吗？

答：读了两年，是我们家前辈里面读书最多的了，我父亲只读了一年半私塾。我还记得"文革"时，爷爷手里经常有一本不知从哪里弄到的旧书，趁没人时，在家里看。有一次放学回来，爷爷只顾看书，都忘了做饭。见孩子们都回了，一着急，灶里火烧得太旺，将一锅饭烧焦了。

问：你小时候看过繁体字的书吗？

答：看，看不懂便猜！

问：那看上文下理就猜出来了？

答："文革"时期被禁被毁的书，基本上都是繁体字、竖排的。记得上初中时，看小说《牛虻》，是竖排繁体字的书。还有《封神榜》，是木版印刷的。

问：那左拉的《萌芽》是繁体的吗？

答：那是横排、简体的。另外还有《卓娅和舒拉的故事》，很出名的小说，这书是竖排繁体字的。

问：有关你看左拉的小说《萌芽》，是我在一篇采访报道里看到的，说你十三岁时看了《萌芽》，看得如痴如醉，才明白世界上除了阶级斗争，还有人性博爱的一面。只是，我不太确定这是否真的是你的见解，不敢引用。文章名《刘醒龙：心灵深处"书"声声》，在《中国邮政报》刊登。

答：我没有面对面地接受过这样的采访，但晓得有这文章。大概是写作文章的记者找到一些写我的文字后，拼凑成一篇好像已进行了访谈的文章。

　　我最初看左拉的《萌芽》时，并不晓得小说叫《萌芽》。而且特别可笑，在很长时间里，我一直以为左拉是个女人。

　　那时我妈妈在供销社当营业员，供销社就是当地的国营商店，除了卖东西，还收购废旧品和中草药——一些常用的中草药，最常见的是鸡内金和青蒿。最近获得诺贝尔医学奖的屠呦呦，她研究的青蒿素，就是从这种青蒿，又叫茵陈的中草药中提取的，可以辅助治肝炎。

　　那时候我常到母亲工作的地方去，翻那些刚刚收上来的废纸、废书报。左拉的《萌芽》就是在那种与我差不多高的装废品的竹篓里找到的，书很旧，没有封面。"文革"时期，那些悄悄留下的书，一般是不敢留封面的，因为封面太打眼，要把封面封底都撕去，让人一眼看不清是什么书。这本没有封面的旧书第一页是个长头发外国人的照片，像个女人，照片下面的名字写着左拉，我便一直以为左拉是个女人。我把这书看完了，也不清楚这本小说叫《萌芽》。多年之后，终于见到完整版本小说，才晓得少年时看的小说原来叫《萌芽》。

　　回头说我爷爷，我不清楚他经常从什么地方找来旧版线装书，还有旧得不成样子的木版印刷的书，估计是一些老人家藏下来的。那时候的英山县，非常偏僻和落后，与爷爷年纪差不多的老人，几乎都不识字。与之相比，黄冈县算得上是大地方了，爷爷年少时能读书，也是由于当地乡风更文明些。同为老人的爷爷能识字，那些不识字的老人自然会将形同废纸的旧书送给爷爷看。那些书纸已经发黄，又破又旧，有的还从中断开了，看的时候要上下两边对应翻动，才能将上下句子连成一体。爷爷年纪大，眼力不好，天色一暗就看不了，便任由我拿着看。除了《封神榜》，我还看过《镜花缘》等。

在乡村小地方，有些东西是禁止不了的。我们家当时租了一处山坳里的独户人家的两间房子，每月五块钱租金。山坳里就只有我们两家人。像现在这季节，十月份秋天，坐在家门口看书，是一种享受，也没人会来打扰你，环境相当于现在的独栋别墅。周围就是山坡、竹林和田地。

问：那是非常宁静的环境呢。

答：那时候晚上到镇上去看电影，一个人回家时心里都害怕，因为小路非常僻静，要经过山坳和小树林，还有两座坟墓，很让人心惊肉跳。

问：那时候看电影是露天的吗？

答：露天电影一般是在村里放，镇上有大礼堂，所以放电影多数时候是在室内。到镇上看电影是要买票的，像朝鲜电影《卖花姑娘》《摘苹果的时候》；阿尔巴尼亚电影《看不见的战线》；南斯拉夫电影《桥》《瓦尔特保卫萨拉热窝》，还有国产电影比如《粮食》等，五分钱一张票。小孩子没钱，便翻窗户进礼堂里去看，礼堂的窗户上方留有通风口，孩子们在墙上挖出几个可以踏脚的洞，山里的房子，后墙与紧挨着的陡坡只有一米宽，一只脚踏在墙洞中，另一只脚蹬在陡坡上，便能爬到高处，翻过通风窗口进到礼堂。实际上放映员是晓得的，放映机开动之前，还能管一管，等到开始放映了，也就顾不上这些，只能睁一只眼，闭一只眼，装着没看见这些太喜欢看电影的孩子们。

问：你在英山长大，学会讲英山的方言了吧？

答：对，我是不足两岁便到英山了。从前中国交通不发达，人口几乎不流动，一般地方都没有与外乡人交往的习惯，难免有排外的情况。英山的情况是这样的，县里曾出现一个"反革命集团"，头目是县公安局局长周朗西，但是很快被平反了。实际上就是本地人和外地人摩擦激化的结果。本地人与外地人互相争斗，一般手段分不出输赢，就想从政治上把对手搞倒。英山当地有三股势力：一派是当地人，另一派是一九四九年以前，跟着林彪的第四野战军一路从北打到南来的"南下干部"，还有一类就像我父亲那样，是从武汉和黄州等湖北本省其他地方派到英山的。"南下干部"则是县里的显贵，身居高职。本地干部是地头蛇，拥护的人多。像我父亲这样的人特别少，谁都不喜欢。

我非常喜欢"周朗西"这个名字，后来写《圣天门口》时，将这个名字化成了傅朗西。有位评论家写文章，指"傅朗西"是"法兰西"的谐音，说得云里雾里，将无的说成有的，让人很无奈。

问：像《圣天门口》里的侉子陈，就是这类"南下干部"了。

答：侉子是方言，这词是南方人嘲笑北方人的，河南侉子，就是从河南来的干部，带着贬义。

我父亲调到英山工作，一直就是区长这种级别，一辈子几十年再没有被提拔过，直到离休。

问：当时的时代背景是提倡大家当社会主义的螺丝钉。

答：甘当社会主义的一块砖，哪里需要往哪搬！

问：我看了互联网上有介绍你的两篇文章，一篇是《小说是一个奇迹》，另一篇叫《勤耕妙笔铸人魂》。

答：《小说是一个奇迹》是我的文章，《勤耕妙笔铸人魂》的数据，基本上都对的。互联网其余一些关于我的生活轨迹的文章，错误太多，有些根本就是道听途说后的胡说八道。也怪我在每一个地方待的时间都不长，真正了解我的人很稀少。

问：你高中时的一次作文，不按老师规定，把记叙文写成一篇小说，在全校引起轰动。为什么就引起轰动了呢？

答：那时的教育水平低嘛。上小学时，学校里有位陈姓老师，之后一路跟着我们从初中老师升为高中老师，可以想象那个时代教师的缺乏程度。"文革"之前，只有县城才有高中，"文革"后期扩大到每一个公社都有高中了，实在找不到教师时，只好将小学教师补充为中学教师。

问：小学教师来教高中，那可能不会教吧！

答：我们班还是比较幸运，教数学的柯楚英老师，后来成了县一中的校长，可见师资没有问题。还有一位郭毅老师，数学水平也相当了得。

我们的语文教师。尽管在语文上她没有教我多少，她的那份艺术气质，给了我特别的影响。语文老师叫蒋振瑞，是武汉音乐学院钢琴专业毕业的，在"文革"时期被分派来英山教中学。我们只是在新闻片上面看过钢琴演奏,从未见过真的钢琴。学校里没有钢琴,只有一架脚踏风琴。蒋老师后来回到武汉,退休前是武汉音乐学院的钢琴系主任。蒋老师特有的钢琴家的气质,那双弹钢琴的手,是我见过的最美的手。在学校时,她经常看着自己的十根手指长叹。可以这么说,没见过钢琴,却见过弹琴的手,对美的想象或许最为重要。

就因为蒋老师,我这个山里的中学生对钢琴有了具体的想象,至少认识到弹钢琴是很美的。在我的小说里,写女性美时,会情不自禁地写到她们的手,或许正是少年时期留下来的潜意识。有一年,省文代会开会,在会场上与蒋老师不期而遇,正好有记者在旁边,为我们拍了张合影,第二天在报纸上登了出来。

另一件难忘的事,是我上小学时,教音乐的刘克惠老师让我们的小小人生拥有一个辉煌的时刻。一次,镇上要放映新电影《地道战》,一个星期前就预告了,学校还组织了专门的包场。刘老师提前教会我们唱《地道战》的主题歌《太阳出来照四方》。电影放映那天,我们班学生进到大礼堂后,在刘老师的指挥下,集体唱《太阳出来照四方》,轰动整个小镇,没想到电影还没放映,我们就会唱电影里的歌曲。

刘老师还会跳高,跳高时她用的是背越式。每次上体育课时,还有下午最后一节课外活动课时,刘老师就在操场上的沙坑边用背越式跳高,引来全校师生的欢呼。高中时,有一位老师姓郑,名叫郑铁矩,是广东籍的华侨,郑老师会自由泳,我们这些只能在水塘里玩"狗刨式"的学生格外崇拜他。高中毕业那年,郑老师还带着我们排演了一个小话剧,在小镇礼堂演出时，同样引起轰动。话剧台词中有"饭铲头"一说，我们不晓得是什么，郑老师晓得，他告诉我们，两广之人将眼镜蛇称为"饭铲头"。郑老师是教历史的，课上得特别好。业余时间，他还在自学英语。偶尔也会客串上一堂英语课。郑老师让我晓得世界上还有可以通过自学来掌握学问的。还有一位叫倪章宜的高中老师，曾经是华中师范学院（现华中师范大学）乒乓球队的选手，乒乓球打得特别好。倪老师教物理，很喜欢我，不仅教我打乒乓球和篮球，还趁着午睡时，带我到学校后面的山上抓蛐蛐玩。高二那年，倪老师带着学校代表队参加全县乒乓球比赛，在争夺第三名时，我与另一个区代表队的同学打到决胜局，开始是十九比十六领先，之后被对方逆转翻盘。赛后，倪老师用手指在我头上磕了一下。高中刚毕业前后，县里举办篮球比赛，倪老师单独给我开小灶，教我练习慢三步转身上篮，打算作为绝招对付对方。哪想到全县各个学校代表队集中到一起时，老天爷不给面子，一连下了三天大雨，将整个赛事弄得不了了之。

此外，还有一位叫管家兴的老师，管老师除了备课，整天趴在桌子上写诗，是那个年代，报纸副刊上常见的长句子抒情诗。管老师是蕲春人，眉头上有一块疤痕，又是教农业技术的，别的老师有些瞧不起他，但全班的女同学都喜欢这位会写抒情诗的老师。

想起来，当年乡村整体教育处在荒漠状态时，我就读的红山高中，毫无疑问是沙漠里的绿洲。

问：你中学时代喜欢运动了？

答：我中学时打乒乓球和篮球在学校里都很突出。我印象特别深的几位老师，后来都回到武汉了。文学界评论我一些写乡村的小说，说是比一般作家的同类作品显得"洋气"。究其原因，是这些老师的气质潜移默化地影响了我，使我创作小说时带有一种脱离了"乡气"的气质，这是我幸运的地方。

问：你从创作《弥天》开始，接着有《圣天门口》《天行者》等，小说名称都带有一个"天"字。你在第八届茅盾文学奖颁奖典礼致答谢词，题为《生命之上，诗意漫天》，也用了一个"天"字，你如何看"天"的含义？

答：那本来是无心之作。几部作品出来以后，文学批评家就看成一个现象。细心一想，我也觉得有点奇怪，怎么会成为一个现象？

二十世纪九十年代有位批评家曾研究我的书名，他说我的书名都很好。对我来说，这都是顺其自然的无心之作，远远没有像父亲给孩子起名那么慎重，更没有像皇帝为年号选字那么庄重。有时候觉得也挺有趣，比如说有篇小说叫《去老地方》。那一年我去宜昌，回程的路上，在一个小镇上吃午饭，看见一家小酒店叫"老地方"。我就觉得这个名字取得太好了，可以用作书名。平常有约会时，我们常说："到老地方！"除了默契，这话里还有人所不知的情感与记忆。有一次我到浙江金华，当地朋友带我到一间酒店。那里有两个包房，老板就是看了我的小说而为包房取名字，一个包房叫"老地方"，另一个包房叫"新地方"。还有像《秋风醉了》《菩提醉了》《清流醉了》

《大树还小》《路上有雪》，都说书名很好。

现在，我主编《芳草》杂志，经常有作者要我帮他的作品改名。前两天编一篇小说，原名《全民娱乐》。我感觉这太"意识形态"了，不如把中间的"民"字去掉，改为《全娱乐》，多好。

关于"天"，我想起来，少年时候待在山里，常常见到头顶上的天空，有飞机飞过，是从哪个方向来，往哪个方向去都固定的，那时不懂事，不清楚这是民用航空的固定航线，只是觉得奇怪，天空那么大，怎么总是这么飞来飞去，于是就幻想自己这辈子能不能见到真飞机，那时还不敢奢望坐飞机。那一年夏天，山里松毛虫成灾，省里派了一架小飞机在各处山顶上播洒农药。石头嘴镇外有片河滩，小飞机不飞时，就停在这处传说中的野战机场上。几个小伙伴策划几天，终于弄了两辆自行车，骑行几十公里跑过去时，杀虫任务已结束，小飞机早已飞走了。这种对天空的神往，也就成了写作中的"天"。

至于"天"字的寓意，如果说是有的话，也就是人到了知天命的年龄，愈来愈懂得敬畏，晓得"天"的意义，以"天"的名义，做些力所能及的事。这里的"天"或许一点也不高深，无非就是普遍人生活中的高尚、高贵、高洁一类东西。

问：你非常强调"作家的天职"，这具体是些什么？

答：作家需要天赋才华。但也不能过于仰赖才华，太将自己当成天才。还有，要记得为人一世的担当。

问：我以往是理解为"作家的一份责任"。

答：一部作品写出来，就要负起这部作品的相关责任。作家写作时不可以仅仅对自己负责任，还要对这世界承担责任。比如做父亲的人，就不仅仅是自己，还要对家人、对子女负有责任。作家责任表面上看不到，也摸不着，但在现实中是非常巨大的，也是无法逃避的。

问：这是十分中国传统的社会伦理观念，每个人都有他的伦理责任。中国社会非常强调一个人的责任，相对来说，西方社会则强调个人的权利、权益。

答：这说法是绝对化了，其实不是这样。我的研究和分析，包括从艺术来理解这个课题，它恰恰是因为不同文化的区别。中国是农耕文化，特点是小农经济，以个人和家庭为生产单位，几千年来都是这样。它的经济意识是分散的，久而久之养成的文化性格恰恰是强调每个人是独立的。在社会体制、社会制度上，为了把这些个体黏合在一起，就必须强调群体。而在欧美等西方社会，滋润他们的是海洋文化。海洋文化强调群体合作，因为一个人是很难出海打鱼的，需要有人驾船，有人撒渔网，有人操纵桅杆，用不同分工组合来实现群体之间合理的协作。由于个人的日常生活是靠群体来维系，那么在社会生活上就要强调个体，这样的世界才会达到一种文化的平衡。社会与个人二者之间有对应的反差关系。

如果个人强调一种文化，社会就要有另一种文化来平衡，才能形成和谐。

假如个人是独立的，社会也是强调独立的，那不就成了一盘散沙吗？

只有在平衡状态下，才有平稳、安详的社会局面。

问：在毛泽东时代，农村里有两类知识群体，一是教师，一是赤脚医生。你对他们在农村的地位有什么看法？

答：他们是启蒙者，历史与现实却不认为他们是真正的知识分子。就像我们上小学一年级，叫启蒙班。启蒙是教什么？教你认识最初的几个字，教你做算术，算 1+1=2 之类，不会教 X+Y=Z。启蒙者只是教一些最基本的东西，包括最基本的做人道理、最基本的文化理念。《天行者》里的教师，是"文革"前后二三十年里，文化荒漠上的开垦者，他们的社会地位很低，文化水平也较低，有些人只是小学毕业，甚至小学都没有毕业就当教师。从精英教育角度来讲，他们是不称职的。而从现实情形来讲，如果没有人来给乡村孩子启蒙，十岁时还不晓得 1+1=2，长到二十岁还不会写自己的名字，那后来的改革开放，整个社会所要付出的成本会高很多。正因为有了这些启蒙者，才有可能让那些比他们更少了解文明的人进入文明进程。

问：这是教育方面的，那赤脚医生呢？

答：赤脚医生也是一样的。那个时候农村没有医生，农民生病要找菩萨磕头烧香，要找神婆。这些是用最简单的土方法。小说《弥天》里面的"黄瓜种"病，其实就是黄疸肝炎。我小时就见过人患这病。那时候我们镇上的卫生条件算是不错的，起码有卫生院。当时医院院长姓张，"文革"时红卫兵揪斗他，才晓得张院长从前是国民党军队的军医。多数人因为穷，还因为交通极为不便，不到万不得已，是不会上医院的。

一般头痛脑热的毛病，全靠当地的土医生，也就是赤脚医生：得了肝病就去采青蒿，把它晒干后泡茶喝；得了肺病就找鱼腥草，也是用来煎水喝。这些土方法也有来源，比如李时珍的《本草纲目》，还有古医书中的一些验方，甚至是民间一代代人流传下来的单方。乡下的赤脚医生，哪怕有些人是半文盲，也并不影响他们学中医。中医里面有"汤头"，就是些口诀，什么药配什么药，什么病吃什么药，这味药要几分、那味药要几钱等。我的一位中学同学，中途退学回去跟人家学中医，一天到晚在那里摇头晃脑地背"汤头"，让我们很是好奇。这种一代传一代的土中医是师父带徒弟式的，老中医带小徒弟（小孩），一天到晚背"汤头"。背错时，老中医就拿尺子打小徒弟手掌。那时对老中医的称呼是"先生"，"文革"时，别的人全称"同志"，唯独对老中医还是叫"先生"。

问：这跟我以前看的"文革"时代电影《春苗》不一样了。

答：电影《春苗》里的女主角先在自己身上扎针，试针灸的针感的，确实有。那时候乡下培训赤脚医生，也有这情况，先在南瓜上扎，然后在自己皮肤上试。我的中学同学回去当赤脚医生的和当民办教师的一样多，上手不久，就开始就替人治病。内地作家里面也有从前是当赤脚医生的，到现在还会给朋友治一些小毛病，如伤风感冒、头痛发烧等。偶尔也能治好一些疑难杂症。

问：我看范小青写的小说《赤脚医生万泉和》，农村的赤脚医生是在生产队里算工分的，待遇比一般农民优厚些，一天可以多拿几个工分。"文革"之后人民公社解体了，赤脚医生与民办教师这两个群体的状况如何？

答：在乡村，赤脚医生的境遇比民办教师略好一些。除了在生产队记工分算一份收入，还能将上山采的草药——平时治病又用不完的那部分——卖到供销社收购部，这笔收入可能比工分收入还要多。但后来，赤脚医生没有获得像民办教师那样的转正机会。可能是相比民办教师，赤脚医生的存在与消失所产生的社会影响要弱一些吧。赤脚医生和民办教师一样，那些遗留问题，正在慢慢解决，现在国家有财力来解决了。比如，为曾经当过赤脚医生者算工龄，他们现在可以拿到养老保险。在乡村中，还有一个电影放映员的群体。

问：他们是属于文化工作者吗？

答：后来改制了，电影也走向市场，电影放映员全部都下岗了，现在也在解决他们的问题。

问：好像有小说里有讲电影放映员的。

答：是苏童、余华他们的先锋小说吧？"60后"作家几乎都是看露天电影长大的。"电影放映员"这个群体人数相对少些，当年每个村小学都有十来个民办教师，电影放映队一个公社才两三个人，加上后来电视兴起，有一段时间，免费电影都没有人看，社会舆论完全顾不上这个群体。但在社会管理体系里，还是有纳入管理的。近三四年，都在想办法解决社会遗留问题，像赤脚医生一样，给他们上医疗保险，缺口资金由政府补贴。

问：赤脚医生未受过专业训练，后来很多都下岗了，是这样吗？这跟民办教师不同吧？

答：对民办教师而言，当年还存在一个转正机制。赤脚医生是没有这种机制的，只有少数的赤脚医生被推荐升学，上医学院或卫生学校深造，毕业后成为正式医生。

问：另外，我们在香港不太了解内地作家的生存状况。比如说，进入文联的作家是领工资的，是吗？业余创作者只能有稿费收入吧。

答：能进入文联的作家，称为专业作家，是专门从事写作的，全国大概只有一百多人，人数很少。有些地方多年没有专业作家了，或是干脆取消了。中国作家协会一个专业作家也没有。像湖北省作家协会，大概就是四个人，武汉市文联也就是四个专业作家。这已算是很多的了，记忆中好像江苏省的专业作家最多。有些地方是专业作家和签约作家同时存在。名义上我是专业作家，其实已不算是专业的了，因为我还要主编杂志，每天上班做杂志编辑工作。很多作家还兼任许多社会职务、社会职责。

问：业余作家，创作是他们的爱好，如果稿件有机会发表了，才能领稿费吧？

答：对，如果他们非常优秀，作品非常突出，加上本地又有专业作家岗位，才有机会成为专业作家。事实上，成为专业作家是很难的。

问：是以前的环境更容易培养专业作家一些吗？

答：不管是以前或现在都一样。一个写作者要想成为专业作家简直是难于上青天，要得到业内和社会的公认，普遍认为这家伙确实很优秀。外界普遍误解，以为作协主席、副主席也是政府官员，事实上根本不是这回事。作协主席、副主席如果相关政府文件上没有写明是专职的，便仅仅是一份荣誉，与官衔大小、政治待遇高低没有任何关系。比如说，我是作家，我没有任何行政级别。香港公务员和内地一样吧，官员有级别，如副科、正科、副处、正处、副局、正局等各式级别。我是湖北省作协副主席、武汉市文联副主席，却与这类政府官员级别完全无关，仅属于社会兼职，这是第一；第二，一个人能当作协主席、副主席，就说明这家伙在当地的文学水平很突出，文学成就很高。不是随便一个人就可以当主席、副主席。当然，这里面也会掺杂一些非文学的因素，让少数莫名其妙的人混杂其中。一些媒体人把作协副主席说成是副厅级，有些是真的误会，也有故意误导。比如媒体人说茅盾文学奖的获奖者中，是作协副主席以上的，便是副厅级以上的官员。可是，我们那一届获奖的，只有张炜一人是厅级官员，因为他在作协里驻会，负责作协日常工作，所以给他这个级别待遇。在我的履历中，只有在县里任文艺创作室主任时，组织部门下过一个红头文件，明确规定我是"正股级"，还没忘记在后面加上括号，注明是"聘干"。严格说，"正股级""副股级"不是一种"级别"，因为它比最低的"科级"还要低一档。但在县以下机构里却是客观存在。除了三十多年前的那个"正股级"，我再也没有担任过有级别的官职。

准确地说，一个人成了专业作家，或者在作家协会有了兼职的主席或副主席之名义后，身上就多了一份义务，要经常性地担当文学义工。

问：你当初进入县阀门厂当工人，后来调到县文化馆从事文艺创作。这时还不属于公务员吧？

答：二十世纪八十年代不叫公务员，叫国家干部。最早的时候，一九七三年到一九七四年，我在县水利局当计划内的临时工。一九七五年元月经过正式招录成为县阀门厂的一名车工。借调到文化馆时，我依然是工人。县文化馆工作人员属于国家干部。当年的人事制度非常复杂，那时我的身份是"大集体所有制工人"，在国家人事制度中属倒数第二等，倒数第一叫小集体所有制，指属乡镇和街道办的企业。往上排列分别为：全民所有制合同工、全民所有制工人、以工代干，令人羡慕的也是最高等的叫国家干部。按照国家政策，集体所有制工人是不可以调到干部岗位上的。但也不是铁板一块，有些情况可以破例，只要县里的主官特批，就可以调动，如果进一步担任领导职务，就变成了"以工代干"。当然，这也会带来一些问题如"走后门"，就将一些乱七八糟的人安置到干部队伍里。在县文化馆借调期间，曾有一位小集体所有制工人，调进文化馆，既不懂业务，又当了领导，只能在电视放映厅负责收门票。以此类推，我这个大集体所有制工人也应当能调进文化馆，事实上，当时相关人员再三说我这个调动不了，但我的情况确实是工作需要。那时县文化馆缺人，县里就我是最适合的人选。二十世纪八十年代大学生很少，县里从事文学创作的人中，我的成绩最突出。相关领导层发生变化后，又准备调我进文化馆，但是我是集体所有制工人身份，调动前必须找县长或分管副县长批准。"文革"后期，我父亲结束在"五·七"干校的锻炼，重新工作后曾主管过县计划委员会。"文革"后期体制还没有完全恢复，县里的经济、人事工作都归在计划委员会名下。父亲性格刚直，得罪了不少人。其中就有当初父亲的下属正好卡着我调动。到最后，我从县阀门厂调到县文化馆这件小事，却创造了中国人事制度空前绝后的案例：在我的申请调动报告上，没有县长签字，也没有分管的副县长签字，上面盖的是有着红通通国徽的"英山县人民政府"的大印。

问：我看文章知道有这事，但不明究竟。

答：县政府大印一般只是用在具有法律效力的文件或相当重要的公文上。调一个普通工人到文化馆，用上县政府的大印，这是一个奇迹。当年的县城，人与人差不多都认识，互相之间比较了解情况。我父亲过去在县里工作，人事上有些纠结，人和人之间有矛盾。他的一些下属不喜欢我父亲，到我父亲离休了，这些人提拔上来了，就有可能对我们这些后代耍手段。比如说分管人事的副县长签字同意，具体管事的那位可能说，这件事还要县长签字。县长真的签字同意，又可以说，县长签字也不管用，中央政策已有规定。在县里最高行政权力机构是县政府，县政府做的决定，下面办理人事的官员，就不能再违抗了，必须依照执行。当时分管这块的副县长很聪明，他原是中学教师，一九八三年国家实行改革开放政策时，吸收了一大批知识分子进来以充实干部队伍，县里当时有好几位中学教师，一下子就到了副县长、副书记的位置上。这位副县长了解这些情况，才决定在我的请调报告上加盖"英山县人民政府"的大印。就这样，任何人、任何部门都不能再推辞了，只能执行、不能反对。后来我还以这段"调动麻烦"的经历为灵感，写了一个中篇，叫《伤心苹果》。

问：那么，你调到黄冈时，是公务员身份吧？

答：一九八九年调到黄冈地区群众艺术馆时，我还是工人身份。后来我的文学创作愈来愈有成绩，这才作为特殊人才"破格"从工人转为国家干部。一九九四年我从黄冈调到武汉市文联做专业作家。九十年代末期事业单位改革，全员改成聘用制，又把我改回去，改成两年一签的聘用制。理论上，我们是任何时候都可以被解聘的，与最初在县水利局当计划内临时工差不多。所以说，我在中国的人事制度上足足走了一圈，最终又回到原点、起点。

问：二〇一四年年底，华中师范大学成立了"刘醒龙当代文学研究中心"。在研讨会上有些学者说你的创作已"经典化"了，你是怎样理解"经典化"的含义？

答：这个话题显然是写文学史的人的权力，他们认为谁的作品可以成为经典，或者只是过眼烟云，只能由他们说去。在某种意义上，可能谁说了都不算数，还得等到后人怎样看、怎么说。今天我们两人的对话，可能很快被世界遗忘了。但是，也有可能这些对话进入某种文学史里面，作为一种经典存在。

这不是我们说了算。是不是经典，要由后人来写。

问：他们在会前有没有先大概和你谈了"经典化"的话题？

答：没有。内地的评论家，哪怕是"小荷才露尖尖角"的小角色，也都牛气得不得了。写什么、说什么，绝不在乎作家的想法与感受。

问：那难道是在会议上，忽然间冒出来的意念？

答：也不是这样，人家说这话，也是要深思熟虑才行。绝对不像老师批改学生作业，随便叫来学生，谈一下对方的作文，表扬他写得很好，本来要给一百分，因为字写得不工整而必须扣两分，只给九十八分。文学不是这样，文学一定是由时光说了算，少说也要三五十年。"经典化"是一个过程，从一个起点出发，你能走到多远？能到达何处？这都需要不短的时间，急不来结果。

问：有许多学者把你归类为"乡土作家"，另一些人称你的小说是"新写实小说"等等。你自己的定位是哪一类型的作家？

答：我不在乎，我只在乎我的作品写成什么样。至于说我的作品被归入什么流派，这不是我关心的事。说我的写作是"新写实小说"肯定是误读，"新写实小说"是有定论的，有一批特定的作家，如刘震云等。

问：你过去很长时间非常关心农村，以乡村为题材来写作。是这样吗？

答：有必要这样划分吗？这样划分作家是不应该的，也是不科学的。作家写作是面对人的，至于说他面对的是乡村中人、城市中人，或者是大学学者、军队士兵，只会让作家感受到职业不同而带来的文化性格差异，而无法成为划分文学的标准。做评论的，总喜欢用题材来区分文学。

问：他们容易把作家分类，几个作家归纳成一类，作为一个文学流派来做批评。

答：作家写作是无拘无束的，没有什么归类能锁定作家的手脚，爱写什么，就写什么，不受预先限定。比如说，把我归类为乡土作家，在我写出《蟠虺》时，他们就惊诧不已！到这一步，先前对我的归类恐怕要失效了。再说我是乡土作家，但《蟠虺》里面一点乡土气息都没有，小说写了一个大学者，是青铜重器研究的权威人士。把一个作家草率地划分到某一个门类，是一种过时的做法。说乡土作家，是五十年代，甚至三四十年代习惯了的研究方法。"文革"前后，就有所谓"农村题材作家""工业题材作家""革命题材作家""历史题材作家"等，这是很不聪明的办法，最终是自己给自己出难题。二十一世纪信息全面爆炸，最偏远的乡村，往往是最美的旅游目的地，其文化的前卫与时尚，甚至超越现代化都市。再以"乡村题材"评论一个作家的写作，肯定不合时宜了。

另外，也可能有误解。"新现实"跟"新写实"是有区别的，"新现实主义"与"新写实主义"这两种风格的区别很大。

评论界说我是"新现实主义"代表性作家，这个提法，最早是冯牧先生提出来的。

问：是你当初发表了《村支书》和《凤凰琴》的时候，冯牧先生提出的吗？

答：当时他写了一篇文章，提出"新的现实主义"观点。当时的时代背景有些特殊。在一九八九年之后，整个文学界的气氛都比较压抑，文学活动都不怎么开展，因为大家都不清楚未来。一九九二年七月，《青年文学》在北京的文采阁召开我作品的研讨会，是一九八九年之后第一次在北京召开的较大规模的文学研讨会。那时恰好我的创作刚刚开始在国内有些影响，也就是所谓从区域性作家，升级为全国性作家。冯牧和荒煤，还有李国文、陈晋他们都到场了。那一次与会者忽然发觉，有些话还是可以说，没事。当时大家说得挺畅快。

问：一九八四年你到漫水河，竟然会在那么偏僻的地方遇到《安徽文学》的编辑苗振亚。

答：这真是太经典了！今年七月份我到合肥，专门上苗老师家去探望，讲起这件旧事，他也觉得这事太奇怪了。在某种意义上说，这就是一个人和文学的缘分，这辈子就算你不找文学，文学也找到你了，你想逃也逃不掉了，就安心去做吧。苗振亚老师笑着跟我说，这么好的事都找上你了，你在那山沟里都能碰上。

问：那是一个小镇吧，我未到过那里。

答：如果不是我说，你可能这辈子都不可能听说那个地方，更别说这辈子能不能去那里。那是湖北、安徽两省交界的地方。前不久，这地方还出了一桩大车祸，车子翻倒进一个山沟里，死了十几个人。与从前相比，现在的路况已经好很多，不过仍然是盘山路，已经铺了柏油路面，但急弯、陡坡很多。

问：那么，在二十世纪八十年代那儿是土石路了？

答：是沙土路！一场雨下来，公路就成了水沟。当年的汽车车况都很差，长途班车走山路很容易出事故。一九八四年三月中旬那一次，在《安徽文学》当小说组长的苗老师，将我的处女作《黑蝴蝶，黑蝴蝶……》发稿后，便从安徽省会合肥出发，本想到湖北英山县城去看我，没想到长途班车在漫水河镇出故障了，班车车轴断了，没法再走，只能等修理车带车轴来更换，半路上换车轴是很大工程。苗老师很着急，跑到镇上邮电所打电话到英山县文化馆，得知我就在漫水河镇，他禁不住哈哈大笑。

问：我看到你后来在访谈里说到，对你创作影响最大的还是最初遇到苗振亚老师。

答：我的第一篇小说由苗振亚老师编辑发表以后，再投稿时，很长时间他都没有选用。几年后我们再相遇时，他特别对我说，我的小说里有很多闲笔，跟别人的小说不一样。他也不晓得这是优点还是短处。如果把这些闲笔去掉，我的小说就没有味道了，所以不能删，但是和别人的小说比起来，就显出我的小说的闲笔太多。

问：我之前从未看见有这样的材料啊！

答：我之前也没有和别人说过这事。和苗振亚老师交谈后，我一直琢磨，并有了心得：小说的艺术就是闲笔的艺术。比如说，人的命运，人生大的走向，大家都一样，从生到死，谁也逃不脱。但在生死之间，每个人的活法是不一样的。我经常举这个例子，就像田野上的一棵树，长得生机勃勃，怎么看怎么美，怎么看怎么感动。田野上还有一根电线杆，它也是木头做的。但是我们看了就和没看见一样，根本记不住电线杆子长成怎么样。为什么我们会热爱一棵树，而记不住一根电线杆？它们都立在田野上、都是那么高大。因为树是有生命的，它是有树枝、树叶，会随着季节、气候不停地变化。电线杆子就只是一根枯木，光秃秃的，永远都这个模样。好的小说就像一棵树，它有生命，它的变化、它的风格，每看一眼都不一样。哪怕是同时栽上的两棵树，开始时差不多，一段时间之后就各有各的风姿绰约。电线杆就是电线杆，一百根也好，一千根也好，立在那里都是一个样，看不出任何差别。

小说艺术的高下，说到底在于闲笔的运用。

《凤凰琴》里面，很多人没注意到影响读者的阅读效果的是那些闲笔。有一个很典型的例子：小说里，张英才发现界岭小学的几位老师在普及教育验收检查时作弊，弄虚作假。张英才很生气，就向县教育局举报了。经过上边一查，作假情况确实存在。学校没能评上奖，没有奖金，使得校舍没钱维修，桌椅板凳没办法修补，教材也没钱去买，张英才也才明白为什么要作假。在当时的情况下，界岭小学的入学率，跟过去相比已经很了不起，想把入学率提升到百分之百，是不可能的。张英才感到愧疚，便把学校的情况写成一篇文章，投寄给省报。省报派记者下来暗访，了解到学校的办学情况确实令人感动。记者离开前向界岭小学老师们说，要把这篇文章登在省报的头版头条上。你记得后来是怎样吗？

问：到见报时，张英才的文章是登在头版，但不是头条。

答：头条是什么？是"大力发展养猪事业"。这是典型的小说的闲笔。

好的闲笔都是神来之笔，是点睛之笔。

写这小说时，事先绝对没有想到这么写，是在写作当中突然冒出来的，特别的精彩，精彩到有点自己佩服自己。针对乡村教育的现状，凸显出一种嘲讽、一种幽默和冷峻：办教育还不如养猪！宁可将教育放在一边，也要让路给经济发展。好小说的魅力，就藏在这些地方。一部小说有这么几个闲笔，就会生动起来，就有可能变得不朽。为什么有些小说没有生气，让人看得烦，读不下去？就因为缺少"大力发展养猪事业"这样能让读者读起来会心一笑的闲笔。

闲笔是小说的命门，从这里深化出我对小说艺术规律的一个发现。

对我影响更大的是苗老师做人。实际上内地的知识分子，不像互联网上说的那么糟糕、那么没有风骨。内地大量的知识分子非常有风骨。像苗先生，我非常感慨。他之前出了一个杂文集，杂文里很有自己的立场观念。有段时间社会气氛很特殊，一些人为了自保，就搞扩大化。然后，省级有关部门就点名批评那家为苗先生出书的出版社。苗先生晓得之后，每逢召开相关的会议，便不请自到，端坐在第一排。只要台上有官员点名批评这家出版社，苗先生马上站起来说：不对！这件事跟出版社没关系，书是我写的，出问题我负责，你们要批评就批评我苗振亚。几次较量后，苗先生硬是把这事给挡回去了，后来就没人再说了。苗先生很有风骨，敢承担，是知识分子中比较典型的。

问：像这样把出版社拿来批评的方式，是把中间人当成"磨心"（广东俗语，原意为石磨的轴心，比喻夹在相互矛盾的各方之间受折磨）。

答：苗先生敢站出来说：你把矛头对着我，向我开枪！不要打别人！后来有人问我，《蟠虺》里写的主角曾本之，是很有风骨的一位学者，原型是谁？我跟他说，像苗先生，还有华中师范大学的章开沅先生，我没有直接写他们的故事，但他们的气质和风度，在影响着我。这不仅是"一人做事一人当"，那种气候下，敢于站出来的人是很了不起的。

问：像这样的批评，过了一阵就没有了吧？

答：没有了。后来就不再批评了。把这事情放过了，那位出版社的社长也没被处分。

现在的文学中国当中有一种缺失，就是把生活写得过于猥琐，也把人写得过于猥琐。我觉得文学还是重在审美，我们可以审丑，但是一定要记住：审丑的最终目的是审美。文学最难的还是审美！审丑容易，我们批评一个人特别容易，要从一个很平凡、很平常的尘世中，找出并写出让人信服的、活生生的、具有审美意义的艺术典型，才是最难的，也是最有意义并代表更高艺术水准的。

问：过去很长时间里都在批评，从鲁迅开始就在批评中国人的民族劣根性。

答：批评是知识分子的天职。但是，如果仅仅是为了批评而批评，除了说些批评的狠话而不晓得想建立什么，这种批评是无效的。

问：钱锺书夫人杨绛女士，她有几句话，我特有感触："在这物欲横流的人世间，人生一世实在是够苦。你存心做一个与世无争的老实人吧，人家就利用你欺侮你。你稍有才德品貌，人家就嫉妒你排挤你。你大度退让，人家就侵犯你损害你。你要不与人争，就得与世无求，同时还要维持实力准备斗争。"她是在《走到人生边上》中这样写的。对于杨绛的感言，你对人生有什么感想？

答：这些东西是人生经历的一部分，无法回避。人生正是因为有这些东西，才能体悟美的、善的和仁慈的珍贵。因为有了丑，才衬托出美的奇妙。由于有污秽，才能体会清洁来之不易。我想杨绛的话，并不是真的就痛恨这一百年，她只是想把这一百年里她所遇到的这种乱七八糟、不尽如人意的东西抖出来，让后人有所警醒。

问：你对这些年非常热销的官场小说怎么看？

答：不晓得你注意到我的这句话没有：文学不是用来反腐败的。文学是用来挖掘腐败的根源，腐败的根源是些什么？是文化上的腐朽，将根源揭示出来并引起人们反思，这才是文学的目的。如果文学只是用来反腐败，就失去文学的意义。要反腐败，司法部门和新闻舆论监督的作用更大。文学对腐败的描写，是让读者看到大面积腐败盛行，其背后的原因是什么——那是文化的腐朽。大约是二〇〇三年，最高人民检察院曾经找了一批作家在重庆开研讨会，莫言也参加了，谈文学与反腐问题。会上我就说了："文学不是用来反腐的。"那些穿制服的人傻傻地看着我。我便举了一个例子：有一个官员，他手里拥有一百万元的权力，贪污了十万元，这罪案很大吧？但是，另有一个小会计，他只拥有一百元钱的权力，却贪污了九十九元，谁更罪大恶极？现场的人，没有一个接话。

问：这很难说，都是犯法。

答：在我看来，贪污九十九元的罪责更大。一百万元可不是一个小数目，从中贪污十万元的坏事，不是平常人遇得到和能够干的。但是一百元贪污九十九元，却是每一个人都有可能遇到的、都有可能面对的灵魂与贪欲的不同面孔。

问：习以为常的事情中藏着根本道理。

答：以为拿小钱只是占些小便宜，不犯法，也不会违反伦理道德，这些才是腐败的根源与土壤。

问：你的一部分小说内容写到信仰和宗教题材，这不是说全部小说都与宗教有关。当然，《圣天门口》比较明显，那你如何想？创作的时候真的有想到与宗教相关的东西吗？

答：尽管很多批评家都把《圣天门口》往宗教上扯，但我并不这样认为。我是个泛神论者。我对万物充满敬畏之心。对宗教，说实在话，我没有太多的好感，如果有所敬畏，也与对万物的敬畏相同，我更愿意对着一座神殿、一处古刹来表达敬意，而不是其他。

问：小说《暮时课诵》写寺庙里的事，周毅评这部小说，中间情节好像预示会发生什么结果，到最后好像什么事都没有发生，一切如常。那么，你个人的宗教信仰观是什么样？

答：我常常会没来由地崇拜一棵树，崇拜乡下的一头老牛。在我看来，那些人对宗教的维系也不容易，为了一个信仰，坚守几百年、上千年。《圣天门口》里写到一个教堂。二十世纪二三十年代时，这部小说的原型地确实有一个教堂。

问：当年还有法国传教士在那里传教。

答：后来传教士死了。西方传教士到中国传教，是在晚清时盛行的。到民国初年，革命气氛起来之后，慢慢地，偏远的乡村也兴起革命来，外来的洋人、西方传教士往往成为革命的目标，到后来，洋人传教士都走了。《圣天门口》出版后，引出关于宗教的许多热议，让我感到很意外，也令人哭笑不得。

问：因为梅外婆的许多说话，是讲福音的。

答：这是一个信教的老妇人的日常之语。由此将整部作品往宗教上扯，这太牵强了。正像谁也不能将一个喜欢张口就来一句国骂的人认作是流氓一样。

问：另外，这小说名中有一个"圣"字，很容易让人联想到《圣经》、基督教这些概念。

答：也许是，但是我的初衷并不是这样。我的初衷，是把"圣"理解为神圣、圣洁、崇高、高贵等意思，没有和"上帝"这些概念连在一起。

问：其实你没有基督教方面的信仰。

答：没有。

问：那佛教呢？

答：也没有。比如说，到寺庙里我从来不烧香磕头，但是我会给点功德钱。原因是出家人凭着清规戒律在那儿守着一炷香火、一盏青灯，确实需要一点精神。

问：《暮时课诵》里有这情节，寺庙里和尚做晚诵时，几个年轻人才感觉到那种宗教的气氛在里面。日间时，寺庙让人感觉不到这气氛，只看到寺庙里的居士很势利的嘴脸。

答：我崇敬很神圣、很干净的氛围，但现实变得愈来愈势利。记得第一次去西藏，在江孜有一个古堡，山顶上有一座白塔。当地驻军的一位营长带我们上去，他告诉我们，绕着白塔转三圈，只要不求钱财，求什么都很灵验。比如祈福、祛病消灾呀，都非常灵验。这非常典型，人有病，天知否？灾祸这东西，都是暂时的，不会总缠着一个人，或长或短，总有消失的时候。

许多人烧香求升官发财。有些很高级别的官员，求消灾去祸，问前程，问什么时候被提拔。这些已经脱离了宗教，和宗教没有一点关系了。

问：这就好像变成了古代的"术士"。

答：宗教最主要的功能，是让内心能够变得安宁。在繁杂的世事面前，还内心一片清洁之地。

问：那就带出"圣的角落"的观念了。你有几篇文章都谈到"圣的角落"的观念。是不是在《天行者》里面，有些情节是反映了"圣的角落"的理念？

答：确实有。

问：是在《圣天门口》里最先反映出"圣的角落"的观念？

答：有人说我的写作从一九八四年到现在，变化很大。我跟他们讲，那种根本的东西从未改变，比如文学的价值观。我一直坚持我的文学价值观。风格上的改变，那是次要的。写作者的文学价值观的改变，那才是根本的变化。

问：於可训先生说，你的小说有种一以贯之的精神。只是他没进一步详细说。

答：李敬泽谈过我的作品。他说，我们的文学，绝大多数作家都在写"不信",不相信,对世界上的什么东西都不相信。但是刘醒龙的特殊之处是写"信",写相信。写"不相信"相对来说容易,但是写"相信"的难度是特别大。"信"也包含了信念。

问:信念的"信",也可延伸到信仰。

答:有些作家认为人性是恶的,人是没有希望的。如果真是这样,我们活着干什么?

问:西方的存在主义者说,世界是荒谬的。或者认为世界是无理的。

答:可能我想法简单,脑回路也单纯。这也是我写作的状态,我相信人,我相信人本身,在世界不断调整的过程中,在人生对错不断调整后,会变得更加美好。所以,我承认自己是个理想主义者。

问:你相信人,这是一个信念。虽然现实里,我们看到许多不好的现象,还是对人的本质有信心。

答:《圣天门口》里有句话:"用人的眼光去看,满世界全是人;用畜生的眼光去看,满世界全是畜生。"我们看世界,有可能是自己内心的反映。当自己内心只想到丑恶时,眼前的世界就会充满丑恶;当内心十分善良时,整个世界也就显得很善良、很美。

问:这里颇有佛教的哲理。有一个苏东坡与佛教禅师的故事，不知道你听过没有。一次苏东坡去见一位佛教禅僧，禅僧说看见苏东坡像一尊佛，苏东坡回敬禅僧说，我看见一堆狗屎。苏东坡回到家里，和他的妹妹说："我今天把大师捉弄一回了。"他妹妹跟他说："你输了！你心里面只想到一堆狗屎。"回到小说《生命是劳动与仁慈》，很多批评家就是不相信，你回答说："如果不相信人，那怎么办呢？"请问"相信"能够带来什么，让你如此重视？

答：相信这世界，相信人及人性时，内心的力量就会强大起来。

问：你跟胡殷红的访谈里说到，《天行者》中描写的第三次转正，有如《第二十二条军规》。你引用这小说反映的是一个荒诞的世界，而你本人看这世界，并不感到是荒谬的，是吗？

答：确实，这世界有荒谬的一面，但是我们不能因此而认为人生就是荒谬的，我们就只能跟着荒谬下去。当我们发现世界的某一面正在荒谬时，就有责任去纠正它，起码我们认为这些荒谬是不对的，它可以变得更好。

问：若按存在主义再推论下去，会让人感受到生命是没有意义的。

答：我是愈来愈不这样看。年纪大了以后，每多活一年，对生命的美妙体会就深刻一分。

问：你在华中师范大学的一次演讲中谈到，人生是一辈子的启蒙。

答：对，一辈子都要启蒙。启蒙不只是上小学一年级的事，而是一辈子的事，每天都要反省自己，越是司空见惯的事情，越要去求索和反思。

问：这种启蒙不是那种知识分子面向普罗大众的启蒙。

答：对，也不是将电脑格式化，而是在新的认知基础上，重新审视内在世界与外在世界。

问：现在都找不到你早期的小说，比如《异香》这些书了。

答：我早期的小说很有意思。最近，常碰到有人说，喜欢我早期的小说。当初湖北本地的评论家普遍说看不懂，不懂我在写什么。

问：《异香》出来以后，看不明白你之前发表的小说的读者，看这部中篇就能看明白些了吧？

答：接下来我就不再这么写了，换一支笔了。

问：你早期创作时还有两篇小说，虽然不属于"大别山之迷"系列，但也不容易看懂，它们是《牛背脊骨》和《倒挂金钩》。

答：《倒挂金钩》里面的一些细节，后来写进了长篇小说《往事温柔》。

问：我来武汉之前，把《政治课》也看完了，之前已看了

《痛失》。

答:《痛失》是被点名批评过的。十多年后再版时改名为《政治课》,小说的人物做了些改动,但主要情节没有改。当年它曾在批评界引起轰动,说是写腐败写得最深刻的一部,写到根源上了。然而,内地有些作家很不地道,自己的某本书被批评后,便马上告诉海外的媒体,让海外媒体去炒作。《痛失》的遭遇我都懒得去说。一本书真的惹上"政治口水",首要原因还是作品艺术上不过硬,要自我反省。

[访谈者:梁建华(中国香港),
二〇一五年十月十三日至十五日]

十一、青涩是一种异香

问：开篇先谈谈你主持的《芳草》杂志。你是《芳草》的当家人，除了自己的创作和其他作家的稿件，你还要面对各种文学以外的事情，想请你谈谈办刊的感受。

答：办刊物对我来说并不陌生，离开工厂以后，我就在县文化馆办一份全县仅有的油印刊物《山泉》。曾给孩子谈过这事，孩子不明白什么叫"油印刊物"，更不晓得什么叫"刻钢板"。我向他们提及《红岩》，小说里的地下工作者办了一份《挺进报》，就是油印的。孩子们当然还是没有听懂。本质上，油印刊物与现在的微信公众号差不多，但那时候，想在这本油印刊物上发表作品还是相当不容易。在文化馆几年，我将油印刊物努力改成了铅印小报。之后调到上一级的黄冈地区群艺馆工作，第一件事就是将停刊几年的《赤壁》恢复起来，而且从早先的一年一本，变成实实在在的季刊。再往后当了十几年专业作家，天马行空，独来独往惯了。突然要领头主编《芳草》，别人都替我担心，但我自己却心中有数。

那一阵我刚写完《圣天门口》，正处在调整期，我对那些要我出任主编的官员说，你们这是看我四处闲逛不顺眼，不晓得前几年我写得多么辛苦。反过来我建议让另一位能写畅销书的女作家当主编，办的杂志或许也能卖得好。在那个片面强调"走市场"的时间段，这一点对于杂志的生存是非常重要的。他们反复找我面谈，前五次我咬紧牙关不漏一点口风，第六次时，与我面谈的蒋君伟说，别的不说，我们这么好的朋友关系，算我求你帮个忙行不行？再不答应我们没法向市委领导交代。蒋君伟极爱喂养鸽子，"非典"防治最紧张时，到处捕杀家禽野鸟，相关人员几次找上门来，他硬是顶着，别说杀光那一大群鸽子，连一片鸽子毛也不让人家拔。我们去他家玩时，他却亲手宰了几只鸽子煨汤给我们下酒。有着这样的友谊，我无法不松口。上午刚答应，中午他们就找我谈方案，不给我留下丁点儿反悔的机会。既然答应了，那就得有自己的一套行事风格与准则，我的底线就是一句话：无论是谁，不要与我谈杂志发行量。

当时的市委宣传部部长是车延高，性格很爽朗，真的依着我不提这事，但在谈笑之间说了另一个标准：《芳草》如果能在五年之内将中国作协主席铁凝的小说约来就算成功了。二〇一一年七月三十日中午，我正在武昌洪山广场旁边逛手机店，铁凝打电话来，说自己刚刚完成一个短篇，投稿给《芳草》！铁凝的小说刊发后，我与车延高说起之前的约定，他也开心地放声大笑。这时我当主编正好五年。

问：你个人的文学观念和艺术追求对办刊有怎样的影响？或者说，刊物在哪些方面体现了你的"个人风格"？我看到《芳草》发稿对中西部作家有些偏爱，这也算是杂志独有的办刊

"风格"之一了，这有什么特殊原因吗？

答：如铁凝自己所言，"主动投稿"之前，《芳草》刊发的短篇小说《放生羊》（次仁罗布）、中篇小说《前面就是麦季》（李骏虎），在第五届鲁迅文学奖评选中双双获奖。说起来，这也是《芳草》的传统，从当年发表的《女大学生宿舍》（喻杉）至今，一直坚持发掘青年文学才俊。

前段时间《文艺报》在近五年来"中国文学工作巡礼"系列报道中，有一段文字专门谈及《芳草》。时至今日，那种由编辑一字一句替作者改稿的情形已成为一段历史的笑谈，由作家、诗人或评论家出任文学杂志主编已成为期刊界主流。关于文学杂志，一直以来都说主编即风格，真正能兑现这话的情形并不多，中间原因很多，最关键的还是主编个人的担当能力，要发现症结，明白方向。很多情况是众所周知的，最大的问题是敢不敢碰得头破血流。当然，我在《芳草》能做到的别人不一定能做到，毕竟我不是职业主编，大不了可以不干，对那些以主编为职业的人来说，这是我的优势所在，可以按自己的想法放手去干，没有后顾之忧，大不了甩手不干了，继续当一个纯粹作家。作家任主编，会使杂志本身获得社会上的一份额外尊重。如果要说个人风格，这一点是最突出的。将活跃在第一线的作家的思索与实践，第一时间变成主编的思索与实践，用零距离的方式变成杂志的思索与实践。至于说《芳草》关注中西部作家，是因为他们身上有着纯正中国文学血统，用敬语叙事，用贤良品人，极少受嬉皮、颓废和小市民影响，我看重这些，所以《芳草》刊发他们的作品多一些。所谓主编即风格，大约就是说主编的某种艺术偏爱。

比如，像叶舟这类才子型的作家，跨界写出非常精彩的歌剧剧本，我读过后，觉得不发表太可惜，于是专门辟了一个"新才子书"栏目。之后，甫跃辉寄来一个话剧剧本，也放在这个栏目里，效果非常好。还有像次仁罗布的长篇小说《祭语风中》，李骏虎的长篇小说《共赴国难》，几乎是用整期版面隆重推出。一般的杂志很难这么做，我们却做了。如果说这是一种风格，也就是说，真正的风格是不遗余力地推出好作品。

作家当主编某些时候会自动获得一点"任性"的特权，这是专职主编很难做到的。也是这些原因，在文学期刊界中，偶尔有某位主编逮着机会酸我一下。这没有什么了不起，人生很短暂，顾不上去讨厌别人。正如我写小说，别人说别人的，我写我的。有段话说得很实在：

人活的都是自己的命，不是别人的命，常言说，不为别人活，其实是没办法为别人活。

办文学杂志，关键是为文学而活，不是为杂志活，也不是为编辑活，更不是为主编活。

说到影响，当主编办杂志受影响最大的是自己的创作。十年间我只写了《天行者》《蟠虺》两部长篇小说，如果不是办杂志，虽不一定能像贾平凹那样每年一部长篇小说，但至少那几部写了七八万字的长篇半成品是可以完成的。

问：你提到的《文艺报》那篇文章我也读到了，刊载在二〇一六年十一月二十三日的报纸上，即《不断壮大高品质文学阵地——作协五年工作巡礼系列报道之八》。文中总结了五年来作协系统文学期刊的办刊成绩，表示坚守高品质文学阵地，不断推出富有思想内涵和艺术价值的优秀作品是中国作协及各地作协所属报刊社始终坚持的文学理想。在总结中国作协主办的文学期刊《人民文学》《诗刊》《中国作家》及地方名刊代表《收获》的办刊情况之后，文章说："《芳草》在刊发内地优秀作品的同时，将触角伸向中西部地区，推出了阿来的《空山》、次仁罗布的《放生羊》等高质量作品。"在这样一篇对全国文学期刊进行总括性的文章中，中国作协能对《芳草》取得之成绩进行如此翔实的介绍，是权威、主流视野对《芳草》多年来放眼全国、关注边地文学的价值与方位的鼓励与肯定。但是我一直有一个疑问，在《人民文学》《收获》等刊物纷纷布局互联网，推出官方网站、网上投稿平台、微信公众号的时候，《芳草》似乎在网上有些沉默，你对此有什么特殊的考虑吗？

答：这是一个纯技术性问题，没有外界猜想的那么复杂，更不是抵制互联网。我们申请过微信公众号，还交了三百元认证费，因为缺少一些必需的文件，人家不退钱也不给办事。这件事也印证了一个道理：人都有软肋，就算是超人，也有弱点和盲点。我在这方面的坚持是，宁可受苦受累，也不愿意接受那些苟且。杂志的弱点与盲点，当主编的也应当清楚明白才行。《芳草》身处武汉，相对于《人民文学》得天独厚的权威性，《收获》出身名门的高贵气质，就不要想着要与人家媲美，老老实实地做些自己有能力做的事。比如选稿子，与其争抢当红作家的平常作品，不如去到一些小地方，发掘那些处在"引而未发"状态的作家的新作力作。

标准是文学最奇妙的地方，文学杂志的标准同样是奇妙的。

我欣赏并钦佩某些主编同行，无论外界如何评议，都坚称自己杂志是最好的，与文学真理只隔一抹口红。只是我不会这样想，我会天天提醒自己，提醒杂志社同事，一百年后，《芳草》也不可能超过《人民文学》《收获》《上海文学》，自己说自己不错，是最好的，只应当看作是对执着坚守文学杂志的自我激励，绝对不要自以为老子天下第一，真的就是天下第一。

去年（二〇一六年）八月，杂志社接到一个电话，对方自称省委督察室的，有省委书记的批示要传真过来。副主编哨兵接完电话后，打电话给我，他用诗人直觉判断，认为这是诈骗，建议不必理会。我同意了，片刻后一想，杂志这些年接到的诈骗电话不少，都是用宣传口某个官员的名义推销高价出版物，从未有这种口气冒充督察室的。于是又给哨兵说，让他换个电话回拨过去，看看对方到底是干什么的，没想对方真是省委督察室，然后真的发来了传真件。是省委书记在一个内部信息上圈批，对《芳草》入选中文核心期刊表示祝贺。在那份信息上，杂志的事在倒数第二行，放在刊博会筹备情况后面，且只写了一句话，但并不影响它被关注到。后来，有人捕风捉影，编出一些别有用心的小道消息，这是典型的以己之心度人。我这个人，如果要说事，第一是家庭，第二是文学，第三是天地良心，再无其他。

这几天在省政协开会，顺便放了一百本《芳草》在酒店大堂，这一期做的是湖北本地小说专辑，不到五分钟就抢光了，不管认识的还是不认识的，聊起来都很关心本地区有无新进作家。可见文学杂志影响力还在，关键是实实在在去做，指望凭一张铁嘴到处去炒作，终归不靠谱。

办杂志简单地说，有两种选择方向：一种选择是追踪"大作家"的"大作品"，一种选择是发现并推出文学基本人口的基本作品，并在文学基本人口的基本作品中发现和推出"大作家"与"大作品"，对文学杂志来说，才是幸福荣光。

问：创刊之际，你很有创意地举办了"汉语文学'女评委'奖"。这个文学赛事的评委全部由女性担纲，在国内来讲还属首次，给人耳目一新的感觉，你能否介绍一下大奖的情况？

答：做任何事情都需要能给人耳目一新的感觉，文学艺术这方面更是要特立独行、独树风格。那种千篇一律的，做起来也没什么意思，自己都觉得没劲，做事情都是这样的。独创性，它本来就是挑战，人在做具有挑战性的事情时会觉得特别有动力，做任何事情都一样，"女评委"奖也一样。作为一个文学奖，要有公正性和权威性，这是首要的，既往在这方面是特别强调的。但在信息时代，一个奖项的社会性和亲民性也很重要，"女评委奖"从称谓上看，亲民性很强。还有很重要的一点，现代社会，女性在各个方面的参与越来越突出，作用也越来越重要，文学艺术这方面，好像女性的贡献更大一些。中国的文学艺术在既往的半个世纪过于强调它的社会功能，削弱了甚至忽视了文学艺术赖以立世的那种根本：艺术！有关这方面的理解，男性和女性是有很大差异的，女性更偏重从纯艺术的角度、从纯粹的审美的角度来看待文学艺术。事实证明，整个的颁奖过程，女评委们对艺术的看重确实符合当初我的预估：那种唯美中的完美，对一部作品的文学性追求，当追求不到时的那种追问，追问得不到答案时的那种追究，让我坚信设立这个奖特别对，也对这个活动特别有信心。就拿首届来说，有些获奖作品是在我意料之中的，有些是在我意料之外的。阿来获大奖，是在我意料之中，因阿来作品的影响明摆在那里。谢冕在中国文学界，特别是诗歌界，是泰斗级的人物，他的权威性，对诗歌的贡献确实太大了。然而，作为一个纯粹的理论家、教授，他的学问往往是在象牙塔的塔尖，可望而不可即。人们晓得诗歌界的很多诗人，并不晓得这些诗人背后有一个强大的谢冕。谢冕先生站在那里，社会公众并不晓得。女评委奖从初评到预评到终评，一路评下来，谢冕先生的呼声越来越高，最后形成一致，评委们投了全票，没有一丁点儿异议，都觉得这个大奖应该给谢冕先生，从文品、人品，谢冕先生都应该得，我们也感到很高兴，这个奖大概会是谢冕老师这辈子得的唯一的一个大奖，所以那天颁奖的时候老先生也很激动。

问："女评委"奖体现了女性的角度，弥补了以往的文学奖项中缺少女性视角的缺陷，为中国文学界做了一件大好事。能否谈谈你在写作过程中，与文学刊物交往的故事？有没有遗憾的事情，或者特别庆幸的事情？

答：前几天，在山西长治，与肖克凡、马步升等人聊天，提及年轻时所喜欢的别具一格的作品，比如魏雅华的《温柔之乡的梦》、魏继新的《燕儿窝之夜》、肖建国的《左撇子球王》，都曾刊发在江苏南京的《青春》杂志上。二十世纪八十年代早期的《青春》，在青年人中的影响，不是第一，也是第二。一九八二年，英山县文化馆创作员姜天民的短篇小说《第九个售货亭》在《青春》上发表，又获得当年的全国短篇小说奖，整个县城为之轰动，不少同龄人能大段大段地背诵，甚至模仿小说人物说话的方式，也让姜天民成了走到哪里都被年轻人团团围住的青春偶像。那时候的《青春》杂志几乎与"青春"同义。二〇〇一年《青春》杂志创刊四十周年，《青春》约我写了一篇随笔。作为小说家，年轻时，没有在《青春》杂志上亮相，是一件无法弥补的憾事。

特别庆幸的事情也是与杂志有关：《青年文学》《上海文学》最炙手可热的时间段被我赶上了。一九九二年前后，《青年文学》在十五个月内，连续推出我的《村支书》《凤凰琴》等三部中篇小说。从一九九六年到一九九八年，《上海文学》连续三年，将每年第一期的头条位置留给我，发表了《分享艰难》《路上有雪》《大树还小》等三部中篇小说。之后空了一年，二〇〇〇年第一期头条，又发表了我的中短篇小说封笔之作《民歌》。

问：由你主编的《芳草》杂志也格外注重对文学新人的培养，并挖掘推出了很多后来产生重要影响的作家。作为文学期刊的同道中人，能否谈谈你对《青春》的认识？

答：能够对年轻人产生影响，无论文学还是其他，第一位的是朝气，至于锐气，只能作为朝气的某个部分。《芳草》曾经是"四小名旦"之一，当年刊发喻杉的《女大学生宿舍》，二三十年来，总能让一茬茬的大学生们读来津津有味，与年轻的心灵无缝连接是必不可少的。《芳草》《青春》《青年文学》等"四小名旦"，后来又都走过相同的弯路，这也证明，青春哪怕是真金白银一样的本钱，也经不起折腾与挥霍。

《芳草》自二〇〇六年改版以来，坚持重在发掘文学新人，几年做下来，在中西部地区发现并推出一批很有实力的青年作家。前一阵，《青春》的同行来《芳草》调研，与他们进行了推心置腹的交谈。总的来说，文学的大环境越来越好，这种时候，一方面刊物自身要咬定青山不放松，不放弃文学主张；另一方面，也要做适度调整，在大方向不变的前提下，尽力释放与其他文学杂志有所不同的个性。文学杂志与文学作品是一个整体，什么样的作品出现在什么样的杂志上，是有迹可循的。

文学杂志怎么办，与文学作品如何写，在规律上有太多相似之处。这一点在当下尤为突出。可以这么说，那种纯粹的编辑越来越难以挑起文学杂志的重任。当年主编"四小名旦"的几位，其实是"重放的鲜花"中"重放的青春之花"。之前的文学，被极"左"思潮长期把控，几代人都受到压制。好不容易等来文艺的春天，像《青春》老主编斯群、《芳草》几位骨干编辑，生理年纪虽然较大，心理上却是无比青春。那时候，那样一批编辑，是将自己几十年的才华积蓄和命运沉淀，在短短几年中迸发出来。这与现在由大学校门直接进到编辑部大门、纯粹将编辑当成职业的人不可同日而语。这样说话肯定会引起不少人心里不快，可这是事实。

文学上的事情，不仅仅是与职业有关的技术活。

问：你现在担任《芳草》杂志的主编，还承担着文联的工作，繁复的工作与写作如何平衡？

答：我的职业是作家。主编说是兼职的，实际上弄成了专职。主编的主要工作是想方设法将办刊经费弄充足，另一项工作是选择好作品、发现好作家。经费的事，现在基本没问题了。好稿子和好作家的发现，则既要点运气，也要拥有勇气。将文学新人的小说，放在头条刊发和放在不起眼的位置上，效果大不同。所以我通常是用新人新作作头条。我极少打电话写信找功成名就的同行要稿子，倒是同行们很信任我，主动"投稿"给我们。只要是好作品，从来不惜版面。春节过后，得知叶舟正在写大部头长篇小说，当即与他说好，定稿后交由我们首发，八十多万字，准备用两个整期的杂志刊发。很多时候，事情的繁复是由无效劳动造成的。办杂志，主编要多些担当，对需要挑担子的稿子，我会在终审稿专门写一行字，让事情尽可能简单明了，大家工作起来也会轻松愉快。如此，我也能抽身回归作家，写自己的小说。

有句话说，当家不闹事。当家闹事，是在给自己制造无解的麻烦。

当家就是承担，没有其他。

问：除了作家、杂志主编这些身份，你还是一位书法家，去年举办了自己的书法展。每次拿到《芳草》杂志，我也总会先读一遍扉页上你手写的卷首语，既要读内容，也要赏你的书法。你习书多少年了？能否谈一谈这方面的经历？

答：我家里有一把小木椅，上面用毛笔写着我的名字，那是小学启蒙时，爷爷手把手教我写的。爷爷当年上过两年私塾，毛笔字写得还可以，但是就算给他换一只豹子胆，也不敢称自己写的字是书法。"文革"之前，也就是每到过年时写几笔字，用作自家门上的春联。那时，传统春联不让写了，只能贴各种革命对联，我家年年用的都是"吃水不忘挖井人"。小时候爷爷对我要求最多的就是写毛笔字，读《三字经》。到现在别的情景都忘了，只记得有一次爷爷趁我不注意时，从背后伸手猛地抽走我手里的毛笔，弄得我满手都是墨汁，还要挨老人家的数落，说我握笔用力不够。古人练书法时，有在手心里握着一枚鸡蛋的，爷爷舍不得鸡蛋，只往我握笔的手心里塞过乒乓球。我现在写字，别人看着都累，说是太用力了。就因为只要一握毛笔，就觉得爷爷在身后站着，准备偷袭我手里的毛笔。在心里，我并不爱写毛笔字，但不是真的不爱写字，而是不爱用砚台磨墨。磨墨时手上用力重了不行，轻了也不行，好不容易磨出一砚台墨水来，几笔就写光了，又得重新磨墨水。十岁那年，"文化大革命"爆发，熊熊烈火将这些烧得一干二净。

想不到四十六年后，既是领导又是朋友的陈汉桥，备好文房四宝，软磨硬泡要我写几幅字，实在没办法推却，才在二〇一二年元月十八日夜里重新拿起毛笔，写的第一幅字是"迥拔孤秀"。这幅字给了一位老朋友。老朋友退休后，同我们一起办一本农民工杂志《芳草·潮》，他将它挂在办公室的正面墙上。

当年是写毛笔字，如今是用毛笔写文章。哪怕只有两个字的"温醇"，只有三个字的俗语"小背叛"，只有四个字的小说题名"秋风醉了"，在我写来都是文章。近来媒体纷纷报"大国工匠"的新闻，在我看来，写不出文章的就不算真的书法，而只能是写字匠。

世上只有写文章写出来好书法的先例，至今未见练书法练就一手好文章的个案。

问：由你对书法的兴趣，我想到你对传统文化的重视。像《蟠虺》里透射出来的君子之风这样的文化品格，以及像《圣天门口》这样的书写。《圣天门口》里面有那么多对立的矛盾势力，你从未用过"敌人"一词，而且也一直在反对"杀人"。看得出来，你特别欣赏儒家伦理里面的"仁"的精神，我听过你在河北师范大学的一次讲座，记得题目就叫《文学：仁者无敌》。你怎样看待中国传统文化对你的影响？

答：文学的最高境界是创造，最基本的要素是传承。仁者无敌，仁至义尽，中国的文化传统靠着这些耳熟能详的概念，不知不觉地潜入我们的血统里，这些是无法选择的，是宿命也是优势，是制约也是源起。禹征三苗，也就是现在以湖北石家河文化遗址为中心的南方古国，舜告诫说，以德可也。禹用了三年时间，用德政进行感化，三苗果然尽数归顺。

"仁"是中国文化的瑰宝，是我们祖先对世界的莫大贡献。"仁"比宗教更具意义的文化，它可以打通宗教与俗务的理想途径。宗教常常伴随利益之争的暴力与血腥，而"仁"没有任何功利性，却真实可感，永远具备现实意义，永远不会过时。它是世界文明中唯一不产生负面作用的思想体系。

问：除了"仁"，你还强调家国情怀。你曾说过"仁可安国"。去年（二〇一六年）你在琛航岛上就完成了散文《我有南海四千里》的写作，这篇文章借助网络流传甚广，我看你最新出版的散文集也用这篇文章作书名。感觉到你对民族和人民有一种自觉的职责，你自己怎么看待这个问题？

答：在"家国情怀"面前用不着"强调"二字，这本来就是做人做事的基本。南海那儿太不容易了，别说只去一次，就是去十次、二十次，也会有太多感慨，说小了会微不足道，说轻了会觉得浮浅，看上去是深思熟虑，实际上是脱口而出。这种时候，直截了当的表达才是最靠得住的。

小时候听爷爷讲得最多的是"忠良"，后来总听父亲讲"爱国爱党"。我向来信赖质朴的东西，质朴的东西看得清楚明白，没有弯弯绕绕。天下最质朴的人莫过于爷爷奶奶、父亲母亲，长辈亲人用对晚辈的理解和期望作为出发点，说的都是一些大实话。现在我也成了爷爷，时常也说一些做爷爷的人必须说的大实话。

世界也是这样，特朗普说的话只有用美国利益去衡量才会是大实话，杜特尔特说的话只有用菲律宾的利益去衡量才是大实话。人一生也差不多，当孙子的只有说当孙子的话才是实话，当儿子的只有说当儿子的话才是实话，所以，当爷爷的一定要说那些只有当爷爷的人才会说的实话。年轻时的血脉偾张有什么好后悔的？也不需要反思什么当年的血气方刚，那是年轻人必需的经历，不如此哪有年轻？到了一定年纪，纵然内心不老，看着同龄人的满脸沟壑，加上满头沧桑，就该实事求是对人生的后半部分进行确认。

子不嫌母丑，狗不怨家贫。借畜生的表现进一步印证人活着要有气节，否则连畜生都不如。这话现在难得听到有人提起，是不是由此就断定气节已成为当今的稀罕之物？若是社会真的在有意无意地回避这个话题，那就是真的有问题了。年轻时可以靠锐气打天下，任性刁蛮也可以看成是活力四射。年老了，与"气节"这个老朋友日夜相伴，才活得与众不同。

问：《圣天门口》里有一章特别让我震撼，你写农村各种各样的手艺，铁匠、榨油匠、篾匠、剃匠、木匠，还有养蚕等，不仅写每一种技艺的详细操作过程，而且连民俗里面有关的禁忌都写得很清楚。看你的履历，你的祖籍是团风县，但是出生在黄州城里，你是如何获得这样精细的有关传统乡土文明的知识和经验的？不全是采风得来的吧？

答：我出生在黄州城里，城市生活却是三十几岁时才开始的。骨子里，我对乡村的熟悉超过许多自称为"农民儿子"的人。太多乡村孩子读完高中就离开了乡村，很快就适应了"且把他乡作故乡"的新生活。我没有上大学，读完高中后还在乡村里待着。我在乡村没有自己的房屋，也没有自己的田地，还没有自己的花草、树木、棉花、小麦、水稻等，因为没有这样那样物质的东西，才会将非物质的文化牢牢地记在心里。现在很流行"采风"，其实此采风与彼采风是不一样的，一般情况下的采风免不了有猎奇的考虑，我喜欢从陌生中发现熟悉，寻找天南地北之间，那根不易察觉的连接线。

问：看来你是跨越了形式上的限制而直接抵达了乡村生活的精神层面。你曾说少年漂泊的生活经历使你对"故乡"没有定义，在你的作品里常常透露出对东湖的强烈情感，少年特殊经历中最难忘的是什么?

答: 一个是东湖, 另一个是小秦岭。前者是日常生活中实实在在的朝夕相处, 后者明明是虚无缥缈却拼死拼活也要去相信, 这是前世与来生唯一可感可知的地方。东湖就不用说了, 全世界都晓得, 对别人是美景, 对我们这些居住在东湖边的人, 有时候是享受, 有时候是累赘。比如现在, 春暖花开之时, 只要是节假日, 外来看景的人就会将家居一带堵塞得水泄不通, 稍晚一点想开车出门, 比登天还难。只能趁早出门, 等到观光客散去的傍晚才能回家。在武汉生活久了, 才能写出"若无东湖, 不愿江南"的句子。

对于小秦岭, 就只能写成"再伟大的男人回到故乡也是孙子"。

"小秦岭"是我在作品中杜撰的一个地名, 但它又是真切的存在。

我们家早在几十年前就已经倒塌的老屋门前的一座小山, 本没有名字, 因为有作品写到这地方, 我就取了"春秋"二字的各一半, 作了名字。离开家乡, 在外地成长时, 曾听爷爷在与别人挖古时感叹, 老家一带历史上从没有出过奸臣! 老人的话在少年听来有点神秘古怪, 等到自己年过半百, 有一天突然记起这话, 就像石破天惊! 我开始认识到, 当我们说故乡时, 实际上是在用最普通的方式, 为内心世界营造一种品格。在个人心目中, 故乡的风范、父辈的品格, 可以看作是这个人自身的风范、品格与形象。

问: 你中学毕业以前的生活是怎样的? 我不太了解你的家

庭，在你个人的精神成长中，家庭给了你怎样的影响？

答：按现在的说法，小时候，我也是"留守儿童"。父亲虽然在当地贵为区长、区委副书记和局长，却一年到头在村子里蹲点，基本上只有腊月三十吃年饭时才能见上一面。父亲的故事、父亲的传说，大部分是从别人那里听来的。母亲在供销社当售货员，与另一个女人一起共同负责一处商店，白天营业，晚上值守，根本顾不上自己的儿女。她的一群儿女，是跟着爷爷长大的。就个人性格和文学品格来说，小时候与爷爷一起生活的经历，肯定起着重要作用。包括我先天性过敏体质，就是爷爷隔代遗传的。

爷爷是经历过九死一生的人，当年他的织布手艺，在老家一带堪称一绝。抗日战争爆发后，雇用爷爷的林家举家南迁，为了生计，爷爷他从黄冈乡下到汉口替人家织布，有一天，爷爷在上班路上，被几个看他不顺眼的日本士兵毒打一顿，倒在六渡桥街边一整天，直到天黑时，被下班的同乡发现，想办法送回黄冈老家。所有人都认为爷爷必死无疑，爷爷在床上躺了整整一年后，竟然神奇地活了过来。我家没有任何家训，爷爷不爱多说话，父亲也一向惜字如金。在与爷爷共同生活过程中，有意无意地记下了，爷爷提得比较多的四个字：贤良方正。

爷爷留给我们一种不惜任代价也要忍受痛苦的品格。

八十八岁那年，爷爷大行。弥留之际，他用最后一点力气动了动手指。只有父亲懂得，问爷爷是不是想戴上寿帽。爷爷眼皮动了一下。父亲将寿帽戴在爷爷的头上。爷爷的眼角里流出一颗泪珠，在家人的目送中平静地走了。父亲低声吩咐我们跪在爷爷的床前磕头，我们还不敢相信爷爷真的离我们而去了。

我是个急性子，这些年来，特别近两三年，遇到许多事，只要一想到爷爷，就觉得没什么不能承受的。就像囫囵吞下一坨没煮熟的牛筋肉那样，只要忍上三天，那些看上去不可忍受的东西，都可以消化。

问：你的父亲曾在乡镇工作，像《威风凛凛》《挑担茶叶上北京》和《圣天门口》这些对新旧小镇生活或基层生活情态的描写，包括《天行者》以一个小山村作背景，是否曾受到父亲的启发？

答：天下没有不受父亲影响的男孩，也没有不受母亲影响的女孩。

父亲当年对我最大的期望是当一名优秀的工人。我在工厂的确干得不错，上班干活受表扬，下班做的事也受表扬，进厂才半年就被评为"先进生产者"，这让父亲很是高兴。得知我在业余时间开始写小说后，父亲没有像母亲那样公开表示反对，而是用不发一语的沉默作为表态。母亲的反对是从爱护层面，她心疼我太瘦，不忍见到我下班后，将业余时间完全用于写作，担心我的身体会被拖垮。直到我在《青年作家》上发表短篇小说《我的雪婆婆的黑森林》时，父亲才用他的方式正式表态。

父亲读过那篇小说，在上面用笔标记出七十几处记号，并说出他的担心，如黑森林、黑太阳等，倒回去十几年肯定会被打成"右派"。父亲的结论是，还是当工人好，除了国民党反动派，谁也不会把工人怎么样。我没有听父亲的，正是受到父亲性格的影响。几年后，父亲再次对我的作品表态，这一次，他是写信给我，谈《凤凰琴》，父亲在称呼我的乳名后，由衷地说了一句："不愧为老农民的后代！"父亲难得说这种话，他说的"老农民"，在我的理解里应当是指乡村和农村，因为父亲算不上农民，爷爷将自己的织布手艺传授给父亲后，只读了一年半私塾的父亲，就开始了像当雇工的爷爷那样从乡下来到汉口，在一家布厂开始当织布工人的生涯。父亲到汉口不久就找到了共产党地下组织，在永清街一带活动，革命成了他的职业，织布变成一种合法的掩护。

小说如何写也有命定因素。

从小小年纪开始，就不得不听爷爷有意无意地讲自己在林家大垸著名的林家，当雇工织布的故事。老家离林家大垸只有十几里路，爷爷在著名的林家待了八年，直到平型关大捷后，传闻日本鬼子要血洗林家大垸，林家人举家南迁，爷爷才终止这段雇工的日子。二十世纪五十年代，林家人从北京捎信给爷爷，希望爷爷去北京做事。爷爷最终没有答应去，与爷爷同在林家当雇工的另一位去了，几年后以副营职干部从部队转业回来。爷爷常说，自己若去，肯定会是正营职的。因为爷爷有一肚子好故事，当雇工时，一向深受林家人欢迎。也是因为这些故事，爷爷懂得用最朴素的方式拒绝那些可能带来虚荣的东西。

从小装在胸怀的这些事，用独一无二的方式持续发酵，理直气壮地影响我的文学情怀。

问：从爷爷到父亲，你的家族史令人肃然起敬，这也就不难解释你笔下的人物为什么总是深受历史环境的影响。我不免由此想到你本人，你作品里写到的一些苦难场景，你有过亲身经历吗？

答：历史不会重演，但会重复。"文革"后期，每逢重要节日，县里就会召开万人大会，公审一批刑事犯罪分子。刚开始是有组织的，到后来只要一听到高音喇叭里传来县里开公审大会的消息，县城附近的人就会丢下手中的工具，顾不上擦干净沾满泥水的手脚，就往县城跑，一边跑一边喊，说自己到县城看枪毙人去了。当年的现场令人不可置信，看枪毙人的人简直要挤爆小小的县城，若是真的有人被枪毙，人们会兴奋好一阵子。只有一次例外，那一次被判死刑的人罪名是"抢劫杀人"，为了抢对方手里的半斤猪肉而将对方劫杀。去县城公审大会现场的人，回来后有点不高兴，有人问起，也是三言两语地对付一下。真正的苦难不是一时片刻的疼痛，而是当初习以为常，多年之后想起来更加揪心。

进工厂的那年，一位当车工的师姐上夜班时，戴手套的左手被高速旋转的车床活生生地拽断了。时至今日，令我想起来就会毛骨悚然的却是一件并未真正发生的事故。进工厂当工人的第一天，师傅让我去砂轮那里，打磨一只毛坯件。事情做完后，关上砂轮机电源半天了还不见砂轮机停下来，我想着伸手去捏住那砂轮，但在右手即将触碰砂轮的前一秒，似乎有只无形的手拉了我一下。如果没有这一下，我的整个右手巴掌肯定会被秒杀。这件事让我做了许多次噩梦，前些时候又梦见过类似情形，想必它已成为自己的某种神经元，某种成分结构特别的荷尔蒙。对文学来说，这才是影响深远的苦难。

看枪毙人和砂轮秒杀未遂，一个思想之苦，一个神经之痛，这样的痛苦对文学的影响更加深远。

问：你二十世纪七十年代初从中学毕业进入工厂工作，这应该是你人生中的重要转折，这个转折放在现在的社会环境下，你有什么感触？

答：熟悉乡村，又当过工人，这是生活对一个作家的莫大恩泽。与赏赐不同，恩泽之下更有责任和承担，经历多了，获得多了，肩上扛着的东西就变得重了，那种"小团圆"的意念就有苍白之嫌。

问：我想一个不了解你人生经历的读者，看完《生命是劳动与仁慈》就知道你曾经在工厂工作过，你对阀门厂生产过程的熟悉程度，准确到用车床加工阀门零件的技术参数，这不是可以想象出来的，只能靠亲身的体验。你觉得工厂生活对你的人生最大的影响是什么？

答：十年工厂生活，每半年按完成生产定额、产品质量、安全无事故等实打实的标准评比一次，我拿到将近二十张"先进生产者"奖状。这习惯用在写小说上，每个句子，每个人物，都像那些紧固在车床卡盘上的金属材料，从粗加工到精加工，每个步骤都不敢马虎。《咬文嚼字》杂志曾"咬"过十二位获茅盾文学奖作家的长篇小说，结果《天行者》的错别率最低。此项活动的结果没有公布，但是杂志社的负责人电话告知我了。这与我当工人时情形相同，加工零件的废品率，虽然与技术水平密切相关，更重要的是劳动态度。写小说和主编杂志也有劳动态度问题，很多人都不相信我会亲自看稿选稿，更不相信我会天天到编辑部坐班，但我确实是这么做的，这也是工厂生活对我的影响。

问：从乡村到工厂，从深重的家族史到你的个人史，我深切感受到三代人生命里的坚守。你说没有家训，只不过是没有总结成条文说出来或者写在纸上，其实是有一种强大的、无形的训诫性的家风存在的。像我这样的"70后"对此是有认同感的，但是以后的年轻人却未必能够理解。看得出来，当你面对父亲评价你"不愧为老农民的后代"时，是有一种自豪感的。而在当下的时代，传统的影响力在削弱，新的生活方式正在形成，人们显然不能脱离时代而存在，你怎样看待这种新旧的变化？

答：所谓英雄不问出处，并不表示可以对英雄的出处视而不见。有些事将长度拉开后再看，并不像亲身经历时感觉得那么迅猛剧烈。我们正在经历的所谓无常，大多是有规律可循，是向着理想的方向，是为着实现大多数人的梦想，只要肯付出、敢承担、善学习，就不会被时代彻底抛弃。但从二十世纪六十年代"文化大革命"开始，到国家的改革开放，这些年间的变化，不是简简单单的"新旧变化"可以表述的，那简直是天翻地覆、天崩地裂一样。还有二十世纪前半叶，我们都没有经历的，也绝对不是历史教科书读来那么快捷。即便是五四运动那样轰轰烈烈地要打倒"孔家店"，"文化大革命"要"扫除一切牛鬼蛇神"，传统在表面上像是割裂了，实际上仍旧无所不在。传统是人类为了生存得更好，而逐渐积累起来的人生宝典。人类如果放弃自身的传统，离毁灭也就剩下半步了。年轻人对传统处处不屑，长辈往往对这样的不屑报以轻轻一笑。千万不要以为那是"无可奈何花落去"，每个人都会在不久的将来变成过来人，一旦成为过来人，就会明白善良的长者都是由虎狼之辈慢慢变化而来的。对每个人来说，有所不同的只是自己何时开始重复的时间差。

作家对这些变化，要有高度的敏感，同时也要有更高强度的独立个性与自由品质。一个总在随波逐流的人成不了真正的作家，从屈原、李白、杜甫、苏东坡、曹雪芹，到鲁郭茅巴老曹，如果看不清楚这条中国文学传统命脉的本质，只泡在眼前的浮光掠影里，写点文字养家糊口是可以的，却不可能成为历史所能铭记的真正意义上的文学。

别人信不信才不管，反正我相信，人的灵魂是不会使用智能手机的，也不会坐地铁高铁，更不会跟着潮流亦步亦趋。

人的灵魂是这个世界上最慢的慢性子！

只有人也慢下来，才有机会挽起灵魂之手，与灵魂一起前行。

问：有资料介绍说，你上高中时数学全班第一。在"学好数理化、走遍天下都不怕"的年代，是什么力量促使你喜欢上了文学？你对文学的兴趣应该在中学之前就有了，这种兴趣是天生的还是有别的原因？你觉得走上文学之路有没有必然性？

答：我上高中时语文成绩也在年级前三之列。高中一年级时，有一次老师带同学们去县城旁边的北汤河大队采访大队支部书记。别人老老实实按要求写记叙文，我也不知是哪根筋搭反了，居然写了一篇被自己说成是"小说"的文字，一时间传遍全校，连高二的学长学姐都跑来要看我写的"小说"。上高二后，换了一位叫"管家新"的班主任，管老师爱写那种长句子的诗，还经常向《湖北日报》投稿。多年之后我曾想过，管老师若是还在写诗，无论如何也要帮忙，实现管老师曾经的文学梦。听说管老师回蕲春县转行当领导干部，早就不写诗了，心里还失落了一阵子。管老师是我见到的第一个"诗人"，毕业典礼后，他给我们高二（2）班的班长、副班长、学习委员、文体委员和劳动委员等五个同学各赠送一本书，别人是农业技术与思想教育方面，唯独送给我这个文体委员的是一本烫金封面的诗集《手托千山送高炉》，让同学们很妒忌，说管老师偏心。

凡事皆有因果。几年后，在车间里上夜班，被自制的小吊车漏电所伤，县医院的医生得知我触电的电压为三百八十伏，说我命大，给我开了三天病休。在集体宿舍躺了三天，也想了三天，或许是强大的电流击穿阻隔文学与我的屏障，觉得自己应该努力做点与众不同的事。我想到会写诗的管老师，但我选择的正是上高中时写过一次的小说。

这之前还发生了一件事情。那天下午四点半下班，洗洗干净后，与同伴一起到街上闲逛。碰见一位高中同学骑着一辆凤凰牌自行车迎面而来，听到我叫他的名字，他扭头扫了一眼，连刹车都没捏一把，便扬长而去。在学校时，这位同桌被老师当众嘲讽"到学校来的任务就是抄刘醒龙的作业，而且还有本事抄错"。抄作业抄错怪不得这位同学，是我在使坏。我受不了他抄我的作业，得到和我一样的分数，有一次还比我多出一分，就故意将一两道题用铅笔写错，待他抄过之后，再改正过来。为此这位同桌还曾威胁要揍我。当然，他是在说笑。在整个鄂东，即便是"文革"最疯狂的时候，整个社会也保有对文明与礼仪一定程度的尊崇，这也是老师们敢于当众嘲讽根正苗红、学习成绩却一塌糊涂的学生的一种保障。那时县和人民公社之间设有区一级行政机构，这位同桌毕业后，先当大队干部，接下来便以火箭速度直接升任区委副书记，骑上了可以媲美现在的宝马、奔驰的凤凰牌自行车。

这两件事，后者从精神上狠狠刺激、前者从肉体上直接警示了我。

很多年后，想起当年这些，深感"夜幕如漆"这句话太有意义了。人对环境的反应能力常常超出自身的想象。这种反应更像是周围环境通过呼吸、饮食以及情爱，让人以摸到、看到和听到的方式，觉悟世俗生活的真相。

被同一块石头绊倒两次的人一定是笨蛋。我也算是被石头绊倒过两次，所幸不是同一块石头。第一块石头让我愤世嫉俗，第二块石头让我脱胎换骨，将这两块石头搬起来扔到小河里，成为不用脱鞋也能过河的垫脚石。

问：你的文学自觉发生在什么时候？有什么具体事件吗？

答：自觉也是有阶段的，刚学会驾驶汽车的人，遇到紧急情况，能做到的就是猛踩一脚刹车，其余的什么也做不了。老司机有所不同，踩刹车也会视现场情况而定，该踩到底的坚决踩到底，不用踩到底的就来几下点刹，还会适度转一下方向盘。更高水平的司机，甚至能提前预判，控制好车速选择安全车道，将凶险化于无形，还会美其名曰是肌肉反应。

刚开始写小说时，从爷爷那传承下来的那些传说，总是不由自主地跳到笔下。几年后，现实生活中一些不请自来的东西，开始将我死死地按在写字台上，让人欲罢不能。二〇〇四年，陪朋友去湖北省博物馆，在一个不显眼的角落里遇见曾侯乙尊盘，心里突然冒出一个念头——这可以写成小说。这就有点像老司机所说的肌肉反应。此后这念头一直固执地浮在脑海里，无论如何也忘不掉，十年后，这念头终于变成长篇小说《蟠虺》。

文学的自觉可以是自然天成的一件事，也可以是一件将自己带到云里雾里去的高深启迪。只要是通过作品来做很好的表现，都是可取的。

文学也是个慢性子，一首诗或者一部小说摆在那里，每天都有机会与之相逢，但常常要到很久之后才会让人恍然大悟。比如李清照写项羽的那四句共二十个字的诗，中国人几乎没有不晓得的。它作为千古绝唱，一直呈现在每个人面前，但李清照很少将自己的真相告诉别人，实实在在是个千百年的慢性子。

慢性子好，慢性子才更容易出现自觉。

有些人总将文学与新闻相混淆，这两年听到最荒唐的一句话是说，中国当代文学全部加起来也不如一份《南方周末》。新闻是急性子，能顶上一百天就不错了，文学这个慢性子是要顶上至少一百年、一千年的。

问：在处女作《黑蝴蝶，黑蝴蝶……》发表之前，你还记得你写过其他作品吗？尽管它们没有被发表。

答：当然有，留存的未曾发表的小说手稿大约有十来篇，但都不在我手里。因为生活变故，当年的手稿在一段时间曾被遗憾地认为"完全销毁"了。直到二〇一一年元旦那天，东坡赤壁管理处的一位叫李林的年轻人，帮忙请一位据称是中南地区最好的刻工，来家里雕刻两块石头。

问：很好奇，是什么石刻，能透露一下吗？

答：是阎志送的两块各有半吨重的黄河石，放在门前的一块上面雕刻着"斯泰"，后院的一块雕刻的是"托尔"。书法是请汪政写的。我喜欢汪政的字，很有江南才子气韵。

问：阎志现在是湖北首富了，你当年帮助他的事，已成了一种美谈。你的斋号名叫"斯泰园"，原来出处是"托尔斯泰"。

答：有一年，开车带李建军等人去黄州看东坡赤壁和林家大塆，一路闲聊，得到这个灵感。那一次，陪同刻工来我家的青年收藏家李林透露，他手里有我的手稿。我大吃一惊，因为李林说的那手稿，正是自以为已被销毁的手稿之一。听李林说起相关情形，我觉得真是太幸运了，那些手稿当初已经被卖到废品回收站，幸好有懂行的人发现了。手稿都在，只是分散在一些收藏家手里，他们也很想弄清楚这些手稿的写作年份。当然，他们还想确认这些手稿的价值。所以，我一直没有松口，没有对外说明这些手稿的具体细节。我是想收回这些手稿，特别是最早的那几篇，又不想人家充分利用市场经济手段哄抬物价。

问：据说处女作之前的作品是因为你不同意修改才不能发表的。八十年代初，文学最神圣、最炙手可热的时候，一篇作品甚至能改变一个人的命运。当时你尚未踏足文坛，就反对按编辑的意思改自己的稿子，这是需要勇气的，就是现在这样的作家也不多见，你当时是怎么想的？

答：我总觉得青涩是一种异香奇美，应该被保留，而不是过度精雕细磨。

开始写作不久，省内的《长江文艺》将我投给他们的一篇小说稿退回，并附上四点意见，让我修改。我只接受其中一条，在将改过的小说稿再寄过去时，还傻乎乎地写了一封信，谈了三点不同意修改的理由，结果可想而知。不仅这一篇没有发表，直到过了好几年，《小说选刊》选载我的小说后，才有作品上这家刊物。前不久，北京一位当编辑当到退休也开始写作的编辑，问我对他投稿到《芳草》的一部作品的意见。我花了很大力气才将自己想说的话说出来。说出来后，心里很痛快，也很开心。这快乐中也有青涩的成分。人在本行当中，总说大实话是没办法混的。二十世纪八十年代的中国文坛，大家都敢实话实说，上上下下充斥着青涩的青春气息。湖北本地，哪怕是在延安时就写出《纺棉花》的莎莱和写《哥德巴赫猜想》的徐迟等前辈，年轻人可以直呼其名，再在后面捎上"同志"二字。不比现在，作协换届会还没开，只不过是主席或副主席候选人的人，便迫不及待地邀人聚在一起喝改口酒，高一声、低一声叫起"主席"来。然后，不管写了什么狗屁文字，总有几个人为其吆喝，要别人晓得如何站队、如何表态。

青涩时有什么说什么。

老熟后是说什么有什么。

能在青涩时做青涩的事，才是人生幸事。

青涩时没有敢说敢干过，往后再提所谓敢说敢干，往往带着审时度势的机会主义姿态。青涩的敢说敢干是真的勇敢，青涩时缩手缩脚，年过五十才想起来要放开手脚，老来忽发少年狂，往往是被身后的功利所驱使，说话的口气越大，说明下的赌注越大，也就越不能当成率性的真情流露。

问：你这个"固执"的做法导致编辑都有点怕你了。《圣天门口》的出版过程中，编辑害怕你不同意修改而影响作品出版，于是自行做主删改了部分内容，等书出版了你才发现"生米煮成熟饭"，你也没法了——当然编辑也是你非常要好的朋友，所以才敢这么"大胆"。

答：编辑怕作家的事情是不会发生的。二〇〇五年，一位编辑大姐，因为我没有将《圣天门口》交给她出版，两次打长途电话，将我骂得狗血淋头，丝毫不管她自己的因素，我也只好耐心听着，由她说去。去年有家出版社出版我的散文集时，那年轻得够可以的编辑，问也不问，就将开篇的一段话"篡改"得让我恨不得烧了那书。虽然没有真的烧那本散文集，我却没勇气再一页页地翻下去，害怕见到更加无理的"篡改"。请理解我用"篡改"二字，不如此不能表示自己的心情，也无法体现那些改动的劣质。

通常情况下，作家与编辑的合作还是很愉快的。即便是

《圣天门口》（第一版）那样的删改，我也觉得是在可以理解的范围之内。对作品的修改还是与作家充分沟通为上策，完全不沟通而擅自主张总还是要留下缺憾的。比如早期的一组系列小说，几家杂志不约而同地将"大别山之迷"改为"大别山之谜"，后来收录文集时，非常费劲地说明，评论家写文章也都要额外写上一些文字。

与国内外各个杂志、出版社打交道，最温馨的是中国青年出版社，一直严格按照国家有关规定，但凡用过的书稿，两年后一定会准时退稿。所以，我手头上才保有《凤凰琴》的原稿。最遗憾的是某杂志，发表我的一部有代表性的小说时，删去一大段当年被认为有些敏感的文字，虽然将原稿退了回来，后来编小说集时想将那段文字补上去，才发现当初编辑为图省事，将那几页生生撕下扔掉了。现在用电脑写作，情况大不同了。发表时删得再厉害，回头收进小说集时，仍然可以用原来的电子文档。技术的进步，可以弥补这种缺憾。

问：有一个故事说，你最初从阀门厂被借调到县文化馆，处女作发表之后却受到压制，导致你主动要求返回阀门厂工作。而在《圣天门口》的后记中，你也曾说："《圣天门口》出版后，文坛上的气氛有些不正常。相关际遇，现在看来都是某些别有用心之人生造出来的，想来不能不为这些人悲哀！"你的这种"遭遇"是否和你耿直的性格有关？现在你怎么看自己经历过的这些"磨难"？

答：这些事其实可以不必管它，一个人一生中哪有不会遇到烦心事的时候。经历了，过来了，对人来说不仅是一种丰富，还是机遇。人与人不同，人与人的想法也要有所不同。现在看来，当初在县文化馆的那些事真不叫事。在当时，也是个性使然，自己不想再忍受。时任文化局局长不肯将我正式调到文化馆，还"语重心长"地劝我回阀门厂继续当工人，免得两头都失去了。一气之下，我真的放弃了一年零五个月的借调，丢下一句话，回到阀门厂。当了一个月办公室主任后，关系极好的工友黄正林被破格提拔为厂长。那个年代改革风潮激荡，黄正林是有名的"改革派"，相比之下的我更是有过之而无不及。厂里那些看不惯我们的人，准备来一个下马威时，却没有料到，新厂长上任的第一件事是免去我的办公室主任职务。那些人一下子不知所措，先前紧张的气氛也缓和下来。他们做梦也没想到，这个主意是我想到并主动提出来的，宣布之前，除了我俩谁也不晓得。我出这个主意时，黄正林当时愣了半天，才回问我是不是真的这么打算。我不仅肯定地作了表示，还打算回车间继续当车工。谁知才过一个月，便峰回路转，文化局局长换了人，新上任的胡克局长亲自操盘，将我正式调入县文化馆。

一个人的心路历程会悄然潜入自己的作品中。

我的作品总是尽可能用"仁善"作为底气，正是因为我所经历的生活，总在给我以一些意料之外又在意料之中的呈现。这样的事不只是"吃亏是福"那么简单，更复杂和更重要的是能使自己变得比同行者更强大也更明白。

二〇〇五年《圣天门口》出版后，有关方面原本要我担任单位的领导职务，都开始走程序了，又不了了之。事后，曾经在某个饭局上，问时任宣传部部长的车延高，他只笑而不答。

二〇〇九年《天行者》出版，随后获第八届茅盾文学奖，上面又重提旧事，这一次走得更远，行文都报到市委组织部了。那段时间我刚刚被评为武汉市和湖北省"双料"优秀共产党员，组织部门偏偏不肯批复我的任职。不久之后，某常委请人捎话，说哪有此常委否定彼常委决定的事情哩，只不过自己还得听一个人的，还明白地说了一番话，意思是请醒龙老师找机会与"常委中的常委"当面沟通一下！那一刻，记忆中冒出当年小男孩们斗嘴时喜欢用的两个字，等到我真正说出口来的又略有不同。日后，我写《蟠虺》，将这略有不同的两个字通过曾本之和马跃之二位考古界泰斗之口说出来，一时间成为楚学院的"院骂"。

对这种事，我到底还是想得通，比如，第一次如果当了小官，可能就没有《天行者》的写作，勉强写了也会不遂人意。第二次小小的乌纱帽都碰到额头了，如果真的落在头顶上，肯定不会有自己花费近几年时间写作的长篇小说《蟠虺》，那样的话，自己也有可能成为楚学院"院骂"所称的"鼻屎"。我真心感谢那些不乐意我当这小官的人，如果当成了这小官，那就成了我最大的不乐意。还有，一些人削尖脑袋想要弄到的"作协主席"和"文学院长"，无论用何道理，我都是第一顺序人选，之所以最后落得一个"高风亮节"的口碑，是因为我主动地否决自己，坚决地推荐了别人。一顶小小乌纱与两部沉甸甸作品相比，孰轻孰重，谁要是看不清楚，那才是武汉人口头禅里的那个"苕"。

由入世而出世，由捆绑到解脱，只有亲身经历了，才能感受其中美妙。

性格问题本不是问题，如果有人惦记着你，将你当成问题了，那才是问题。

问：你曾经在文章中回忆与苗振亚、姜天民、刘益善等师友的关系，你觉得到目前为止在你的文学生涯中，哪些人对你的影响最大？他们怎样影响了你的文学之路？

答：与人相处时，能从对方身上看到与众不同的长处，那也表示自己在这些方面有所收获。比如早期我一直觉得爷爷对我的影响是至关重要的，后来才发现父亲对我的影响丝毫不亚于爷爷，越到后来越是明显。文学需要最大限度地依赖直觉，它不是靠纯哲理性可以解决的，也不是科学技术所能控制的。文学直觉能力的来源，一个是文化传统，一个是生命血统。有人质疑陈忠实等人早先总是说马尔克斯对自己的影响，后来改口只字不提马尔克斯了。这既是陈忠实的问题，也不是陈忠实的问题。文化传统下的生命血统和生命血统下的文化传统，是人类始终想摆脱又始终摆不脱的终极问题。对陈忠实来说，不再认为马尔克斯对自己产生过影响，是一次文学性的飞跃。

苗振亚老师的贤良，姜天民的率真，刘益善的厚道，都是我一直在修炼的方向。

问：作家最好的作品常常在写他最熟悉的生活，但是在你的创作中几乎没有陌生领域，写工厂、写农村、写历史、写教育、写战争和考古等，而且对每一种题材都得心应手，你是怎样做到这一点的？

答：一部作品的起因，一方面是兴趣，另一方面还是兴趣。

兴趣是天使。没有兴趣的写作无异于魔鬼，样子丑恶，性情邪恶，让人不忍卒读。

当工人时，我对车工技术钻研得足够可以，达到了那家县办小厂所能达到的顶级水平，因为我有兴趣，才能成为我们厂里最好的车工。对乡村也是如此，直到现在，我仍然坚持将城市里的公园看作是乡村与城市的相互渗透，以及城市对乡村的不可分割。自己从未见过历史，但爷爷他们见过，想起爷爷就是历史，哪个当孙子的会没兴趣？

兴趣是最好的才华，也是最靠得住的才华。

没有兴趣的才华，就像鲜花插在牛粪上。

问：我们多次提到《圣天门口》，这部百科全书式的、史诗性的作品倾注了你的大量心血，你曾潜心为此"闭关"六年。虽然《天行者》已经成为你的代表作，但我个人认为，《圣天门口》才是你"最爱的孩子"。从你个人的文学抱负来讲，这部作品是不是在某种程度上实现了你自己的愿望？

答：这部小说对我来说，是最有血缘关系的。开始写这部小说时，女儿还在妈妈的肚子里；写到半截时，女儿已能够从电脑桌下钻进我的怀里，大声念着电脑上刚刚敲出来的句子；作品完成时，女儿则在自己的作业本上，写下"长篇小说"四个字。所以，说《圣天门口》是与女儿一同诞生的双胞胎也是可以的。任何一部作品，只要具备某种特殊性，其意义自然不同凡响。近代中国史，以一九四九年为分水岭，文学作品或写这之前，或写这以后，将其间打通，从清末民初写到"文革"

运动的强弩之末，到目前为止，《圣天门口》还是唯一一部。写这样的长篇小说必须具备一定史诗的底气。

中国作家一定不要忌讳"史诗"这个词，更不能贬损这个词的意义。一个国家，一个民族的文学，如果没有几部史诗性作品，仅凭"大批判"或"小团圆"，是会被世界当成笑话来消费的。

问：《圣天门口》里始终贯穿着一种大历史观，即人类社会的基本道义对政治的超越，这与你倡导的"仁可安国""仁者无敌"是一脉相承的。在这部小说中你是否觉得窥破了历史变迁的"天机"？

答：天机不可泄，这话至少有一半是真理。真正的天机不是由人来破解的，而是引诱人们上前参悟。中华文化五千年绵延不绝，那些想用宗教种种作为文脉的人，却忘了时下流行的宗教，在有五千年教龄的历史老师面前，只不过是学生辈。

历史如果真有天机，中华文化中的"仁"既是精髓，也是钥匙；既是本质，也是方法。

问：除了历史观的超越性，你的多部小说中还体现着另一种超越，即人性对道德的超越。你从不用那种虚伪的道德标准来评判和定位人物。很明显的例子是对"性"的书写，在《圣天门口》《生命是劳动与仁慈》《天行者》这些小说中，两性之间的关系都是从角色最基本的情感和人性出发，尽管可能是婚外的、不符合正常伦理关系的，但却并不令读者生厌，反而生出对人物的同情和怜惜之感，比如像《天行者》里孙四海和王小兰之间的关系。在这个问题上，你有没有考虑过这种写法与传统道德之间的矛盾？

答：有人说我的文学基本思想是保守主义的，是呼唤回归传统伦理道德的。这个观点太奇葩，如果连我都是保守主义，只有外星人才是非保守主义了。阅读作品最忌讳按自己的思路来设计——其实是算计——别人的文本，将文本中的一两句用来描写作品人物的话，按照自己的算计，设计成文本的全部。这有点像蓄意安排的某种埋伏，尽管如此蓄意没有一丝一毫的恶意，对文本来说，所产生的效果如同一场谋杀。

千万不要低估作家的智商和情商。

作家不说话时，往往是情商在起作用，而将智商暂时搁置一边。不说话不等于没有话，更不等于无力反驳。在市场经济背景下，人家辛辛苦苦为谁的作品写上近万字评论，从谁那里得不到好处不说，谁还在那里横挑鼻子竖挑眼地不满意，下次肯定再也没有人搭理其作品了。所以，作家在很多时间只是将智商封存起来，完完全全地用自己的情商来与万物花开打交道。

在小说中，重要的是人物是否站得起来，站起来后是否屹立不倒。

在小说中，凡是针对与人物相关的命运与生存的描写是合情合理的，是解释得通的，所写人物就具有了不受作家操控的独立生命。

传统伦理道德仍是当下文学人口最基本的评判标准与法则。这并不等于说，我写了这样一本特征明显的书，一切就理所当然地指向特征明显的候选人所处的特征明显的人文立场。

在这样的时间节点里写出传统中的非传统，又在非传统中写出传统，正是文学的巨大作用，是对人文世界进行独特标记。

传统是一种用起来十分靠得住的力量。相比这种稳定性很强的能量，那些对传统发起挑战的力量，总是代表着人对未来的浪漫与理想。缺少了这样的浪漫与理想，文学将会死无葬身之地。

无论人如何折腾，终归还得有所皈依。

没有皈依的人，同样会死无葬身之地。

就《天行者》中孙四海与王小兰的婚外情来说，作为作者，我当然是第一个对他们表示同情和遗憾，表示爱和痛的人。反过来，这种不正常的婚外情是正常道德传统的补充部分。有些传统腐朽了，就要有所行动将其反对掉，这也是传统一直在暗中进行的自我调整。传统如果不是这样不断地面对现实进行针对性调整，传统早就不成为传统。所以，我还是很喜欢"传统"这一概念的，没有传统，人将是湖上飘飞的柳絮，但传统绝不是一池死水，应当是本身具有调节功能的湖水。

问：说到《天行者》，这部作品写民办教师群体，我曾经在教育系统工作多年，多次接待过民办教师上访，并具体参与审核民办教师转公的档案资料，有了这个前提再看《天行者》，我更能体会小说中的力量，特别是你准确地切入了这个群体的心灵世界。我想知道的是，当时有什么机缘促使你创作这个作品？

答：好小说是一把放大镜，用来提醒世界，如何将卑微者的生命价值，显得丝毫不比那些大人物差，甚至远远超越那些大人物。

民办教师群体就是这样的，他们是这个世界里最不被记起的卑微者，却干着连他们自己都不清楚的伟大事业。一个民办教师并不突出，但将所有民办教师放到一起时，再虚伪的历史也不好意思将他们扒到一边，当作没看见。

当工人时还不觉得，离开工厂的时间越长，越觉得厂里那些毫不起眼的车工和铸造工，是一群与民办教师差不多的人，文学对他们的描写与对民办教师的描写在意义上是同等的，都是对生命的叹为观止。写《天行者》中的民办教师时，我心里常常想到的是这样一群工友，想到武汉的大街小巷里那些让人瞧不上眼的清洁工，想到各地公共汽车上常常被人骂得狗血淋头的司乘人员，如此等等。民办教师只是一种文学的缘起，相比来说，我只是对民办教师更熟悉一些，否则有可能将这部小说的主人翁，写成清洁工或者公交车上的司乘人员。近一阵开始不厌其烦地提及的"工匠精神"，本质上也就是"天行者"，也就是民办教师精神。

问：前面谈到你对中国传统文化精神的重视，而在小说创作中，你也十分注重从中国古典文学传统中发掘资源，比如《圣天门口》中不乏志怪小说、传奇小说技法的影子，还有贯穿始终的口语说唱。而我们的现当代小说更强调吸收和消化西方现代小说艺术，你怎样取得这二者之间的平衡？

答：中国小说一定必须是中国的小说。

白话文运动之后，中国文学对自身经典的传承做得十分不够，除了汉字没有改，所谓文本意识背后的文学精神与文学理论，来一阵，去一阵，无一不是为西方现代主义摇旗呐喊。由于中国人不可能单凭短短几年的文学教育就深入西方人文的骨髓，所以理解的更多只是技法一类。短期来看，对中国文学的发展是有帮助的。长期来看，中国文学想要普遍受到世界尊敬，还得依靠自身源远流长的经验。

从翻译过来的一些外国文学作品来看，我不否认有好作品，但与当代中国文学一流作品相比，大体上差不多，甚至还有某种差距，也可能是翻译水平参差不齐的缘故，有相当部分的翻译进来的文学作品真的不怎么样，不值得硬性贴上那些溢美之词。一些说得天花乱坠的外国作品，其实难副的原因是出版商的商业营销策略在作怪。

明白个中原委就不难找到平衡感，心理上的平衡一定要从心理上找，明白《红楼梦》要胜过人间绝大部分文学经典，那就通过《红楼梦》来解决中国作家面临的文学问题，毕竟《红楼梦》写的是我们耳熟能详的人和事，理解和接受都要容易一些。我个人的经验，每隔三五年，就空出一段时间，将《红楼梦》重读一遍。如此不仅能找到中国文学与西方文学的平衡点，还能找到古典主义精神与当下世俗风格的平衡点。

问：你小说中的叙事动力常常在两类人物的对立冲突中产生：一类是理想主义者，如《生命是劳动与仁慈》中的高天白，《天行者》中的余校长、孙四海等，《圣天门口》中的梅外婆，还有董重里，我觉得他也是一个有理想的"民间知识分子"，《蟠虺》中的曾本之等；而另一类是俗世中的"普通人"，比如《天行者》中的"村长"余实，《圣天门口》中的马鹞子、常守志，还有《生命是劳动与仁慈》中的"贪官"。与当下那些纯粹的批判现实的书写不同，你的小说在保护世道人心方面更胜一筹，我也在作品中体会到你的良苦用心。网络时代，文艺的娱乐消费功能凸显出来，审美教育功能在弱化，你怎样看待这种变化？

答：文学存在的理由，是为了保存理想主义火种。世界越残暴，生活越冷酷，需要文学的人也就越多。这一直是不争的事实。

作家写作，首先是保证自己不会失去那颗善良之心，那些对外部世界的作用，都是因为自己需要，然后才想到别人也许同样需要。你说我的小说在保护世道人心，在我看来根本就是让自己的内心享有一片按自己意愿打造的天地空间。"二战"以后，世界上年年月月都有战乱在发生，相比那场波及全人类的血腥苦难，大部分人的日子还是越过越舒适，越过越慵懒，越来越自以为是。把娱乐看作一种精神生活本来也不错，错的只是一天到晚只想着娱乐。凡事物极必反，当娱乐成为一种不正常的精神症候时，哪怕拥有更加便捷的互联网，人们也会主动做出行为上的相应调整。那些不会调整的人，将会变成娱乐性动物，会被排挤到生物链的最底端。

问：你已经是公认的"新现实主义、新乡土小说的代表性作家"。对于这个评价，你自己怎么看？

答：乡土、现实以及乡土的现实是我真正关心的。一个人做到了某种代表，也就是他在某些方面开始不合群了。如果大家都是一模一样，就没办法让谁来代表谁了。作为既没有红头文件，也没有相关待遇的代表，我对自己定下的准则是：要写就得写出与天下人完全不一样的作品。一个努力将自己与同行彻底区分开来的作家，竟然成了同行的代表，这样的代表当不当都是一种说辞，当不得真，也当不得假。无论真假，都要落实到白纸黑字的作品上。

作家最要小心的是那些游离在作品之外的虚妄。

好比占山为王，一个人无端地被他人推上高山之巅，感觉到一览众山小，但山上没有水，没有食物，没有人与之对话，甚至没有一条用来行走的小路。这样的高处不胜寒是会饿死人和冻死人的。聪明的人对各方面的话听听就好，点个头表示晓得了，然后转过身去继续做些实实在在的事。

问：你有没有关注过网络小说？你能否简单评价一下网络文学？

答：目前阶段互联网上的那些作品，命中注定无法达到高水准。指望整天泡在互联网上的那些十几岁、二十几岁后生写出惊世骇俗的大作品，是不现实的。这些人在学校时本来就没打算好好读书，底子薄，最关心的又是打赏的人有多少。令人担忧的是，相比十年前那批互联网写手，现在流行的数量大了许多，所写的作品水准却下降得更厉害。十年前，互联网上的写手还会对自己作品的文学性不足心存愧疚。十年后，只要打赏的人足够，哪怕作品是天下最垃圾的，"本小爷"与"本小姐姐"也在所不惜，这种心态如果没有普遍性改变，作品迟早也会落得像"知音体"那样被人耻笑。

腊月二十六，在合肥参观李鸿章故居，正要掏钱买二十元一张的门票，忽然发现旁边有告示，六十岁以上的老人可以免票。我拿出身份证一试，还真的是这么回事。头一回享受老人待遇，心里有种怪怪的感觉。我们这代作家正在老去，趁着还很明白，还没有糊涂时，出于责任而说一些当爷爷的必须说的话：

文学必须坚守，但不能太任性。

小时候将老虎看成是大猫，是天真可爱；成年后还是坚持说老虎是大猫的，不是矫情就是无知。

婴儿时期，可以在洗澡盆里游泳，长大以后还能将洗澡盆当游泳池吗？

从甲骨文，到青铜铭刻，到各种简牍帛书木刻水印，再从现代印刷跳跃到互联网，人类文明每一次质的进步，都将文学置于文明进程的高端，未来再有新的进步时，依旧不会使文学变成一种粗俗赚钱手艺。

一个爱玩文字的人，用何种玩法是其天赋自由，别人无权干预。这种看上去挺美的事，背后藏着最残酷的现实：一个人很难被别人淘汰，在别人的竞争性方式面前人会自动产生应激反应。那些被淘汰的人，往往是自己淘汰自己的。

虽然有这样那样的担心，但互联网上的种种青涩，还是可喜且可爱。

问：网络时代，文学创作的环境和形式都发生了许多变化。作为一位"50后"作家，你如何看待网络文学？

答：谈这个问题时，人们往往会情不自禁地偷换概念，网络本身创造不了文学，创造文学的是人。春秋时期流行"学富五车"，到了今天，学问再深奥，一个人的全部身家也装不满一只小小的U盘，更别说一台电脑了。无论是用五辆车才能载起全部著作的过去，还是用一只U盘就将一切建树揣进口袋里的现在，文学的对象仍旧是人，这一点从未有过改变。如果某一种"文学"变得离开网络就活不下去，这样的"文学"又如何能够活在人的精神世界里？真正的文学，既往能离开青铜铭文简牍帛书传承，现在离开网络也能传承。比如《黄冈秘卷》所写的"贤良方正"，在既往的典籍中，《史记·平准书第八》曾提及："当是之时，招尊方正贤良文学之士，或至公卿大夫。"《史记·孝文本纪》也写道："及举贤良方正直言极谏者，以匡朕之不逮。"再往后的四大名著中，只有《水浒传》中提过一回，可如此冷遇也没有影响"贤良方正"在家乡黄冈的土地上世代流传。这也可以回答上一个问题：正是由于"贤良方正"包含了人之所以立世，必须具备的人性与道德要素，它才能流传于时间长河中。网络传播再强大，作为文学，终究还是离不开"贤良方正"一类对人的深情表达。

问：现在很多作家都瞄准影视改编去写小说，而更年轻一些的网络作家也通过网络小说来赚钱。你从不屈从于流俗，你觉得你对文学的坚守，其意义何在？

答：赚钱没错，写小说更没错，为了赚钱而写小说也不是错。错的是那些披着小说羊皮的垃圾文字狼。

青涩时，我也没有免俗。当年也曾想方设法买一辆凤凰自行车，也曾排长队买麦当劳并且一次吃两个巨无霸，也曾拿到头一笔外币稿费而向同行炫耀。好在我很快明白，自己买汽车只不过是为了出行舒适方便，买别墅也是让自己拥有一份天籁，去国外看看是为了开眼界让自己的家国情怀变得实在有目标。任何人都不可能免俗，在俗世中历练并坚守品格的文学最靠得住。作家也是一日三餐要吃五谷杂粮的大活人，男作家一定是某个养老金领取者的孙子或儿子，女作家一定是某个见了美女忍不住多看几眼的男人的妻子或恋人。

作家不是从空气中汲取营养的外星人。

作家一定要有不仅能与地球人交流，也能与外星人交流的特殊心灵。

物理学最新研究成果在说，宇宙是由所占百分比很少的物质和百分之八十以上的暗物质组成的。在人类所处的世界中，世俗是物质的，非世俗的文学等是暗物质。人类在目前阶段无法感知暗物质，只能用数学方式来推算暗物质的存在。作为暗物质的文学，所幸还能被人类所知所感，不管有没有人在坚守，真正的文学都是暗物质一样的存在。

问：从一九八四年开始发表作品至今，如果给你三十多年来的创作划分阶段，你会怎样划分？

答：我曾受到评论家"引诱"，掉进他们设计的一座"坑"里，为自己的文学创作过程作过划分。后来发现，这是完全多余的，是画蛇添足。人有上半身和下半身，人生有少年、中年和老年，创作是不好划分为阶段的，在同一个人身上，既不存在传承关系，也没有什么代替什么。如果只以时间顺序作自然划分，当然无可厚非，硬要说成是初级阶段和高级阶段，就是自作孽。

太多人喜欢将文学创作看作是登山，以为登得越高成就越大。我以为文学创作是畅游大海，刚开始对海洋风暴不适应会很难受，等到适应了，体会到汪洋无际的美妙，自己也能在波涛汹涌之中施展优雅的泳姿，那种感觉才是最真实的。也反衬出登高望远的一览众山小，不过是短暂的虚构。

问：你在中篇创作井喷期时，突然选择闭关六年，写了百万字长篇小说《圣天门口》，在此过程是否有遇到瓶颈或想要放弃的时候？支撑你一直创作下去的动力是什么？

答：《圣天门口》是我写得最长的一部作品。过程中除了累，需要休息，从没有过放弃的念头，因为这不是我的性格。我对一件事，只要上手做，无论成败，一定要完成。二〇一六年夏天从吴淞口开始的"万里长江人文行走"，已经走完了长江中下游，二〇一七年七月，肯定会走到可可西里。做准备工作时，别人都觉得能到青藏铁路经过的沱沱河就行了，我坚持一定要走到长江源头格拉丹东冰川。文学创作是自己最在乎的，如果只是由于篇幅太长，就时时想着不干了，有可能连几千字的短篇也写不好。

现在流行说"骨灰级"，从文化的角度看，说"妖精级"更有味道。狐狸修炼千年能够成精，变身美女，也就等于说，一个人在将自己手中的事做了几十年或者一辈子，最终也能成精，达到极致美。从前就是这么说的，乡野之间，老街之上，那些干了一辈子的木匠、铁匠、剃头匠，还有裁缝，都是无所不知、无所不会、能将世事看透的妖精级人物。有时候也会自嘲，说自己成了"妖精级"的作家。事实上也如此，身边、单位，还有同行等，有时候对方一句话抛出来，不用多听细想，就明白对方内心深处不肯明白示人的弯弯绕是什么。

凡事真正难得做到的是持之以恒，是铁杵磨针，是水滴石穿。这是武侠小说中扫地僧能够灭敌于无形的真理所在。

问：你创作的灵感通常来源于何处？

答：这是不一定的事。当初在黄州城内送儿子上学，见到学校非常庄重严肃的升国旗场面，突发奇想写了《凤凰琴》；听一位朋友讲他单位头头如何生二胎而写了《秋风醉了》；有朋友送来二两冬茶便写了《挑担茶叶上北京》。武汉本地一个电影放映员，从银行贷了一笔巨款无法归还，银行不得不安排两个人一天到晚保护着他，这件真事让我写了《分享艰难》；一群老"知青"在城里舞台上表演《青春无悔》让我有机会写《大树还小》；家门口的博物馆展放的稀世国宝曾侯乙尊盘使我萌发了《蟠虺》；一群老民办教师只要闻听我有公开活动就来捧场让我不得不将《凤凰琴》续写为《天行者》。还有《圣天门口》，是由于少年时代听长辈讲的与历史教材大不一样的真人真事长年堵塞在心中，不写出来身心就无法通畅。

灵感通常是不真实的，是无法贮存的。

一旦脑子里的某个角落突然一闪亮，灵感又会变得如影相随，想甩也甩不掉不说，还会像那种没有炎症的疾痛一样折磨人。

问：近年来你的作品如《天行者》《蟠虺》，还有最近的《黄冈秘卷》都是长篇小说，而你以前也创作了百余篇中短篇小说。你更喜欢创作中短篇小说还是更偏爱长篇小说的创作？

答：我特别害怕写短篇小说，也特别佩服那些以写短篇小说为生的作家。我比较笨拙，对付不了这种过于灵动的文体。我这辈子最不会吵架，也特别害怕吵架。万不得已必须上阵，对方现场感极强的唇枪舌剑，总是将我弄得遍体鳞伤。

因为无法灵动，所以我一直觉得那些会吵架的人，肯定都是短篇小说高手。

比如同事某人，短篇小说写得好，拿过鲁迅文学奖。争议与否另说，那个短篇确实写得很好。那一年天津市评出第一届青年文学奖，需要国内同行表态支持一下，就找到某人，让说上几句好听的话。想不到她现编现卖，对人家说："刘醒龙听到这个消息后，兴奋地表示——我想调到天津去。"市委宣传部几位从《文学自由谈》上读到这条消息，有些着急，因为此前上海市就动过念头，要调我过去。时任武汉市文联主席夏雨田是相声界"教父级"人物，也是超级球迷，他发狠地说，要学足球运动员转会，让上海支付三千万元转会费，才会考虑。宣传部部长见到杂志上的白纸黑字后，亲自打电话问我是怎么回事。我一头雾水，反问他这是哪儿和哪儿呀？然后找来杂志看过，再然后打电话给某人，先说咱们有十五个月没见面吧？在她表示认同后，我才问是什么时候在什么地方对她说，我想调到天津去？万万没有想到，她反过来振振有词地指责我，脱口就是一句，说："你怎么一点幽默感也没有呀？"我语塞了好久，一个字也答不出来，只好默默地挂上电话。过后，我想了几个方案，可以说，你喜欢那十万元奖金你自己去呀！也可以说"你怎么不拿自己开涮呀"，那才是真正的幽默！比较起来，还是没有人家的指责来得痛上加快。

短篇小说就是要有这种匕首与投枪一样的效果。

我玩不了匕首与投枪，我喜欢中长篇小说。阅读和写作，都是如此，这也是一种无可奈何。

长篇小说是一个自给自足的文体，就像那些生态很好的自然保护区，本身就是一个能够对抗外部世界而长久生存下去的优良小环境。在这种环境中，大熊猫、金丝猴、雪豹等特立独行的动物能够自由自在地生长，至于谁用巡航导弹将谁定点清除，谁用隐形飞机偷袭别国的军事基地，需要用短平快的文字来应对。长篇小说有完善的经验体系，在这个体系中，一个笨拙的人也有足够宽阔的天地供他创造出适合自身的文学经验。

长篇小说是泰山经石峪的石刻，哪怕万水千山也掩不住；短篇小说则是书画中的扇面，需要有个圈子来近距离端详，甚至是相互欣赏、相互抬庄才行。短篇小说大师，本身就是人气王。写长篇小说的人无法做到这一点。

问：我想包括我在内的读者朋友都非常关注您近期的创作计划。在《蟠虺》之后，你的下一个长篇将会是什么？

答：到目前为止，还不清楚作为暗物质的文学会赐给我何种灵感。我能想象到它一定是一部长篇小说，因为这早已是我的文学方向。在动笔之前，我先要完成二〇一六年没有完成的行走任务。二〇一六年夏天我从三峡开始，一直走到崇明岛外的长江出海口。二〇一七年春夏，要走完长江上游的金沙江段和青藏高原上的长江源。这件事足以媲美任何一部大作品，这一阵我一直在做体能储备及地理常识的准备，暂时没将下一部长篇小说想得太细。作为"万里长江行走"的计划倒是有，到时候会完成一部长篇散文。

问：你曾用"青春"这个词来比喻创作中短篇小说的独特意义，它或有缺憾，但是却贵在有饱满的浪漫与激情。

答：是的。人一生，不同阶段要做不同的事，同样是写小说，长篇与中短篇有着明显的不同，在体力好、精力旺盛、经验独到时，写长篇要比写中短篇更对得起年月日。

问：在屠格涅夫的《初恋》里，有这样一句话："青春，也许你的魅力的整个秘密，并不在乎你能够做任何事情，而在于你能够想你做得到任何事情。"能不能与读者分享一段你的青春记忆？如果能像科幻小说里所写的那样——与青年时代的自己相遇，比如十七岁时在水库工地做技术员的你，二十世纪八十年代写作"大别山之迷"的你，那么现在的你会对过去的自己说些什么呢？

答：青春与青涩，从意义上看有很大不同，从行动效果来看似乎差不多，想干就干，说干就干，没有机会就创造出机会，没有路径就劈开一种路径，不要害怕，也不要迟疑，坚决爱自己痴爱的姑娘，坚决爱自己热爱的文学。

（访谈者：桫椤，二〇一七年二月三日）

十二、经典小说是往人心里搁一块石头

问：在你的长篇新作《黄冈秘卷》中，祖父和父亲对"我"名字上的分歧——"珀惇"和"破墩"——意味着两种文化意志的角逐。小说中说"我脊骨一样的文学精神来自祖父"，这里的"文学精神"具体指什么？是否也可以看作是父辈精神遗产的一个缩影？

答：也许我们有必要像青春时期那样，对一切的精神遗产持怀疑态度。同样，我们也必然会无法抗拒继续接纳维系父辈生命过程，那些由物质变成的精神，以及由精神变成的那些物质。父亲是如此，父亲的父亲也是如此，透过小说回到生活中的我们，无论相信还是不相信，也终将是如此。文学精神并非仅仅孤悬在文学之中，而是社会生活中的人心状态，以文学形式存在，通过文学的形式得以发现和广而告之。在祖父往上的人生中就蕴含着"贤良方正"，有没有写进文学作品里，都会存在于过去，存在于现在，存在于明天。在文学中，真诚的继承，比勇敢的抛弃更为紧要。所以，我一向坚持，不可以在"毫无顾忌地批判"和"文学精神"之间画等号。

问：古语云："惟楚有才，鄂东为最。"黄冈从古至今在文教方面颇有建树：从程朱理学代表人物程颐、程颢到近代的作家闻一多、废名，更早还曾有杜牧、苏轼、李贽等人在此客居；但是强势的教育传统似乎也是双刃剑。小说一开篇写到了高中女生北童想要火烧题库《黄冈秘卷》，对教育传统你有哪些反思或期待？

答：小说与时下紧贴，容易使人情不自禁地对号入座。小说有提到所谓的"高考秘籍"，并不代表我要对教育传统发表哪些高见。那些流行于朋友圈中的文字，也不能作为一部真正小说的来由。脱离小说本身，在这里倒是可以说几句，就教育来看，现阶段维系住教育传统，包括文学教育，才是百年大计，那些只在朋友圈中浮现三五个小时、最多也不过三五天的观念才是不折不扣的口水垃圾。

问：黄冈和附近区域还有一个特征是，自古也出了许多武进士、武举人，到近代更有许多军事家诞生于此，它对传统文化里"尚文贬武"的观念形成了新的补充，包括个人英雄浪漫主义在内的观念意识可能也在后来推动当地形成了现代革命力量，你如何看待这种复杂的"文武并举"的文化现象？

答：黄冈一带的人文，历史上就有"五水蛮"之说。两晋时期，巴蜀之地的"蛮夷"总在造反，朝廷为了一劳永逸，而将其中最强悍的八千人，强行迁徙到鄂东黄冈的举水、倒水、巴水、浠水和蕲水等五条河之间。经过了几代人，其间虽有几次大的动荡，但大不相同的风土气质，让这类人安居下来。老虎虽然被圈养，强豪性格还在。我始终觉得，苏轼诗歌的豪放在黄州达到顶峰，其受贬谪离开灯红酒绿的京城只是起因，关键是黄州一带的"五水蛮"在文化性格中存留的巴蜀因子，与同为巴蜀子弟的苏东坡的人格气质产生了同频共振，促进了诗意才华的大爆发。前一阵，我到历史上统称"巴蜀"的鄂西长阳，当地土家族人，也就是从前的巴人，将老虎称为"老巴子"，而鄂东黄冈一地也是将老虎称为"老巴子"，这种文化上的细节，也佐证了两地人文的内在联系。黄冈人亦文亦武是古已有之，并非近代才发生改变的。这种血脉之中流淌的传统，如同鄂东五条大河一样强大，遇上干旱河流会干枯，只要一场雨浇下来，又会齐头并进汇入长江。

问：文史研究者把"暴力"看作是头难以摆脱的"历史怪兽"，而文学书写承担了重塑历史形象和大众心理疏导等作用。比如黄冈历史上，思想家李贽客居在此时大幅评点和编辑出了《水浒传》的新版本，或是小说家冯梦龙把他的观察写入了反映市井大众价值观的白话小说中。你在小说中也提供了深入思考，比如国家变革前后家族内人物（林老大和弟弟们）的不同命运，这类反思不仅是你自己的，也是面向大众的，写作过程中你希望这部小说形成什么样的历史观念来介入真实地方史？

答：十几年前写《圣天门口》时，我就有过写"小地方的大历史，小人物的大命运"的主张。这话后来被不少人加以引用或应用。《黄冈秘卷》的写作，还要再加上一句："小故事的大道理。"凡是讲道理的事，就不能驴唇不对马嘴，只管说来过瘾，不问日后会不会成为笑话。那些表现大道理的小故事，是由岁月铭刻在人身上最柔软，同时又是最坚硬的地方。经常有人会冷不防冒出一句，说自己"心里搁着一块石头"。这种搁在心里的石头，就是用于铭记的坚硬表达。这部小说能使人认识到，之前他所阅读的历史并非一块坚不可摧的石头，相反，与历史远隔千里，相隔百年的人心才是真正的铁石。

经典小说是往人心里搁一块石头。

就像破土而出的一片有字符的甲骨，一尊刻有铭文的青铜，寥寥数语，就会颠覆貌似早有定论的史学。

问：《黄冈秘卷》中呈现的历史观还有更多反思，比如老十哥、王朤伯伯这样的人物命运，指向了历史"劣胜优汰"的怪象。这种历史现象是悲观的，但小说中体现出困境下的个体依然能够"贤良方正"，这种现象令人感到欣慰。如果说一个地方文化对未来持有乐观态度的话，是否答案就存在于你越写越清晰的"父辈形象"身上？

答：近期北京的一个会议，要我准备两个发言，其中一个是关于"英雄"的。我想到时候说说老十哥和王朤伯伯。生活需要舍身扑灭山火的人，需要用血肉之躯堵塞溃口的人，这样的人成了英雄是不容易怀疑的。那些有办法不让山火发生、不使河堤溃口的人，才是日常生活里、普通人生中的一种正脉。

女人做母亲，一种是千辛万苦，渡尽劫难，分娩出婴儿和平平安安；一种是不动不静地生育成功，二者都要称为伟大。

平淡无奇、细水长流般潜藏着的贤良方正品行、贤良方正信仰，可以保证一方水土的正确方向。

问：我们的传统文化历来重视"史笔"评价，族谱也体现了这一点。小说中说："在《刘氏家志》面前没有人是彻底超脱的，任谁都会关心与自己相关的笔墨是正写还是反记。"家族志如大河之源，为后代心灵提供了一个处方。这让我想起你曾说过，"人人心里都存有一个'圣'的角落"，家族志乃至小说都是在召唤个体的使命感。

答：即便是"世界那么大，我想去看看"这类网红语录，也具有使命元素。最近网传，说二〇三〇年以后人类就能解决永生问题，前提是这个人得有足够多的金钱，来保证此类永生必不可少的花销。对于绝大多数人来说，最简洁省心的永生就是"家族谱志"。我很了解自己头一回在那古老的册页上默诵毫不知情的先祖名字时的神秘感和神圣感。也是这类古老册页，让我理解了爷爷当年为何一而再，再而三地在我们面前说，家乡黄冈历史上从不出奸臣。家族谱志能让人心生神奇效应，在于一切人的一切污点丑行，都将在此摈弃。这么做并非不要真相，而是更在意未来。

问：正如小说中《组织史》和《刘氏家志》所体现的，地方志、家族志往往和主流历史记录形成补充乃至修正的关系。作为小说家，你如何看待或挖掘地方史料的价值？

答：我喜欢翻阅地方志，也经常搜集地方史料。中国太大，各个地方的文化又太不相同，哪怕不是为了写小说，读一读这类文字，偶尔从中发现某种藏在历史背后的秘密，也可以在丰富文化储备的同时丰富自己的人生。比如，在地方史料中发现后辈欧阳修的《醉翁亭记》和前人王禹偁的《黄州竹楼记》之间，存在着千年以来不曾有人提及的微妙关联。我不认为真的是千百年来唯有自己才看出端倪，问题是别人看出来了，为何沉默不语，为何不指出来？虽然不关我任何事，认清这一点后，也就刻骨铭心了。读史而明志。而读地方志，则可以使人明目，看人看事，多一些清醒。

问：这部小说有强烈的写作者家族史的自传氛围。从早先的《弥天》到新作，你很谨慎地调动了自己的部分真实生存经验和观察。十多年来，面对书写这类素材，你的思考有什么变化？

答：小说家写的每一部作品，都是在前一部作品基础之上的新的进程。写《弥天》时，发现记忆是一条能抽打灵魂的深刻的鞭子；《圣天门口》写出了眼界，"用人的眼光去看，满世界都是人；用畜生的眼光去看，满世界都是畜生"；到《天行者》时，则感慨"界岭小学那帮人有毒"，同时很渴望能有人会"中界岭小学的毒"。在《蟠虺》的写作过程中，我找到了"识时务者为俊杰，不识时务者为圣贤"。因为这句话，一方面几乎用尽了全部学养，另一方面又有了前所未有的生活积累。写《黄冈秘卷》，是在经历这么多的沟沟坎坎后，才对熟视无睹的日常秘密恍然大悟。作家差不多都是这样，年轻时血气方刚，看什么都不顺眼，都想按自己的想法重新评判一下，就连骨肉相连的故乡也不例外，总想用笔下的文字来批评个人眼里的种种不是。直到熟悉的长辈一个个离我们而去，一间间老屋在风雨中倒塌，一群群不认识的孩子在一座座拔地而起的新楼里撒欢，才意识到"血气方刚"并不是十全十美的东西，也没有得到道德的全方位授权。有时候，文学中的血气方刚不是才华的体现，而是初出茅庐、为名利所累、自以为是的轻率和傲慢。那样的"深刻"更像是个人主观的文字游戏，是一种过分任性，与能触动灵魂的精神力量完全是两码事。

问：在处理小说中现实与历史双线叙事时，可以感觉到你既没有二元对立的激烈对抗，也没有陷入局外人的历史虚无视角，包括前作《蟠虺》在内，让两者彼此产生复杂的作用和反作用，并观察不同时代群体的人文精神如何消长、如何捍卫，这能否看作是你现实主义写作观念的原则之一？

答：现实主义必须面向现实，还必须面对真相中的现实。同时，现实主义主张也应当是现实当中有可能行得通的，可以对现实的进步起到美和善的作用。批判丑陋的罪恶而不主张从仇恨出发，消解血腥的纷争而不希望残忍得以继续。任何时候，都要捍卫"文学就是人学"的原则。

文学是用人性、人心、人民的方法来处理艺术美学，而不是用艺术美学来处理人性、人心、人民。

这是现实主义文学的伟大所在，同时也是现实主义文学的悲剧所在。明知前路是坑，也得往里面跳，等到这坑被填满了，变成平坦大道了，后来的人舒舒服服地在上面走，还会笑话填坑的人太傻太天真。

现实主义是现实的一部分。只有成为现实组成部分，现实主义才能展现意义。

问：对于故乡，不同作家赋予了不同情感。小说后记中你使用了"害羞"一词，故乡文化的深厚沉重或许并非《黄冈秘卷》可完整实现，你认为这部作品有什么遗憾或需要下一部作品来进一步书写的？

答：如果说有遗憾，那也是与"害羞"有关。

产生害羞的感觉，首先是由于陌生。害羞是害怕的缩减版，是迷你型的胆怯，是不知所措与老谋深算之间的分水岭。

我还不清楚，在故乡面前不再害羞后，会不会重新像年轻时那样，又开始对故乡指手画脚。我得小心地提早防范。最好的防范措施当然是暂时将故乡收藏到心底。所以，下一部作品应当不是正面写故乡的。

（访谈者：郑周明，二〇一八年九月）

十三、不要玩自己的影子

问：武汉的"火炉季"就要来了，你这个夏天会待在哪儿？有写作计划吗？通常什么时间写作？

答：应该还是待在武汉。这两年武汉的夏天没有以前"酷"了，三十九度以上的天气很少，我反而常常对北方黄河沿线的几座城市深表同情和理解。有些"民间鼠标科学达人"发牢骚说，这是某某工程导致的。若是在地面上修个水利工程，就能改变九霄云外的事情，那也太小看老天爷的手段了。老天爷想变法的事，凡人管不了，那就趁夏季高温线北移之际，自己多做点事情。大的作品暂时不会动手，小作品有一大堆。好在现在供电情况很好，走到哪里都有空调。但我不会熬夜了，正常情况下，写到晚上十一点左右就会停下来。

夏天其实并不可怕，怕的是烟火人间不冒烟火而冒邪火。

问：很好奇，这话似是有感而发？

答：的确如此。前几天，朋友忽然传话，朋友的朋友想求得我的书法作品。实际上我只是写写毛笔字，从来不将自己写在宣纸的那些大字认作是书法。很多时候，只要开心，一口气写上多少幅，并随手送人，丁点事也没有。问题是对方请朋友带话，说当初在县里工作时，他如何下力气将我的工人身份转为干部身份。一听到这话，我就来气了。不就是写幅字嘛，干吗要编造这种子虚乌有的事情？一九九七年在县里，英山县文化局依据县委组织部的批复，发给我一纸委任状，让我出任县文艺创作室主任，但在后面加上一个括号，里面写着"聘干"二字，因为那时我是"集体所有制工人"，不能成为正式干部。"聘干"两年后，黄冈地区群艺馆要调我去当文学部主任。那时出县的人事调动，起码得是"全民所有制工人"。如是，就将我的"集体所有制工人"身份，改换成"全民所有制合同工"。到黄冈地区群艺馆工作的第二年，我才在一批所谓"人才"中作为红头文件的第一名转为国家正式干部。为了这个小小的正名，我拒绝了朋友的代请，哪怕给再多润笔也不给他写。

说来也怪，类似的事情，说来就来一堆。有好几个学校的老师，书教得很好，为人也相当不错，就是不该凭空虚构，自说自话，白纸黑字地写上自己就是《凤凰琴》《天行者》中的原型人物余校长。当然，这种事只能苦笑一声便罢了。

真正的邪火，是对人格与文品的歪曲。

二〇一四年前后，我联系何建明，他拍板决定由作家出版社出版一套四卷本的《姜天民文集》，姜天民的家人再三要我给文集写了一篇序，晓得这事的朋友们都说，这事必须由我来做。在这篇文字中，我提到当年姜天民在英山县文化馆，一直坐在一张破藤椅上写作，那张藤椅是一位名叫朱庆云的老先生，荣休之际送给姜天民的。一九八四年，姜天民调往黄冈地区文化局时，将这把破藤椅交到我手里。我十分珍惜，也一直坐在上面写作。一九八九年，我调到黄冈地区群艺馆时，依样将其交给正在办理手续、由医院系统调到县文化馆、接替我先前工作的刘平海手上。本来一直走在正轨上的事情，后来有些变味了，到头来那把破藤椅被一扔了结。事实证明，其扔掉的是从朱老先生到姜天民再到我所倚重的人格与文品。我没见过当初赠姜天民以破藤椅的那位朱老先生，只知道在县文化馆承担文学创作辅导工作的朱老先生荣休前一天，将陪伴自己半生的破藤椅郑重地赠予姜天民，姜天民也不敢辜负，郑重地接过这份承继职责。我在这把破藤椅上坐了五年，离开英山时，也对这把破藤椅有所交代，并复述了姜天民说过的话。然而，曾经的文脉很快就只有面对遗憾了。"世事之错，往往是自己的错，当一个人责备他人时，一定是自己首先犯下识人之错。在这一点上姜天民胜过我等。"这段话，早就印在沉甸甸的四卷本《姜天民文集》上，一些人原本不晓得有过一把破藤椅，一旦听说了，竟然对白纸黑字视而不见，胡诌出是谁谁谁最早发现姜天民，并将破藤椅传给他，将连篇谎话当成文坛佳话。事实上，以正式调动时间来计算，姜天民离开英山后，谁谁谁才办理相关手续调英山县文化馆。到这地步，我也就不管别人高兴不高兴，必须将真相和盘托出。这些话，我不说是不会有人说的，更重要的是，我若不说，任由谎言四处流传，英年早逝的姜天民在九泉之下如何安息？

问：有阳光就会有阴影。"如影相随"一词，太形象了。

答：人不要玩自己的影子。小时候，大人会提醒说，小孩子玩自己的影子，夜里睡觉会尿床的。尿床是一种连黄牙小儿都觉得没面子的丑行。小孩子玩自己的影子会玩到忘乎所以，在过来人眼里，这是夜里尿床的直接原因。成年人将某件事弄得忘乎所以时，也会在光天化日之下"尿床"。

问：人格的"失败者"是很可悲的。诸如此类的"失败者"，总在想方设法将自身改头换面。你现在依然关注这个社会的"失败者"吗？就是那种普遍意义上的"失败者"。大家都说这是个转型时代，你写了一系列文学作品，也是关注现实的作品，其中有一个长篇小说叫《寂寞歌唱》，引起了工厂工人们的共鸣。你当时写的是一个失败者——一个所谓的改革家，结果一步步把一个不错的工厂搞垮掉了，关注时代里的"失败者"，你觉得自己有这个文学使命感吗？

答：《寂寞歌唱》写于二十世纪九十年代中期，之前有一种文艺风潮，各类作品中都在写只要来了"改革者"，企业就大放异彩、起死回生。《寂寞歌唱》写出另一种真实：有些人打着"改革"旗号，干的却是损害人民群众利益的勾当。小说还在天津一家印刷厂印刷时，厂里的工人就从印刷机上拿起一个个印张互相传看，还让出版社的人带话表示感谢，言下之意是说他们工厂正在上演如此一幕。

无论愿意或者不愿意，好的小说，总是与社会在不经意间产生互动。

文学与时代本来就是命运共同体，这正是文学的生命力所在。

问：一个好的作家的心总是敏感而温暖的。好小说仿佛就生长在作家的生命里，一点点的闪光，凝成文学的脉络。

答：生命是不可以回头的。平常开着车，道路上有这样那样的线不让越过，偶尔还是会忍不住压过去。生命中画下的那些线是没办法乱闯的。正因为这样，我们应该时常问问自己，这辈子让你感觉值得是什么。

问：在《刘醒龙文学回忆录》里，你讲到自己还是普通文学青年时写作、投稿的曲折经历，但你也谈到了这样一个观点：过早成名对作家来说不见得是一件好事，不急功近利反倒能厚积薄发。时至今日，我们的文学创作和发表环境都发生了许多变化，你怎么看待当下青年写作者所面临的机遇和挑战？

答：我有几位种苗木的朋友，他们的生活经验与别的行当不一样。别的行当，一旦货物卖不出去，就会焦虑不堪。种苗木的朋友们，哪怕一整年也没卖出几棵树苗，依旧悠然自得。原因在于，别的货物有时效期，过了这个村就没有那个店。苗木不仅没有时效期，而且今年没有卖出去，到明年、后年品质反而更好，价格也就更高。写作之事，如同种苗木，种在地里的苗木，今年没有卖出去，生长还在继续，越粗壮的苗木价值越高。一个人只要不断努力进行创作尝试，除非真的不是从事写作的材料，否则，总会有所进步。这种进步也是文学素养积累的正常过程。在互联网时代，情况更加复杂，那种零门槛的推出，看上去是机遇，其实什么也不是。

零门槛等于没有门槛，没有攻克重兵把守的道道关卡的机遇就不是机遇。

现实行为中的王婆卖瓜、自卖自夸，放到零门槛的互联网中进行传播，有可能异化成自丑不觉。

问：当下谈青年写作往往是从代际视角出发，但我觉得"年轻"并不必然就具备"青年"的素质。代际经验的独特性只是一个切入点，更重要的是如何在与现实与时代的关系中确立"在场感"并在艺术上彰显其先锋意识。而目前的青年写作在这两方面又确实存在不少问题：一方面是如此丰富的生活现实中因同质化、碎片化的认识与描述反倒呈现出创作中经验的贫乏；另一方面，由纯熟的写作技巧和严肃的创作态度所构成的青年作家面目似乎缺少些个性，或者说少了点可以突破既有文学想象的冒犯精神。你对当下青年写作的总体印象如何？

答：对我们这些过来人来说，青年可以说成是"还没有过来的人"。只有过来了才能发现，一切人生道理几乎一样，只不过陈述与实践这些道理的人在不断地变化，不停地轮回。当下的情况与从前略有不同，无论何种年纪的人，对手机的依赖程度越高，便越看重方寸之间的朋友圈。这样的朋友圈，说轻点是作茧自缚，说严重一点，这个圈里的朋友有可能是文学的天敌。

朋友圈中弥漫的戾气与虚妄，对一张张宁静书桌的摧毁性前景，非常令人担忧。

十天不玩朋友圈的收获，要比十天当中天天都在玩朋友圈的收获多十倍。

一个时代有一个时代的经历与经验，前一茬人通过浩大的文学实践，建立起来的艺术体系，不是用来给后人"冒犯"的，而是作为某种经典给人以路标一样的引领。后来者如果只想着"冒犯",就像小孩子时常在大人面前玩点小淘气,那是长不大的。就像乡下人说的,总在玩影子的人就不要作指望了。

鄙视或打破青铜重器的事,人人都能做到,而能够造出青铜重器的人少之又少。

嫌弃或糟蹋托尔斯泰的人,男女老幼都有,而能够写出史诗巨著的人没有几个。

二十来岁的大学生喜欢冒犯还说得过去,都活到五十岁上下,黄土都埋到胸口了,仍然将冒犯挂在两片嘴唇上,只能说明此人是扶不起来的阿斗。

经典的写作者必须具备构造自己写作经验体系的能力。这样的能力可以与任何人无关,因为那是属于个人的独创,别人想拿也拿不走,就算拿走了也无法进行实际应用。有了这种能力,别人如何做都是别人的事,空闲时略微关注一下,了解人家的动向就够了。当然,这样的能力与体系足够强大时,也可以与任何人有关。人过中年,还能立足文坛,其中道理大概谁都看得出来,如创造力旺盛、心理年纪还很年轻等。

不管怎么说,年轻和青年,只不过是一种标记,无法自然而然地成为才华。

在当前的文学作品中,"在场感"已经成为一种陷阱,越想写得身临其境,越像跳出三界外、不在五行中。别的我不敢多说,有一点是能够断言的,"在场感"并不是极尽一切可能去写咖啡馆。当年喜欢泡在巴黎萨特咖啡馆里的一群大妈,并不像今天的年轻人这样热衷于写咖啡馆,但她们的作品至今仍旧具有世界性的在场感。

在场感不是咖啡因那样的浮华，也不是将语言过度使用的所谓美学。诗歌界的某些作品有点火爆，与一改之前的颓废，越来越崇尚细节的生活品质和叙事的人间内涵密切相关。

写作可以丢了西瓜，跑去捡芝麻。但不能丢下芸芸众生，跑去找万能的神仙。

问：对城市和城市生活的书写是当下青年写作中一个很时兴的话题。但我认为再从城乡题材上去区分写作恐怕是无效的。乡村的衰落混杂着现实与个人情感的表达需求，当下城市体验也越来越不再是外在的物质刺激或概念化的欲望缠斗，它们交织在一起，构成了我们置身其中的场域。你的创作中有不少乡村书写，但往往又内涵了来自城市生活的底色。如你的长篇小说《蟠虺》集中写城市，但又是在对楚文化的原乡意识中去书写现代都市和现代人。你怎么看待乡村书写和城市书写的问题？

答：关于城市生活与乡村生活的话题，有越来越多的趋势。此前我自己也免不了做一些贴标签的表示，我真正所想的始终只是人的意义，特别是作为生命个体的人的意义。这种意义包容着个人与个人，个人与群体，不同个人与不同群体的关系，有可能的话，还可以是一切人之间的关系。所要探索的无非还是一个人的方方面面，最终必须落到实处的还是两个字：价值。我这样过着日子，他那样过着日子，价值一样吗？别人的人生是人生，自己的人生难道不是人生吗？腰缠万贯的人生与月不敷出的人生谁更高洁？指挥千军万马的大将军与滚滚红尘中的走卒生命意义如何区别？

文学的眼界，过去不应当聚焦于乡村，今后也不应当聚集于城市，文学的聚焦点从来都应该是"人间的人"。

问：近年来，在"重新回归现实主义"的呼声中，我觉得也难免夹杂着一种认识误区，以为书写现实题材、具有现实批判精神、关注社会公共议题就是现实主义，以为现实主义重在"写什么"，而不是"怎么写"。过去围绕"现实主义冲击波"，一些对你作品如《分享艰难》的批评也存在类似误读，抛开文本空谈主题，反而看不到作家是如何紧贴着日常生活和人物的心理逻辑去重新构建现实的，看不到现实主义作家也在通过有意味的形式去发明现实。你如何看待创作中的写实与虚构？现在有不少作者通过新闻获取素材，但对现实的想象和理解也往往受制于此。

答：作品的"实"来自两点：一点是作品中人物的实，另一点是写作者内心的实。虚构不是空穴来风，最美妙的虚构比真要实，比实更真。就像《天行者》中，暗访的记者表态要将界岭小学的故事发表在省报的头版头条上，报纸出来后，界岭小学的人和事真的发表头版，但不是头条，头条是"大力发展养猪事业"。一般人都会虚构，想象却需要才华与经验的高度契合才有所发生。道听途说的东西，硬拿来当作想象，会将人弄成妖怪。

当年的巴黎街头发生一件没有见诸报端的新闻：一个男人为着饥饿的孩子，偷了一块面包，被警察送进牢房。十几年后，伟大的雨果，作为此事的见证者，将其写成了不朽的《悲惨世界》。小说的开头，主要人物冉·阿让因为偷了一块面包给饥肠辘辘的外甥们吃，而被判处十九年苦役。余下的近百万字，全是写冉·阿让从监狱里出来后的人生。过着优裕生活的雨果，当然不会有一个大男人不顾体面跑去偷窃一块面包的真实体会，然而，他对一个人如何面对世界的丑陋，不使自己彻底沦落的体验与经历是真切的，也是能够充分施展自己天才的想象力的。

问：在长篇新作《黄冈秘卷》中，你写到了"我们的父亲"，这个既充满个体经验同时又不乏集体记忆的人物，不仅给现当代文学人物画廊又增添了一个丰沛的父辈形象，更让我想到文学发展与创作道路的隐喻——一个从审父、弑父到寻父，甚至鲁迅先生所谓"我们现在怎样做父亲"的过程。近些年，不少青年小说家也开始尝试告别青春絮语，以家族史等形式去寻找与历史的关联。究其实质，我想他们的这种尝试是要在文学中"原乡"，找到个人的来路与归途。你觉得寻找与书写父辈的意义是什么？

答：男人写父亲，本质上是在写自己。作品中父亲的模样，可以看成是男人自身隐私的曝光。

女人写父亲是客观的。男人写父亲是主观的，是对自己如何做父亲的模拟，也是对自己未来之路的预演。

问：你特别擅长开掘历史的深度和丰富性，《黄冈秘卷》和《圣天门口》都堪称具有史诗意识的作品。"地方"与"人"是你讲述历史的两个重要支点，但从"地方"着眼绝不是为了消解总体性，立足人心也不是满足于以欲望叙事渲染历史的怪诞与偶然，而是在对历史复杂性的认识中重新认识历史中的我们。我以为其中有着雅正的艺术追求，更有着以史通今的当代意识。你觉得今天重提史诗性写作是否必要？

答：作家终其一生，无不梦想一定要拿出一部有史诗意义的作品。

一位"新写实"代表性的女作家新近出版一部十来万字的长篇小说，但在相关访谈中，也郑重地说出"史诗"二字。像这样以"一地鸡毛"为特征的"新写实"作家尚且如此，就不用说其他风格的写作了。说到底，还是因为史诗是文学的巅峰，不说别的，仅仅是其写作难度之大，就足够吸引有志青年、有志中年和有志老年们，拼尽全身气力去冲击并登攀一下，在寻找最大可能性的同时，力图创造出自身的最大可能性。文学中，作家的意义与一般写手的区别也在于此。

中国文学面临的最大问题正是史诗性欠缺。曾经有段时间史诗性被消解得无影无踪，以至于后来重新发现史诗的意义时，已经有太多的轻写作、慢生活：事事以"小"为荣，将"小"预设为道德高点，又让写作者懒得劳神费力。

没有史诗性作品，文学将会愧对历史。

在历史大厦中，只有史诗性文学作品才够得上镇宅级别。

问：从《圣天门口》中"人人心里都存有一个'圣'的角落"到《黄冈秘卷》中的"贤良方正"，你的创作中始终有对高贵精神的追求。每一次写作实践都是尝试从不同方面为这种精神追本溯源。它不是外在于现实的，而是内在于历史和中国人的感情及伦理生活中。它也不是作家理念的投射，写作者恰恰是在不断地自我剖析中经历同样的精神求索。所以，我觉得一些评论用"道德理想主义"来形容你的创作是不妥当的。有的作家姿态站得很高，却缺少对写作者自身和文学之用的自觉反省。你在最近出版的《刘醒龙文学回忆录》中有这样一段话，我读后很受触动："就小说来看，我写了这样一段话：一个人的能力救不了全部的人，那就救一部分人，再不行就救几个人，还不行就救一个人，实在救不了别人，那就救自己，人人都能救自己，不也是救了全部的人吗？"——新时期以来有一种创作倾向是趋于对现实、人心进行审丑式的、凸显其荒诞与暗黑的极端叙事，在一个躲避崇高的时代，你却反其道而行，你这种文学认识和写作姿态是如何建立起来的？

答：你引的这段话，是《圣天门口》中梅外婆说的。

我这人有个毛病，越是孤单孤独、不受人待见的事情，越是坚持不懈。

二十世纪九十年代初，我说过一句话，中国人一定有着某种"优根性"，如果真的处处是劣根性，这样的民族早就被历史淘汰了。我最早记住的书面语言是六个字：人之初，性本善。那时，我们一家暂住在大别山中一个名叫金家墩的村里，爷爷夜里点着煤油灯教我读《三字经》。那时，当地的孩子夜里是不读书的。爷爷在异地用黄冈家乡的方言教孙子读书的声音，惊动了四邻，同时也成了当地人的笑料。大人小孩都冲着我怪腔怪调地学舌，将"人之初，性本善"说得像是骂人一样难听。当时，乡下刚开始搞"社教"，有天晚上，父亲突然回来，二话没说，拿起发黄的竖排木刻印刷的小册子，放到煤油灯上烧得干干净净。从那以后，爷爷再也不在任何人面前提

《三字经》。在我这里，也许是当初受人嘲笑与威胁所产生的逆反，不管后面发生哪种运动，无论是弗洛伊德学说如同潮水那样涌过来时，还是从马克思主义著作中发现"恶是推动社会进步的动力"的警句时，心中"人之初，性本善"的理念也丝毫没有剔除。

类似英山本地人戏谑爷爷用黄冈方言读"人之初，性本善"，那几年，"优根性"之说也曾受到嘲讽。

一句很普通的"反其道而行之"居然引发一场舆论"血案"。

分析其原因，一定是触碰到了社会的某根敏感的游走神经。在文学中，这不叫逆反，而被尊称为特立独行。鲁迅先生将中国人的"劣根性"写到了极致，既然在批判性上无法超越，那就做一点鲁迅先生没来得及做的事。

一枚硬币，有反面就必须有正面，有人愿意写硬币的反面，那么硬币的正面也需要人来写。

问：这些年在社会大潮中，最能击中你，想把他们写进你的小说里的，主要是哪些类型的人物？

答：当然是最容易被大潮吞没的普通人。那些站立潮头呼风唤雨的人，我也会关注，一旦进入我的笔下，就像我说的那句话：再伟大的男人回到家乡也是孙子！无论何种了不起的人物，只要进到文学之中，就一定会还原成为普普通通的男人或者女人。也正是如此，一些所谓成功人士，像有忌惮一样，与同时代的文学保持着距离。还有一些人，嘴里说自己是普通人，心里却特别不愿意，总在千方百计地表现着自己的优越感：喜欢说打波音的，心里瞧不上打高尔夫的；喜欢喝拉菲，同时一定要贬损几句茅台；喜欢与寺庙的大和尚做朋友，又瞧不起那些小和尚；喜欢在酒桌上说起高层负面的小道消息，又不忘暗示与某些显赫人物颇有深交。诸如此类，越是有这样的心态，越是表明自己的普通。

问：你在《刘醒龙文学回忆录》中说，恢复高考时曾报名参加高考，却因为自己是县阀门厂的团支书，被领导数落，要求带头留在厂里搞生产，结果全厂年轻人就你一个人没有进考场。没有上大学这件事，对你的人生有一种什么样的影响？如果上了大学，世界多一个大学生，却会少一个作家，这就是命运吗？你能对年轻人说几句心里话吗？

答：多一个大学生，少一个作家，这话是武汉大学於可训教授说的。

像我这样的过来人，在当下的参考意义可能不大。所以，少年学子们还是循时下之规，好好蹈高考之矩，认真面对人生的第一关。高考是供青少年稳步前行的正道，高速公路边上的辅道，只能在紧急情况下才能使用。硬要当成正道行走，一不小心就会被罚分罚款。偶尔有人沿着辅道超车跑到前面，没有罚分罚款实属侥幸，像诸葛亮评价自己精心设置的空城计——此计不可二用。穿越可可西里的青藏公路，旁边有一条平行的坑坑洼洼的土路，是当初修建青藏公路时留下来的工程路。每逢青藏公路上出现大堵车时，一些马力大、越野性能好的车辆就会下到这条土路上，东倒西歪，歪歪扭扭，令人心惊肉跳地往前走。似我这种情形，正是这样的迫不得已，车辆耗油多，还容易出事故。如果正途通畅，何必要去冒这个险呢？

问：有趣的是，高中时你特别喜欢做数学题，而且是年级数学成绩最好的。回头看，在后来的诸多机缘巧合的际遇中，你最怀念的先生是？

答：这大概和现在学霸一样，因为某个学科的成绩好，才想更加突出自己。我对数学的喜欢，不过是少年时期那点小小虚荣心的自我放大和夸张。当时我的数学成绩在学校很突出，如果我不知趣地坚持下去，只怕也会成为一名敢与陈景润商榷"哥德巴赫猜想"的呆萌。上小学时，教音乐课的是会用背越式跳高的刘克惠老师；上中学时，教语文的是音乐学院钢琴专业毕业的蒋振瑞老师，还有那位教物理却偷偷带我上山抓蟋蟀的倪章宜老师等，都是我少年时仰慕的对象。

在教过我的老师中，我格外怀念那位总是将"英特纳雄耐尔"念成"英特纳雄耐吾尔"的张琢珍老师，他就是特别有形的乡贤。

二十世纪七十年代初期的语文课本，篇篇课文都是"宁要社会主义的草，不要资本主义的苗"。张老师上课时，能在不知不觉中带出古典与文言的意味。张老师曾在初中教语文，高中二年级时，才过来教我们。能感觉到他有些喜欢我，不上课时，经常在操场边拦住我，与我说几句和作文有关的话。张老师在一九四九年以前教过私塾，大家都习惯说他是"教老书的"。在"文革"后复课的学校里，从来没有人质疑他将"英特纳雄耐尔"念成"英特纳雄耐吾尔"是"别有用心"，可见师德与师艺之高。当然，还有辈分的原因。张老师是学校里年龄最大的老师，教我们语文时，快六十岁了。高中毕业后就没有再见过他。在我心里，他一直活得好好的，活到一百多岁了。

问：你是湖北黄冈人，黄冈古称为黄州，请向我们简单介绍一下你的家乡吧。

答：有句名言："惟楚有才，于斯为盛。"一般人只晓得这话是岳麓书院的门联，却不清楚，岳麓书院这句话，是明里暗里挪用了清朝嘉庆二十四年（1819 年）得中状元的浠水人陈沆说过的——"惟楚有才，鄂东为最"。关于黄州，先有杜牧、王禹偁留下的许多佳话，之后的苏东坡更不用说了。用"斯文"二字作为概括，仍然不足取。黄冈人传统上爱读书、会读书。黄冈人还有一个传统，晓得的人却不多。历史上，黄冈一带的人曾被称为"五水蛮"，其血性与刚烈也是相当闻名的。爷爷那一代黄冈人，喜欢用"贤良方正"四字作为表白，我也以为是恰当的。有"贤良"之心灵，还需要有"方正"的骨骼，才可以纵横天下。

问：你曾表示，你是在黄冈地委招待所出生的，这个招待所现在的状况怎么样？黄冈作为你的故乡，标志性的东西是什么？

答：中国的城镇改造得太快了，许多地方，稍微老旧一点的房子便看不顺眼，不大卸八块，心里就不爽，根本不去想旧房子的意义往往才是常看常新。二十世纪九十年代，母亲曾带着我在黄州城内八卦井一带找了几回，一直没有找到当初的旧房子。当年的地委招待所后来做了县公安局宿舍，拆的拆，改的改，早已面目全非。

十几年前，我在武汉买了一处有院子的房子，就将父亲和母亲亲手栽的桂花、石榴、紫薇和栀子，从他们住的老房子那里移过来，好好伺候。就算以后两位老人家不在了，但他们栽的树还在，这辈子的亲情也还在茂盛地生长。

黄冈土地上值得谨记与传承的有很多，但那些都无法替代大别山。因为大别山，黄冈境内的河流全都向西流，也就是苏东坡所说"门前流水尚能西"。在传统文化中关于此类地貌有一种特别的说法：在文学领域，河流向西流淌，会产生不一样的人文气质。

问：宋代活字印刷术发明人毕昇，明代医圣李时珍，现代地质科学家李四光，爱国诗人学者闻一多，国学大师黄侃，哲学家熊十力，文学家废名、胡风、叶君健、秦兆阳……这么多的科学文化巨匠就诞生于此。这块土地应该是你文学的发源地，文学的种子最初是怎么生根的？

答：黄冈乡亲可谓群星灿烂，我最喜欢的还是只读过两年私塾的爷爷。小时候，夜里在屋外乘凉，听爷爷讲他读到的，听来的，还有亲身经历的各种各样的人和事。坦率地说，我是不信鬼的，但是在一些特定的场合，还是会被"鬼"弄得毛骨悚然。昨天晚上，在家里看一部欧美影片，一对情侣开车来到深山中的一所独立房子，还在抒情阶段，恐怖镜头还没出现，夫人在一旁问我，敢不敢住这样的房子。我想也不想就说，我是绝对不会带她去这种房子里度假的。深究起来，这都是小时候听爷爷讲此类故事太多了。

对孩子来说，爷爷是一位伟大的文学播种者。爷爷播下的文学种子肯定不是哪位前辈文学大师和某部文学名著，而是幼小生命能够感同身受的那些又爱又怕、鲜活迷人的人生故事。特别是那种人在做、天在看的故事。多年以后，回到黄冈老家，望着老屋门前的水塘发呆，心想如此普通的一口水塘，怎么可以发生那么些离奇古怪的事情。等到自己也做爷爷了，回过头来梳理往事，爷爷对我影响最深远的还是他最喜欢说的一句话——黄冈人都是贤良方正的！

问：二〇〇二年，上海文艺出版社出版了你以岩河岭水库修建过程为背景的长篇小说《弥天》。参与修建岩河岭水库的时候，你还不满十八岁；二〇〇二年你出版《弥天》时，已经二十八年过去了，为什么那时候会想起来写自己青年时期经历的小说？

答：高中毕业以后，在县水利局当施工员是我人生中的第一份工作。在工地上，人们都称我是"技术员"。像某人明明是当护士，因为在医院工作，患者客气地喊某某医生，就真的将自己当作医生。在水库工地上，说我是"技术人员"还可以，"技术员"肯定是不够格的。刚开始做的那些事，是为即将开工的张家嘴水库测绘坝址和库容地形图，以及绘制未来有可能改地造田的百里西河两岸的地形图，我因此爬遍了西河两岸满是荆棘的山岭沟壑，这也更加丰富了自己从长江边上的老家迁来大别山腹地的生活经历。后来在小说中，西河总是以各种各样的形态出现。人到中年嘛，免不了会忆旧，不写作的人容易变得爱唠叨，会写作的人将让人厌烦的唠叨变成文字，再将积了半生的思考注入其中，也算是给自己的青春作个交代吧。长篇小说《弥天》明显受到在县水利局工作经历的影响，这一点，我从没有回避过。那座水库还在，前两年，我回去看过。水库大坝东头小山上的两棵松树还在，当年只有小腿粗细，如今已长得高高大大，很古朴的模样。在小说中体现的思考，仍旧被那片山水牢牢地记录着。对于当时过于年轻的我，那是人生的第一堂大课。

问：一九七五年元月，你正式被县阀门厂录用，一干就是十年，并且年年都是"先进生产者"，其中包括了怎样的人生志向？

答：二〇二〇年底，陪同央视一个摄制组到阀门厂旧址拍一个相关纪录片，得知我在车间当车工时年年都是"先进生产者"，导演李晋雄感到很惊讶。当年工厂里的"先进工作者"是评给坐办公室的人，只有在一线超额完成生产定额、出全勤、不出丁点产品事故和安全事故的工人才有资格获评。李晋雄他们先前采访过一些当过工人的文化人，多半是"身在曹营心在汉"，称得上是好工人、合格工人的极少。那时候，听师傅们说，钳工有八级的，再好的车工也到不了八级，我就想着自己有朝一日要成为一名六级车工。时间长了才明白，在县办小厂的破旧车床上，连四级车工的活都做不了，这对我当车工的理想打击不小。

还有其他说来话长的原因。总之，一点理想也没有的年轻人，配不上那段青春。

比如有青年工友一定要恋上厂里最美丽姑娘，也是一种很可爱的理想。

我没有追求那位美丽的姑娘，我将文学当成自己心中"最美丽的姑娘"。

问：在基层的这些经历对你以后的文学之路产生过什么样的影响？

答：在基层的这些经历中，最难忘的是出高中校门第一站，在县水利局当施工员的那一阵：扛着五米长的测量花杆，独自在深深的幽谷中站上半天，感觉到四周全是动静；后来到了有两万民工的岩河岭水库工地，独自一人挑起整个工地上的技术责任担子时，反而感觉孤独难熬。从一九七五年到一九八五年，在阀门厂当车工，这十年，中国社会生活变化太大。一个阅世不深的青年工人，在工厂里各方面表现比较突出，面临的选择与诱惑比一般人更多。能够一条胡同走到黑，认准文学，心无旁骛，誓不回头，才是最关键的。之后的那些工作岗位，也让我留恋。在最需要的时候，能有一个相对安静的书桌，总是令人心存感激。

唯独在县文学艺术创作室当主任的那两年，最烦心。说是文学艺术创作，实际上只能写戏剧剧本。天底下的剧团，都是宁肯到外面花高价购买剧本，也不愿排演本地或者本单位的人执笔创作的剧本。好不容易有机会被选中，没完没了的修改还能忍受，最不能忍受的是随便哪个官员，都有胆量颐指气使，甚至说些有辱人格的话。有一回，我都气得恨不能掀翻对方正在烤火的火盆。没想到那位副局长来上一句让人啼笑皆非的话，说人生有磨难成长会快些，他这么做是在帮助我。

这些社会生活的不同阶段，给人以历练，让我意识到：凡事先不要好高骛远，脚踏实地做好当下正在做的。正是这一点让自己这些年来，每每有所回顾，总能问心无愧。可能有些地方、有些人，会说我性格不好，太过直爽，将人得罪了还不知悔改，但绝对不会有人说我工作做得不好。说这是毛病，那就当是毛病吧！

十年车工生活，一天到晚与钢铁打交道，今天上白班将钢坯车成圆锥，明天上夜班将铸铁车成圆柱，在钢和铁的夹缝中生活，说话的嗓门比坐办公室的人大几倍。心眼再多的人，到了那样的环境，也会被坚硬的钢铁一个个地堵塞住。这些年来，写的一些作品，也曾让同行在私下里叹息，若是某些地方写得圆融一些，会更加如何如何。

人的事情，不是别人能够影响的，唯一能够影响自己的只有自己。

太容易受别人影响，肯定是好人，但肯定不是好作家。

问：你是哪一年调往武汉的？你第一天进武汉干了些什么？你最近一天在武汉又干了些什么？你感觉有哪些变化的和不变的地方？

答：正式来武汉报到是一九九四年元月，具体哪一天记不太清楚，只记得是春节前三四天。报到那天，时任武汉市文联党组书记陈本才很开心地与我聊了几句，然后安排党组成员、秘书长罗运凯与我谈话。谈话的主要内容为，我的调动与别人不一样，是市委领导在全市文艺创作大会上点名要求调入的，还特别提醒我，人出名后不要太膨胀，不要动不动要这要那！之所以说这番苦口婆心的话，也是因为之前有人这么闹腾过。我当场作了三点表态：一不要职务，二不要荣誉，三不要房子。特别是第三样，那时候，住房都是单位分配，多少人为了能分到一套房子，哪怕是"团结户"，都要争得头破血流。我到武汉已经二十多年了，在市管范围内，这三件事上，自己一直没有改变。房子都是自己花钱买的，文学上的荣誉是国内同行评出来的，一次接一次将作协主席和文学院院长职务努力推给了别人。杂志主编一职，是其他人都不愿意干，有关领导反复做工作，到最后甚至说出很动感情的话才接下来的。省文联主席一职，与武汉市无关不说，直到换届报到的那天傍晚才晓得自己是候选人，这时候，说什么也没有用了，况且还不清楚接下来能否选得上。也有几项荣誉，是同行当中谁也不曾获得的：一九九七年被评为武汉市劳动模范，一九九八年夏天在抗击特大洪水过程中，被评为武汉市文学口唯一的优秀个人，二〇〇五年被省报评为感动荆楚的年度十佳人物，二〇一一年评为"建党九十周年"湖北省优秀共产党员。将一名写作者放到更加广阔的社会各界中做比较，这样的荣誉更令人珍惜。

这段时间，总是去一家省管医院看一位老中医，昨天又如约前往，请他开处方治疗我的眼疾。一个方子的中药要三千多元，也没有名贵药材，最值钱的一味药是蜈蚣，再有蝎子和土鳖等。一年下来，花了好几万，这些钱都得自己出。八十多岁、仍在带博士生的老中医对此很不理解，我也不好多解释。对于官场与俗世都很看重的某些方面，当年的三点表态，还在我心里搁着。

问：《刘醒龙文学回忆录》自序中，有一段坦白你喝酒的趣事，从干白到干红，从干红到白酒，现在你认为酒和写作有怎样的关系呢？你感叹，人生过往，以微醺为佳，你如何定义作家的酒？

答：从年轻时在工厂当工人起，我就不喜欢酒。这几年有些改变，偶尔还会主动拿起酒杯。但是某些酒，我还是一滴也不沾。品酒和酒品，很容易与一个人的写作状态产生关联。能在酒桌旁围坐在一起的人，肯定气味相投，相互越说越带劲，越喝越想喝。很难想象，一个精致的男人会同一位粗鲁的汉子举杯畅饮。至于喝酱香的，还是浓香的，坐到一起的当然会作相同选择，坐不到一起的人一定有分歧。

一个人喜欢喝什么酒，如同作写作风格的形成。喝酱香型白酒的人，作品风格也会醇厚一些；喝洋酒的人，文章中总是带有某种精致。

一九九六年夏天，在济南，第一次与李存葆见面时，大醉了一场。李贯通后来说，我当时喝了至少一斤二两"孔府宴"，还不算啤酒与红酒。李存葆是我十分敬重的兄长，甚至认为他就是《高山下的花环》中的那些英雄人物，但他的沂蒙话太难懂了。这一场醉，是从骨子里懂得了。

问：你的长篇小说《黄冈秘卷》中，还有其他一些作品中，写老父亲让人印象深刻，有你自己父亲的原型在其中吗？从你的各种文字中，可以看到父亲对你的影响很大。

答：《黄冈秘卷》中的父亲内心是很柔软的，天下父亲都是如此，再坚硬的男人也会在"爱"面前俯首称臣。家里的几个孩子读过《黄冈秘卷》后，在一起讨论，他们的结论是，有三分之一是我们家的真人真事。我自己反而觉得，说像都像，说不像都不像。但有些细节确实是无法虚构、活生生和独一无二的。对我人生经历，影响最大的家人还是爷爷。这也与小时候父亲长年扑在工作上、家里的孩子只能与爷爷朝夕相处有关。我在书里有一句话："再伟大的男人回到家乡也是孙子。"当初脱口说出这句话，可见爷爷的影响巨大。但是，父亲去世时，守灵的那三天，我一口气写出《抱着父亲回故乡》，写完最后一句话，才发现，还是父亲对我的影响更大。这也是促使我后来写《黄冈秘卷》的主要原因。

我要用这本书来拜祭天下最敬爱的父亲。

问：你作为父亲，作为毕业生家长代表，曾在武汉大学参加了儿子的毕业典礼。我们知道你的儿子博士毕业转为博士后，你自己又是一位怎样的父亲呢，是否特别注重言传身教？是严父还是慈父呢？

答：有一句话，多年父子成兄弟。在家庭中，一切都是自然而然形成的，不需要严父，也不需要慈父。平常时候，我很不喜欢啰唆，对人对事，说一遍，最多两遍，绝不说第三遍。前些年，我一直弄不清楚自己对儿子的影响在哪里，现在才看明白一些，比如对一件事情的执着，还有遇事时的克己。儿子也说了一句很俏皮的话，说自己少年时，有意背对着父亲行走，想不到绕着地球走了一圈后，与父亲撞了个满怀。

问：从《刘醒龙文学回忆录》中，我看到了很多你从自己的成长历程中进行的反思。你四岁半就启蒙、上学，比如你说"在权力面前一个人要想说谎是何等的容易"，就是鲜明的体现。你觉得反思是一种思想的习惯吗？如果一个作家没有反思自己的习惯，这个作家合不合格呢？

答：反思的意义不仅仅是反省与深思，还包括与习惯成自然不一样的反向思维。反思和反向思维，在作家的神经系统中不是"有没有"的问题，而是"有没有经过强化"的问题。唯有达到超强版级别，才可以算得上是作家的脑子。可以这么说，当作家的都不是什么聪明人，不是识时务的俊杰，却多多少少有一点"不识时务者为圣贤"的品格。我的确是四岁上学，那是因为家里孩子多，没有人带，姐姐启蒙上学时顺便将我也带进教室。姐姐升到二年级后，我继续待在一年级。所以，我不是所谓的"玲珑星"，这也是一种反思。

强行向社会索要，抬高自己作为作家的权利，是自己对自己撒谎，既是文学界必须进行的反思，更是某些权力机构、权力人士时刻都要进行反思。

问：很多作家都将童年记忆作为创作的宝库，有的作家一生写作可能都离不开对童年、对故乡的挖掘。在《刘醒龙文学回忆录》中，我们看到了很多你对童年和少年时期的描写，非常的生动。很多年过去了，仿佛都历历在目，这些记忆对你的写作来说，重要性如何？

答：这个秘密我在多年之前就发现了，一个人能够成为作家和艺术家，童年时候就已经在老天爷那里悄悄注册了。童年时候的纯粹，与文学艺术在本质上是相通的，一个打小就不相信"人之初，性本善"的人，百分之百成不了作家和艺术家。怀想童年，无异于对文学艺术的返璞归真。

问：你是一九五六年出生的，二十世纪五十年代出生的作家在中国也出现了几位在一个时期引领中国当代文学的扛鼎人物。这一代作家，年轻时吃过很多苦，后来遇到了文学的春天，以写作改变了命运，如今在世人眼中，是功成名就的人。那么，这样"功成名就"的处境，会影响这一批作家继续写出你说的"正面强攻"的作品吗？会不会脱离曾经特别关注的、给自己以创作营养的那些中国现实呢，也即"民间影响"。你会不会有这种警觉？

答：这是一对矛盾。当代话语中的"民间"意义有点暧昧，如同"犹抱琵琶半遮面"，若以这种状态进到文学中，会被弄得不伦不类。这样的"民间"，在不屑于社会生活主流的同时，又拼命将自身装扮成那个被自己批判成牛头马面的主流——这已经很像是用己之矛攻己之盾，以己之手打己之脸。

中国也好，世界也好，只有一个现实，不存在两个现实。

只有认准这一点，才不会将"正面强攻"，理解为"强攻正面"，或者是将"强攻正面"，谎称为"正面强攻"。

担当"正面强攻"的任务，需要特殊的锐气，更需要年轻的生力军作为战略支援力量加入进来。人的能力终归是有限的，到该放下来的时候，就应该咬紧牙关真正放下来。这是对自己负责，也是对文学负责。

问：你曾打趣道，你在写《圣天门口》时，大家还在谈的文学话题是"60后"写作；六年后，写完《圣天门口》，媒体上已经在谈"80后""90后"写作了。你认为这种代际划分的文学话题有意义吗？

答：江山代有才人出，长江后浪推前浪，古人也有此类的话题：初唐四杰，唐宋八大家，苏门三学士，竹林七贤，扬州八怪等。只不过，前人是以文章论英雄，当下说起来过于直截了当，不要诗意，也不在乎情怀，几乎是面对面地喊口号，以人群来论"英雄"了。从即时性来看，这样的划分用处十分明显。当时光变长后，能够留下来的一定不是某个话题，而是扎扎实实的作品。

问：在《刘醒龙文学回忆录》中，你谈到了不少对文学的看法，有不少的警句。其中有一个观点："一本书或者一本杂志，哪怕只能拯救一个人的灵魂，也远比逗得十万人无聊痴笑来得重要。"这个观点有没有被人抨击过？有没有人觉得你迂腐？毕竟在这个娱乐很重要，快乐很重要，抖音、快手都在逗人开心的时代，文学一定要这么严肃才好吗？

答：这句话不会给任何人的收益带来负面因素。到现在为止，还没有听到有人骂。在多元社会，谁都可以无聊地痴笑，不去理会什么书和杂志，谁都可以为了拯救一个人的灵魂拼着命去书或杂志中找寻方法。有功利至上，就会有义薄云天。有些文学作品的表象不那么正常，但在骨子里，称得上是"文学"的作品，一定是极其严肃的。

问：身处巨大喧嚣的网络时代，一个作家应当如何处理当下的人际关系？

答：从 MSN 到博客，再到微博和微信，我都没有缺席过，而且从来都是用真姓实名。所以，我有一个原则，任何不以真实面目出现的联系，我一概不予理睬。这也是人类一直以来的一条经验。小时候，大人经常提醒，不要玩自己的影子。本来是很真实的人，却不愿以真面目示人，非要变成影子，首先是对自身的不尊重。

问：《刘醒龙文学回忆录》写得可真是扎实啊，让人感觉到你是一个特别实在的，又情感细腻、敏感的人。我好奇的是，有没有什么你想写，却因为某种顾虑，最后没有写进这本书里的文字呢？

答：这个问题简直就是此地无银三百两，既然叫"文学回忆录"，自然是说与文学相关的事。以我的性格，宁可自己受委屈，也不想惹上伤己伤人的麻烦。那些用春秋笔法都没法处理的人和事，只好放弃。别的地方遇到情况不妙时会来个三十六计走为上，文坛上则是三十六计不写为佳。

问：由《秋风醉了》改编的电影《背靠背脸对脸》，在豆瓣上评分非常高。一个县文化馆的内部都这么复杂吗？这些年你在多地文化单位辗转，有没有新的体会？

答：最近老有人来说，根据中篇小说《秋风醉了》改编的电影《背靠背脸对脸》，是如何经典，还说这种作品，错过了这个村，就没有那个店。小说中的主要情节与细节，电影都是照本宣科。文化馆的人凡是看过的，都说还真是那么回事。这些年，一点点地走过来，回头再看，文化人那点事，闹来闹去，最终都成了让人吐槽的糇料。

想要"文人相轻"变成"文人相亲"，起码要相隔三百年。隔得近了，哪怕你是曹雪芹，也会惹得一半对一半的人相互吐口水，这太不值得啊！

这些年我抱定一个原则：凡事能忍则忍，不能忍则避让。实在没办法时，也曾冲着夫人大吼一通，弄得夫人眼泪汪汪，自己心里一软，外面的百般艰难便都不值一提了。

问：你的代表作中篇小说《村支书》《凤凰琴》和《秋风醉了》都是一九九二年发表的，之后又创作了引起很大反响的《分享艰难》，再往后又有三卷本的长篇小说《圣天门口》和获得茅盾文学奖的《天行者》，你因此被批评界认为是"新现实主义作家"，你是怎么看待现实主义和新现实主义的？你认为新现实主义和传统的现实主义有什么不同？

答：在我所理解的传统现实主义作品中，往往较喜欢下结论，作预测，好指引，在有意与无意之间流露出"指点江山、舍我其谁"的味道！这种判断不一定对，但也有许多现成的例子摆在那里。从二十世纪九十年代起，世界变化的节奏突然加快，而好一点的文学作品是必须将岁月做一番沉淀才能上手写成，更不用说经典文学了。那些一见到风浪过来，就急于用文学来表态的，比如指"诗歌将死"，"小说将死"，"乡村和乡村文学将死"，还有"史诗已死"，"细节已死"，结果正好相反。小说和诗歌还在，乡村更是以"绿水青山"面貌寓意其恒久绵长，将死的却是犹闻在耳的那些指指点点。凡事指旧东西的不足，比较容易看得清，新生的创立自然是一种对不足的破解，人与现实的不和谐，会是文学新势力的基本出发点。

问：《凤凰琴》写乡村教师，《天行者》也写乡村教师，小说是否有原型？

答：当代文学与当代现实发生碰撞时的情景，很难预料，也很难控制。武汉封城，让我对早期经历有了新的认识。如果没有这段极其异常的日子，关于《凤凰琴》《天行者》原型的问题，不知将来我会不会做出明白的回应。作为代表作的《凤凰琴》，发表之初，在我生活过的乡土，相关反响却不甚愉快，即便是后来《天行者》所获得的种种荣誉，亦不过如此。二○二○年四月，国务院原主管教育工作的副总理李岚清给我来了一封信，说了一些情真意切的话，让我颇为感动。二○二○年七月，回英山县城给已故作家姜天民举办逝世三十周年纪念活动和《姜天民文集》出版座谈会，我这才坦承，当年写这两部作品，其原型地为英山县孔坊乡父子岭小学。同行的於可训先生，闻之欣然提笔写了一篇随笔记录这件事。武汉大学的刘早博士还专门写了一篇《〈凤凰琴〉〈天行者〉原型地考》。两篇文章各有其妙，都令人不胜唏嘘。不过有一点必须澄清，《凤凰琴》《天行者》里面的人物，虽然没有具体的原型，还是有最值得纪念的人。高中时有位名叫陈寿恩的同学，高中二年级开学时，他来学校报到后，就被生产大队叫回去当民办教师。那年五月，陈寿恩在田里劳动后，准备到学校上课，在水塘里清洗腿上的泥巴，不小心滑进深水区没再起来。在学校时，他的课桌就在我身后。至于别的什么人自称是谁谁谁的原型，都不是事实。或许我应当说，几百万乡村教师都是我写作的原型吧。

问：你说获奖是过年，写作是过日子。你二〇一一年就获得中国文学最高荣誉的茅盾文学奖，对你后面的写作有怎样的影响呢？换句话说，这后面的"过日子"，有没有过得更"高级"呢？

答：对中国文学来说，茅盾文学奖是一种境界，包括如何对待这个奖，如何获得这个奖和如何面对获得这个奖后的方方面面。文学的真相与生活的真相在道理上是一样的，只有乘上"蛟龙号"深潜到海底才懂得深海的境界，登上了珠穆朗玛峰，对"世界屋脊"的了解肯定与只在山下打转的人大不相同。有种说法叫"高处不胜寒"，过日子就不能总是将自己悬挂在上不巴天、下不着地的地方，过日子就是过日子，油盐柴菜米，在价格上有高低之分，过日子的性质人人都相同，谁的生老病死是另一种样子？

问：相比于用思想和智慧写作，你说过更愿意成为"用灵魂和血肉写作"的作家。你的小说创作更看重的是什么？你所说的"灵魂与血肉"，是不是可以理解为文学的思想性？

答：恰恰相反，灵魂与血肉，就是灵魂，就是血肉。再扩展一些，还可以包括骨头与神经，舍此之外，与任何其他东西无关。

刘心武的《五一九长镜头》写中国国家足球队输给中国香

港足球队后，工人体育场内外发生球迷骚乱，最后一句话极其有分量。他说的大致意思是，如果这样一场惨败还不能唤起年轻人的血性，输球之后，看球的人彼此礼貌地道一声晚安，然后客客气气地各自回家——最要紧的是最后一句话——如果那样，世界将会如何看待中国？这就像如果当年没有《大刀进行曲》，没有《怒吼吧黄河》，没有《狼牙山五壮士》，只是一帮汉奸文人的闲适文字在十里洋场与烟花柳巷流传，世人将会如何看待中国？

往近处说，各方面对二十世纪八十年代的重大历史转折以及各方面的文明进展是有共识的，对那十年的文学描写，如果没有《班主任》，没有《将军，不能这样做》，没有《乔厂长上任记》，没有《高山下的花环》，我们的子孙将会如何看待曾经的父辈？九十年代关于《分享艰难》的争论，真正形成"争论"的不过是单方面的猛烈批评。表面上看，说的也是，盼了几十年才有的改革，好不容易来了，谁不是打心眼里想着坐享其成，谁愿意去承受不期而至的艰难？时至今日，有些人算是明白了，但还有些人明明醒了，还要继续装睡。

用简单粗暴的话来说，文学有没有灵魂与血肉，是一个人有没有为划时代的出现而分享过艰难。

问：你说过一句话，"在中国文学阔大的乡愁传统中，洋气是神一样的存在"，可以进一步说说你想表达的意思吗？洋气与乡土，在中国当下的文学作品中，是一对怎样的矛盾呢？

答：已经有很长时间了，之前特别爱用这个词（洋气）的上辈人，都不提及这个词。有一次，本地几家报社的女记者相邀来办公室采访，她们都很年轻，突然间用"洋气"二字评我的新作《蟠虺》，将我说得一愣一愣的。

《安徽文学》的苗振亚老师，曾对我的小说处女作《黑蝴蝶，黑蝴蝶……》说了类似一些话。苗老师对安徽大别山区一带的写作者很熟悉，他自己就是霍邱人，那里也属大别山区，在编辑我的小说时，他发现一种与他所熟悉的安徽作家完全不同的气质。苗老师所用的语言，大体上也与"洋气"的意思差不多。

"洋气"作为一种俚语，哪怕是最早出现时，字面上所指的"洋"，虽然与舶来品有关，内在意思，仍然是对新鲜事物，对浪漫元素，对外部世界的追求与渴望。"洋气"是乡村生活的延展，是乡村生活的一部分。

问：说到"洋气"，我想起德国汉学家顾彬说过："中国作家对外国文学的理解和了解是非常差的，差得很。以前不少作家认为，我们学外语会丰富我们自己的写作。但是，你问一个（现在的）中国作家为什么不学外语，他会说，外语只能够破坏我的母语。"对这句话，你有什么看法？

答：文学能力是一种天分，与学不学外语毫不相干。

中国作家不学外语有什么奇怪的，许多中国作家连普通话都不会说哩。任何一个民族的作家，他的写作首先是为着本民族。在中国有些怀着宏大志愿、一心想影响世界的作家，其内心其实是非常可耻的。所谓世界，其实就是那个可以领取百万美元的文学奖。事实上，中国人里不乏用法语和英语写作的，并且还获得了相关国家的好几个顶级的文学奖。不可思议的是，这类作品一旦用母语出版，不要说国内的顶级文学奖，就是投稿到好一点的文学杂志，恐怕连发表的资格都没有。很难相信，在母语环境里成长起来的人，到头来却只能用外语写作。

问：你说你的全部情感来自乡村，如今在城市生活的年头应该远比乡村长了吧，这种情感有没有转移到城市呢？城市对你内心造成的冲击，会成为写作的灵感，或者成为你作品中的重要因素吗？

答：环境的改变对人心的撞击非常大，在别的职业中，改变往往意味放弃或者失去，文学正好相反，面对改变，不得不多想一些，甚至都不需要思考，扑面而来的直觉都会成为文学中最为稀缺的东西。改变得好，创造力会更好。

都市与乡村，都市人与乡村人，二者之间就像人与自己的影子。被过度夸张的城市化是乡村被边缘化的根本原因。城市化不能建立在乡村贫困粗俗的基础上，那样的城市化是没有前途的。乡村永远不会退出历史舞台，只是城市发展的话题太泛滥，将乡村形象遮蔽了。就像教育孩子们辨别方向，早上起来面向太阳，前面是东，后面是西，左边是北，右边是南，一下子就分得很清楚。假如四面八方的光线都是一样强烈，不仅辨不清方向，还会看不到自己的影子。

任何人都不要玩自己的影子。

小时候，大人会提醒，玩影子的人，轻则夜里睡觉尿床，重则走夜路时遇见鬼。小孩玩影子会玩得上瘾，玩得忘乎所以，太累了，夜里尿憋急了也不晓得醒，若不尿床，除非是个泥巴娃娃。说玩影子会遇上鬼魂，小时候也见过，大概是睡觉时做噩梦。猫玩自己的尾巴也会上瘾，不管它玩多久，玩得多开心，到头来不过是一场看得见、却摸不着的空。

（访谈者：张瑾华、杨晓帆，二〇一九年七月）

十四、文学是对自己的再发现

问：你曾经吐露，疫情发生之前你就患了眼疾，这让大家都非常关心你。那你的眼睛现在痊愈了吗？

答：确实，眼疾惹出很多麻烦，仅仅是朋友关心了解情况时听我解释，就要说老半天，人家还不一定听明白了。后来我想了个比较形象的说法，用窗户作例子。一般人眼睛有毛病是窗玻璃不好，我这眼病与窗玻璃无关，是窗户的框架出了问题。这种毛病很少见，武汉市一医院眼科副主任接诊时，只能提醒说大概是什么毛病，之前她只听说过，我这症候她还是第一次见到。据这位副主任说，整个中南地区只有协和医院的姜教授对此病症有专门研究。后来就诊过程表明，能看这种毛病的医生的确少之又少。某眼科医院最具权威的医生诊了三个月后，居然将先前一直正常的眼压给弄高到三十九点多，我这才下决心找到姜教授。经过快两年的西医加中医的治疗，情况有所改善。之前拿毛笔写字，看不清笔锋在哪里，只能凭手指感觉加上经验试着写一写。近些时又能够大致看得见笔锋了，虽然还不是太清楚，自己已经挺开心了。

朋友听我说起这罕见的眼病时，看我的眼神像是我中了彩票一样。这也算是个人的独特体会吧。

问：当年你在工厂的用工性质，或者说个人身份是"集体所有制工人"。现在的人不太明白是怎么回事，你能简单解释一下吗？

答：如果有人再搞一个社会各阶层分析，我将是最好的抽样调查对象。我最早的身份是县水利局的"计划内临时工"，之后从"集体所有制工人"转换为"全民所有制合同工"，再往后才被升格为人事制度最顶层的"正式干部"。九十年代末，事业单位的专业人员，又被打回原形，统统转为两年一签的"聘用制"。可以这么说，在将十几亿人分为三六九等的极其复杂的用工体制中，只有"小集体所有制工人"的身份我没有经历。

作为饱受这种硬生生将人分成三六九等所带来的屈辱的过来人，在出任杂志主编时，眼看着十分能干的编辑，由于种种原因只能"长期聘用"，处处受到一些混日子的在编人员的排斥与挤兑，不得不运用自己那可怜的"影响力"，顶着各方压力坚持主张：文学杂志的编辑，至少要符合所在城市白领阶层的平均收入水平。为此，甚至不惜吵架怒骂当权的某些人，摔碎其茶杯，来表示对如此用人机制的痛恨。

当年的用工制度，只反映在身份上，工作性质与工资待遇都是一样的，不比现在，好多岗位，在编人员人浮于事，还拿高薪。聘用人员，累死累活，像刀郎唱的那样："我真怕自己拼命赚钱，养不起全家；我真怕自己倾尽所有，没人在乎啊！"

问：你有没有起过笔名？你能谈谈你的名字对你有什么潜移默化的影响吗？

答：我的名字和笔名差不多，所以从未用过笔名。能将长辈取的名字用于文学生涯，也是一种小小的幸运。从人文关怀角度来说，名字对人的影响应当有一些，否则，就不会有那么多写作者嫌本名不合适，另起炉灶，弄个笔名。

曾给几位写小说的年轻人取过笔名，都还不错。甘肃武威的李学辉用过一个笔名，我劝他不要用，他真的就恢复了本名，后来也颇有成就。本名也好，笔名也罢，对一个人来说，能给别人以第一印象，那些搞怪的，甚至是猥琐的，是减分还是加分，只有天知地知，你知我知。当年在县里，一位写诗的年轻人给自己取了一个笔名：一了。还不无得意地说，以后若是出名了，按姓氏笔画排序时，肯定会排在最前面。这个笔名似乎从没出现在公众视野中，可见凡事也不能想太多。

问：你的长篇小说《黄冈秘卷》，让人觉得这是你反哺的一种方式。这部为故乡立传的作品有没有原型？你觉得把故乡写透了没有？

答：故乡对人的最大魅力就是永远也看不透。前三十年，断断续续，明里暗里写一写，只有这一次是大张旗鼓吆喝起来，对内对外都说是在写故乡。是不是真正将故乡写出来了，在我心里还是存疑。回到黄冈老家，有没有人提起《黄冈秘卷》，自己都觉得不自在、不好意思。当然，这也比较容易理解，故乡是一个人的精神基地，任何写作总显得微不足道。每次回老家，我宁肯与大家聊门前又开始通水的水渠，聊刚刚修建起来的乡村舞台，聊田里种的水稻是杂交稻还是转基因的，甚至还想晓得昨天晚上他们玩麻将时谁的手气最好，谁的手气最糟糕。

故乡最好的原型是化为无形并在作品中无所不在。

问： 一九九八年你的中篇小说《挑担茶叶上北京》获得鲁迅文学奖，二〇一一年长篇小说《天行者》获得茅盾文学奖。在你看来，你最满意的作品是哪一部？为什么？

答： 二〇一六年花了很大精力来整理先前发表过的绝大部分作品，有出版社要出一套二十七卷本的《刘醒龙文集》，由于种种原因，最终未能成行。但借此机会，逼着自己将要入文集的作品都看了一遍，一些曾令我偏爱的作品，又重新回到记忆中。总的来说，对长篇小说的满意多一些，最早的《威风凛凛》也挺满意。硬要说一部，反而不会是《蟠虺》《天行者》和《圣天门口》等长篇小说，而是中篇小说《暮时课诵》。我留恋写这部作品时的状态：在办公室坐着，窗外不远处就是东坡赤壁，心情舒缓，情绪适度，全部文字包括标点符号，都像风过柳林、雨打荷叶一般，有情有义，有奇有妙。

《暮时课诵》还没写完，我就说过，这辈子再也写不出这样的作品。

当自己说满意时，何尝不是为了某种一去不返的纪念。

问： 获奖以来，你又写了很多书，请问你持续的创作动力是什么？你觉得超越获奖作品的是哪一部？

答：从二十几岁写到现在，早已做不了别的事情，继续写下去，既有动力，也有惯性。在写作才能之外，个人情怀与时代脉动通过写作实现有效审美，才是真正的创作力。只有这样的创作力，才会不失文学品相，不让读者厌烦。新近出版的《蟠虺》《黄冈秘卷》，与之前的《天行者》《圣天门口》，它们之间各不相同，无法用"超越与否"来界定。但有一点是确定的，写作者的每一部新作，都必须与既有作品大不相同，必须有新的真正的创作。我有点佩服那些将一个小圈子写上几十年的同行，我不行。大别山中的西河，被我写了几年后，就不敢再写。再写我就会心虚，担心那样会对不起用真金白银购书的读者，更对不起越来越瘦的时光。

问：在写长篇小说的间歇期，你创作的散文似乎多起来，系列散文《上上长江》，是你对多次沿长江行走这一经历的抒写。这种"行走"的态度提示我们思考文学与现实的关系。对于喜欢文学的青年人来说，文学固然给予了一种观看和理解现实的新视角，但也只有投身于正在发生的千姿百态的现实，才能不断赋予"文学"更开阔的内涵。你如何看待这种"行走"的意义？

答：对男人来说，闲适的写作方式，等同于阉割。

男人天生是在原野上奔突的生物，否则，哪怕拥有一台能够连接全世界的电脑，长年累月待在某个高档小区，也会蜕变成像是吃软饭的小白脸、娘娘腔。在原野上自由自在地行走，走上几十天，走过上万公里，即便不是为了写作，只以男人性情来判断，也是莫大的刺激与快感。如果再以文学的名义，如此行走下来，会是对已被消耗的文学元素的超级补充。这一点，在之后写作的《黄冈秘卷》中已有所显现，如果没有之前在《上上长江》中的行走，这部长篇小说能不能动笔都会是一个问题。万里行走所补充的浩然之气，会自然而然地弥漫到新的创作当中。

问：你对长江常常有深情的描写，又曾一步一步地从通达东海的吴淞口走到唐古拉山下的沱沱河。这段经历中印象深刻的是什么？"水"是否对你有很重要的文学写作影响？

答：行走长江的最后阶段，在曾经令人谈之色变的可可西里，随行的一位记者忽然对我说，你可能是文学史上第一位将长江从头走到尾的作家。这话让我大吃一惊，之后再想，事实恐怕就是如此。也因为如此，才发现此行最令我无法忘怀的是万里长江两岸巨大的变化。比如在可可西里，车行一百公里见不着一个人，我们的手机却一直没有从 4G 网络中掉线；在通天河边一户牧民家里，太阳能提供的电能，足够一家人的日常使用。沿途道路之好，一些小排量的汽车也照样跑得像雪豹一样快。若我真的是古今文坛走完长江全程的第一人，那也得益于国家的巨大发展与进步，才有可能用四十天的时间完成如此行走。我在《上上长江》后记中说，到最后竟然感觉到，自己所行走的长江，变成了小时候光屁股在水里捉小鱼小虾的那条熟悉得不能再熟悉的小河。南方人天生爱水，缺水的北方也会是人人爱水，但肯定爱不出南方人爱水时爱出来的诸多花样。北方人爱滴水贵如油，爱鲤鱼跳龙门。南方人爱水就爱成"大江东去，浪淘尽，千古风流人物"；爱成"无边落木萧萧下，不尽长江滚滚来";爱成"孤帆远影碧空尽,唯见长江天际流";还爱成"欲把西湖比西子,浓妆淡抹总相宜"。所以,水对江南,正如大漠对塞北,这都是命定的,既然摆不脱,那就好生善待。

问: 除了《上上长江》,你还创作了《一滴水有多深》《抱着父亲回故乡》等散文随笔作品。散文创作在你的文学生涯中处在怎样的位置呢?它和你的小说创作又有着什么样的关系?

答: 对小说家来说,写散文几乎等同于将个人隐私摊开来给人看。我总在提醒自己少写散文随笔,事到临头又忍不住写了。好在文学与社会越来越宽容,有机会说真心话也是挺好的。如果能对小说的阅读与理解有所帮助,那就更好了。

关于散文,还想多说一些。

散文是一种必须时刻保持警觉的文体,写作者稍有不慎就会被自我异化,这也是我较少写散文的缘故之一。除非我的情绪百分之百饱满,除非我的心态百分之百正常。当然,真正的百分之百也是不可能的,起码要达到百分之九十几以上。散文看上去是一种广受欢迎的文体,实际上它又是与读者最不相干的一种文体,其"拒绝虚构"的特性决定了它必须是写作者的一种心灵状态。

散文中的任何虚构,所杀伤的不是散文,而是写作者自身。

合格的写作,优秀的作品,其状态都应当是"在场"的。当代文学,包括小说、诗歌和散文,所面临的最大问题正是其状态没有"在场"。既不在文学现场,也不在人生现场,甚至连生活现场都不在。在这一点上,诗歌曾经是做得最好的。我自识字以来，所阅读到的能撼动心魄的细节，既不是小说提供的，也不是散文提供的，而是由诗歌所提供。在这方面，所谓的"新小说"做得最差。对细节的叙述原本是经典小说的核心机密。无边落木萧萧下；夜半钟声到客船；明月何时有，把酒问青天……唐宋以来诗歌的活跃，在于诗歌发现并捡拾到被小说丢弃在田野上的麦穗。学界不肯将古典小说称为小说，是有道理的。唐宋元明，在《红楼梦》出现之前的小说，本质上只是传奇故事。当下的诗歌表现也不能太乐观了，根本原因在于将口水鼻涕等物什放大为细节，成为一种"沦落的现场"。

调查凶杀案的警察要弄清楚死亡原因，处理车祸的警察要弄清楚现场痕迹，文学若找不到文学的"第一现场"，就算每天上一次"排行榜"也不行。

问：纪实性长篇散文《如果来日方长》，是以你自己的亲身经历和在场感受，书写了那段惊心动魄的抗疫过程。你在疫情中的表现，可以说是完全忘记了自己是一个作家，充分体现了作为"人"的责任感。我想问一下，你这些强烈的社会责任感来自哪里？

答：小说家写散文都不是有意为之，倒像是个人生活的一种调节。一般同行都是长篇、中篇、短篇三者兼顾，长篇写累了，换一种情绪写写中篇或者短篇。从一九九九年前后开始，我就不写中篇和短篇，专心写长篇，所以，这种方法对我不灵了。我习惯闭关写长篇，一部长篇小说完成后，再找机会出门走一走。走得开心，有兴趣了，便信手写些抒情加记叙的文字，作个念想，将这一阵子的心境客观地保留下来。这样写出来的文字难免有些率性，没有任何拘束。写多了，别人觉得是故意追求什么，实际上并非如此。武汉因为疫情封城，全家人都困在城中，自己断断续续写的这些文字，反而没有了"率性"。出塞外，走长江，上青藏，下南海，都是用"文学"的名义。将"文学"这块金字招牌挂在额头，不知不觉中会将某种不言自明的优越感带到自己笔下的文字里。疫情之下，情况完全不同，一个人写作，全家人都能听见键盘的敲击声。反过来，自己在敲击键盘时，也能感受到家人叹息与焦虑的动静。自己每写一个字，都要冷静地面对一个比天还要大的问题：你写出来的这些，对得起家人吗？有没有辜负一同抵抗疫情的八十八岁的老母亲和只有九岁的小孙女？是不是单凭一己的率性将有限的信息过于放大，犯下无心之错？或许某些人非常不爱听，甚至会极度反感，我还是要说一说自己的观点，就武汉封城的全过程来看，你所说的"充分体现了作为'人'的责任感"，极不可能发生在虚拟的空间里。如果没有穿过防护服，没有去过空无一人的大街，没有经历缺少食物、口罩和消毒酒精的困境，就算口号喊得震天响，也只是键盘上的舞者。

问：对时代介入太深的作品，其中有些东西有可能随着时代的变迁而消失，比如作家所描写的生活和场景，可能被后代的读者所遗忘，因此很难引起后代读者的共鸣。那么，你认为这种书写的意义是什么？作品中永远不会消失的价值又是什么？

答：可以这么说，在文学书写中，唯有爱是永恒的。因为爱，才梦想长生不老，才渴望来生来世。但很显然，这是一件没办法达成的理想。所以，我们才会在文学中穷尽一切可能，努力表现爱的天堂与爱的人间。爱得越深，对时代的沉浸自然越深。比如《史记》所写东周列国，前人曾用一句话概括："不过弑君三十六，灭国五十二，诸侯奔走，不得保其社稷者，不可胜数。"从对时代的介入来评价，《史记》本来就是想在这方面登峰造极，也的确做到登峰造极了。然而，《史记》中还有一句话："富贵不能快意，非贤也。"这句文言文的标准白话译文为：有钱有势还不快乐，不是聪明人。如此解释，显然将司马迁那种"穷困不能辱身，非人也"的境界低估了。这两句话本是一个完整的句子，合起来更能理解，字里行间中，引人入胜的关键还是如何爱人生，如何爱世界。

如果不是学业的需要，不是要做毕业论文，要交考试试卷，我们当真以为几十年、上百年来，那些对《荷马史诗》《战争与和平》《红楼梦》《狂人日记》《阿Q正传》不吝赞美的语言，真是这些人由衷地与前辈共鸣了？在新生代的眼里，过去时代的环境需要田野考古一样的专业精神才能略知一二。任何时代都要走进历史，楚国八百年最后亡于小小的寿春，秦朝实现对各个诸侯国的完全一统后只存世十四年。时代变迁是社会主流，文学的天赋命运是努力对这些变迁实现艺术的全覆盖，使其存于无尽长河之中，并告诉后来者：曾经的世界，曾经的人间，曾经有很多人拼命地挽狂澜于既倒，让一艘大船得以继续航行；曾经有更多的人命如草芥，在时光流逝中一点影子也没有留下。

无论如何，生命价值一定会长存。

问：除了思想性，我个人认为优秀的文学作品必须具备另一个要素：可读性。我读过你的很多作品，尤其是长篇小说，可以说是思想性与可读性兼备，这是非常了不起的。你个人认为，思想性与可读性哪个更重要一些？它们之间的关系是什么？

答：在思想性与可读性之外，还有一种经常被忽视的"趣味性"。注重"有趣味有价值"，"真诚地为生活着的人们服务"，邹韬奋先生提倡的宗旨今天仍然适用。直面生活，关注民生，对生活现象的生动捕捉可以提升可读性，对时代精神的深度剖析依赖思想性，将二者有机地糅合在一起，必须仰赖趣味性。在文学中，没有艺术趣味的可读性会沦为庸俗，没有艺术趣味的思想性必然是不忍卒读的说教。

问：我突然想到前段时间读到你的长篇小说《痛失》，精彩到让人欲罢不能的程度。这部长篇小说二〇〇一年由长江文艺出版社出版，之后好像没有再版过，也没有受到评论界的重视，这里有没有思想性的原因？我从一个普通读者的角度看，这么好看的小说，完全没有输给网络文学。现在的纯文学不景气，尤其是年轻人没有耐心去读，你觉得这是受网络文学的冲击，还是我们的长篇小说创作本身出了问题？

答：《痛失》的内情一般人不太了解，与读者和小说本身没有关系。《痛失》原本是与上海文艺出版社签了协议的，因为顶不住本地的那些人情世故，最后给了长江文艺出版社。为此还不得不再赶着给上海文艺出版社另写一部《弥天》。《痛失》出版后，评论家毛时安在《文汇报》写了一篇评论，文章的最后说了一句很动情的话:"中国有这么好的老百姓,如果改革还不成功,那将天理难容。"评论家洪水也在《文汇报》发表短文,叹息当年对《分享艰难》的批评"犯了盲人摸象的错误"。北京的报刊上也有不少评论文章。小说出版的当月,湖南石门县的一家书店老板,三番五次找责编要到我的电话,只为亲口说一声谢谢。他们县里有十来家书店,自开书店以来,从没有哪一本书卖得如此之好,仅他家的书店一个星期就卖出一百多本。问题诡异在于,有人心里出现了"小怪兽"。《痛失》只卖了一个月,市面上断货后,出版社一本也不肯加印。

对于有些出版人,哪怕他开出世上最好的条件,说出一般人不会说的好话,我是永远不可能再与其合作的。

问:我们了解到的情况,你的家庭生活也很幸福,尤其有一对令人羡慕的儿女:儿子在俄罗斯文学研究方面有所建树,女儿曾经给你的书画过插图,那时候她才七岁。你似乎非常低调,从来没有提起过。你是怎么看待"文二代"这一现象的?

答:儿子读博士时,参加一场文学活动,当时有人问他如何看待父辈。他回答说,从小开始一直是与父亲背道而驰,想不到绕着地球转了一圈后,却与父亲撞了个满怀。孩子的话很俏皮,也很真实。实际上,我从未主动干预过孩子的追求。孩子背向父亲开始远行,之后迎头遇上父亲,也是一种规律。年轻时,有一点叛逆之心,会对人生多一重理解。我自己何尝不是如此!当年父亲要我好好做"工人阶级"的一员,我非要不管不顾地将全部业余时间用来写小说。所谓"文二代"是最不靠谱的一种说法,"富二代""官二代"才显得有迹可循。文学天赋在一个人心里的生发，基本上是"无厘头"。文学创作的教科书，只是中小学操场上列队行进的水准，一到原野山谷、江河湖海中，姿势越标准，越容易掉进不是陷阱的陷阱中。从小到大，我从未教过孩子如何写作文，也从未点拨孩子如何阅读名著。孩子能走到现在，都是他自己摸索出来。我唯一做过的事就是不时唠叨，从我的曾祖母一字不识，是老家有名的"苦婆"，却立志让祖父读了两年私塾说起，希望孩子们将这条好不容易兴起的文脉延续下去。

问：你的文字中对女儿有不少的着墨，生趣盎然。你在她成长中倾注很多，她今年马上高考了吧，你对她最大的期望是什么？

答：女儿上小学之前，给她写了一些文字，发表过和没有发表过的加在一起，也就二十多篇。小孩子与成年人交流的主要是亲情，用不着作多方面考虑。女儿上学之后，就几乎不写了。校园是社会的初级阶段，那种随手的文字，仅仅给孩子看没关系，只要发表出来，就会变复杂的。经典的作品都会有争议。而这种写给孩子的文字，一旦在社会上引发各种各样的话题，对孩子的成长不是一件好事。这些年，女儿给了我更多！那些好心情，让我面对尘世仍能保持温情纯粹，都是拜女儿的天真无邪所赐。前几天，华大联盟会考后，老师打电话来报喜，女儿考了六百三十六分。对学生本人来说，分数高低相当于农民耕种的产量多少，适当看重一些没有错。对老师、对学校和社会来说，一定不能将分数当成唯一标准，更重要的是个人的综合品质。农田里稻谷单位产量高，吃起来味道就差。那些产量低的稻谷，味道要好很多。我曾想过，一味看分数高低，与一味看钱多钱少有什么区别呢？

问：你认为幸福是什么？

答：吃亏的不全是福，事事不吃亏的肯定不是福。如果只将一切平安顺利当成幸福，世界上可能就不会有幸福了。

问：走过了很多地方，你最喜欢哪里？最希望住在哪里？

答：我只会喜欢住在能和家人在一起的地方。

问：喜欢去哪里走走？

答：喜欢去偏僻的边地上的小地方。那里纯粹的东西比较多，会唤醒曾经的记忆，找回生命的长度。

问：你如何理解旅途和文字的关系？

答：第一次去西藏的时候，我们驱车行进在中印边境，那是一片无人区，一眼望去全是寸草不生的荒原。车行几个小时后，忽然望见近处的小山坡上坐着一个身披黑衣的人。顿时觉得非常不可思议，之后一路总在想，此人为什么会在这里？心里满是关于生命的茫茫然的敬畏。陌生旅途增加了生活的广度，也增加了文字的厚度。

问：你是如何安排旅途、生活和文字的关系？

答：用八分投入，留两分清醒。

问：我们来说说你的第二个身份——《芳草》杂志的主编。这本杂志在中国文坛影响力非常大，在"千刊一面"中有许多非常独特的符号。第一个问题是，你创立了一个"《芳草》文学女评委大奖"。读者是有男有女的，但文学似乎是没有性别的。你能解读一下，从女性的视角去评价文学，会有什么不一样的地方吗？你用获奖作品作为证据，分析一下一连六届评选下来，与正常的文学评价吻合度如何？

答：对这个奖，不能想多了，特别不要与"女权"勾连起来。当初设立这个奖纯粹是应对文坛奖项的泛滥，考虑到女性一般比较执着，一般男人更是碍于颜面不太好意思去找她们说项，所以能够最大限度地保证评奖的公平公正。事实上，这个奖评了六届，基本上符合大家期待。比如，藏语写作翻译成汉语的长篇小说《绿松石》，藏族作家用汉语写作的长篇小说《祭语风中》，用一连四期的版面重点推出的百万字的长篇小说《敦煌本纪》，还有几位本地的年轻作者，这些作家后续的创作成就证明女评委们没有看走眼。

问：第二个问题是，每期刊首语都是你亲手写的书法作品，运行了这么多年，效果怎么样？

答：从二〇一四年第一期开始，《芳草》的扉页上，都用书法写上一段"主编的话"，七年来，没听见有人说不好。文人就是这样，不说不好，差不多就是另一层的意思了。这两年，有几家期刊也开始这么做了，可见这种创意，是受到认可的。其实，《芳草》还有一种创意，从第四届女评委奖起，凡是获大奖的，由主编亲自将授奖词写成书法，作为奖品赠送给获奖作家，也是很受欢迎。一些长于书法的作家和评论家，主动要求为我们写授奖词。

问：第三个问题是，全国的文学期刊都不景气，许多大刊名刊都是靠着政府扶持而生存的。你们目前的生存状态怎么样？

答：关于文学期刊的现状，必须弄清楚一个认知：从来稿数量和质量来看，自然来稿的数量虽然减少，质量却在提高；从杂志的发行量和阅读量来看，相关数字的确大不如从前。二者所涉及的要素，是如何去判断文学杂志在时下的定位。如果只是依据后者的数字来做判断，对比时下互联网上那些零门槛的书写文字所带来的海量点击率，文学期刊还不如早一天死掉早一天痛快。如果我们更看重前者，继续坚持"提高再提高"的编辑门槛，将文学期刊作为文学经典化过程中的重要环节，文学期刊在当下的意义甚至要超过鼎盛的二十世纪八十年代。从二〇〇六年任《芳草》主编起，十五年来，发掘和推出了一批能在当下挑大梁的作家，成了某些省市文学界的领军人物或后起之秀。《芳草》目前的状态应当说是正常，得益于及早认准形势，将刊物的目标定位于出人出作品。

问：你同时还是湖北省文联主席，你觉得这一身份对你办刊和文学创作有没有好处？

答：当《芳草》主编是十五年前的事，当省文联主席不过三年，二者之间关系不大，而且我这几年一直在考虑退出。二〇一八年七月省文联换届以来，自己一直想写的长篇，一直没有动笔。以往我一般是新作出版后，调整一年左右，然后开始写新的长篇。很显然，换届以后所谓的"好处"是自己的"调整"时间太长，这也是很无奈的事。明明是一个虚职，但别人可不管虚实，三天两头有杂事找上门来。因为在这个位置上，又不能不管。说起来，外面的人都不明白，所谓"主席"，纪委有事"函询"时，被当成是省管干部，实际上，一分钱好处也没有，参加各种公务活动的费用，还得自掏腰包。最要命的是心里静不下来，是写不了长篇。

问：你的身份真是太多了，好像还是一位书法家？有人说你的书法很值钱，又有很多人都有你赠送的书法，你在"有价"与"无价"之间有没有一个原则？

答：别人怎么看，怎么说，是他们的事，我看自己和管理自己时，社会身份只有"作家"这一个。拿起毛笔写字时，我也是这么与人说，千万不要将我当成书法家。平常时候，朋友或熟人要我写字，一般都会答应。书法本就是人与人往来的一种雅事，我从不写那早被人写俗了的句子。有人喜欢我的字，我也觉得对方看对了眼，一时兴起，提笔写一个专属对方的句子。人家说要拿回去传家。是不是真的传家不要紧，重要的是彼此共享这一刻的喜悦。书法作品的价值，是彼此尊重的体现。懂得尊重的人，一切都好说。

问：你办过多次书法展，练毛笔字有多久了？你最欣赏的书法作品有哪些？

答：最欣赏的只有苏东坡啊！现在的人嘴里说"书法艺

术"，实际上是将书法当成一门写毛笔字的技术。办个展时，我用"笔记书法展"为名，就是告诉别人，书法作品中的文章句子全是自己创作的。展览期间，不少人拿着笔，悄悄抄录我的那些句子。没有文章就没有文气，文气只存于文章中。只是用别人的文章句子，字写得再好，也谈不上才华。一些书法家，恨不得天下原本就是先有书法，后有文章。书画界有个词叫"泼墨"，不将书法与文章合为一体，到头真的就成了没有艺术的"泼墨"了。

问：你认为现在的创作环境如何？你认为青年作家的学养如何？你欣赏的青年作家有哪些？

答：几十年过来，从一个普通的工厂车工，到专业作家；从长江边到大山里，从乡野小镇到都市武汉，自己也算经历相当丰富和复杂。相对不变的只有一点，那就是从不抱怨环境。在文学上，最重要的是个人才华，就像有退役的乒乓名将怼正是当打之年的新锐：不要一输球就说身上有伤。马路也好，公路也好，对大家都是一样的，偏偏有人会弄出车祸来。年轻人开车谁没有一点"路怒症"，二三十岁时不年轻气盛还待何时？真的成为"路怒族"也不对，做人素质太差。开车时反映在车上，做人时就会同样反映在社会里。年轻的小说家中，像次仁罗布、鲁敏、甫跃辉等，了解多一些，在未来的小说天地里，他们或许能成大器。至于个人偏好，我更喜欢叶舟、哨兵等一批年轻一些的诗人。现在的小说，说得好听是生活化、草根性，用大实话来说，就是俗务缠身，字里行间中见不着作者的诗心。

浪漫与诗性是人生中永远都不能缺乏的，好小说、好作家也是如此。

无论是作家还是非作家，浪漫与诗性，都是最重要的学养。

文学，比文化的范围要小很多。可以说，一百个写写画画的人，最终只有一个人的作品被流传，这才叫作文学。现在作家遍地都是，文学家依然是凤毛麟角。有些人津津乐道说自己是个作家，但他不往深处思索什么是文学。实际上，作家，它只是一个养家糊口的职业；而文学，它只和我们的灵魂相关。

问：有一些文字是会一见钟情的，比如《蟠虺》中的第一句话："识时务者为俊杰，不识时务者为圣贤。"一下戳中内心的弦，生活就豁然开朗了，这是文字温暖的力量。文字的温暖不是流于形式的，它扒开生活的负累，拥抱你的内心。这种拥抱也许是社会认同感，也许是生活的相似性，也许是情感的共鸣点，总之让你觉得这个世界是有人懂你的。我觉得你的道行非常深，你评价一下自己，你修炼到了哪一个层级？这部作品推出已经七年，尤其中间发生了许多大事，你想不想修正一下上面那句话？

答：将这两句话拆分来看，前一句近乎命运，后一句才是人生。命运也许还有修改的可能，人生永远无法修改。

（访谈者：陈仓，二〇二一年八月十六日）

十五、我们这个时代的文学重器

问：《蟠虺》讲了一个以青铜重器、楚文化为主线的故事，你是通过什么完成对文物古器的知识积累的？你最推崇的传统文化是什么？

答：湖北省博物馆就在我家门口，是外出的必经之地。外地来的朋友，要么是对方想看博物馆我陪同，要么是我请人家去博物馆。去的次数多了，与博物馆的人熟了，有机会了解一些比解说词深奥的东西，就喜欢上青铜重器了，前后花费几千元购买相关书籍。通过了解这些坚硬的器物，慢慢地积攒了一些心得。比如两周时期文化中的高贵，如何被消解成世俗的酱缸。

文化的品质，才是文化传统中最需要思索的。

问：虽然我们在上海书展期间已经就《蟠虺》有过交流，这一段时间，文学界对《蟠虺》的讨论也比较多，但我总觉得意犹未尽。一方面，是我个人对《蟠虺》似乎还有话说，也似乎还有问题需要请教；另一方面，就我所读到过的关于《蟠虺》的文字来看，有些问题还尚未涉及，有些涉及的方面，似乎也还有进一步深入与展开的必要。大家有一个基本的共识，就是都认为《蟠虺》是你自长篇小说《圣天门口》以来，最为重要的作品，在你个人的创作史上，相当重要。实际上，我认为还不仅如此，在当下中国整个的文学格局中，《蟠虺》的意义都非常重要、非常独特。所以我说，《蟠虺》是我们这个时代的"文学重器"，就像作品中的上有透空蟠虺纹饰的曾侯乙尊盘是一种"青铜重器"一样，它的分量非常重。这样一部有分量的作品，它的"生产"过程，虽然在其他场合你也曾约略谈到，但我很想更加全面地多做些了解。《蟠虺》的创作，具体动念于何时？其间又经历了怎样的创作过程？

答：严格说来，《蟠虺》动笔之初，算不上是《蟠虺》写作的开始。

真正的开始，是写作进行中，找到"识时务者为俊杰，不识时务者为圣贤"这句话以后。

第一次对曾侯乙尊盘有所了解是二〇〇二年，面对难以言说的奇妙，当时心中曾闪过一丝念头：这或许可以写进小说里。真正萌生写作意念是从获"茅盾文学奖"后的纷杂中沉静下来的二〇一二年年初。曾经沧海难为水，文学最能使人进入如此境界。文学奖项背后的世俗浊流，会让真正的作家更加忘我地投入文学沧海中。作家对世界的认知，有相当部分不需要太劳神费力，文学界本身就是小社会，对文学界认识深了，对社会的认识一定浅不了。

就一个人来说，即使当不了君子，至少不能做小人。

那一阵，在紧挨着的几天里，先后听到两件事，一件事是说某人在众目睽睽之下吹捧某位高官，那些话的原意被后来的小说改造为郑雄说新任省长是当代的楚庄王。仅仅如此细节仍进不了我的小说。我一向不去专门为邪恶而耗费文心，也不会用我的文字哪怕只是记录一下邪恶，除非有足以驱逐邪恶的华彩的东西同时出现在我的笔下。苍天自有苍天的公正，如我所愿，接下来听到的事就接近我所认为的"华彩"性质——某高校校长在特殊时期不记个人毁誉，身体力行诠释了"教育者"之职责。

《蟠虺》的写作意义与文学价值，在写到《蟠虺》全书的三分之一处才真正开始——写到约十万字时，某天深夜，突然有了"识时务者为俊杰，不识时务者为圣贤"这句话。

那一刻我才体会到这部小说写作对我的意义所在。

甚至是对中国当代文学的意义所在。

问：所以在《蟠虺》的开头，就是曾本之"用尽全身力气"写下了"识时务者为俊杰，不识时务者为圣贤"这样的话。是做一个"圣贤"，还是做"俊杰"，抑或是做那些颇通机变的"英豪"，做"君子"、做"小人"等，是整个小说中不同人物的人格选择。我甚至觉得，这就是整个小说最基本的主题模式。我以为不光是《蟠虺》，你的很多小说实际上都潜隐着这样的模式，即道德和伦理的主题模式。正是在这种支配性的主题模式外，作品再呈现出丰富多彩的故事情节。毫无疑问，《蟠虺》的主人公曾本之所企慕的人格境界，就是青铜重器所喻示的君子人格，他与小说中的马跃之、郑雄等其他人物之间发生的故事，无论是互相认同，还是反复冲突，实际上都与他的人格理想密切相关。《蟠虺》中多次出现青铜重器只属君子这样的话，有时是他对别人陈说，有时又是他自言自语，都表现出他不断地在以君子人格来砥砺自己。

答：那句话应该是"青铜重器只与君子相伴"。

这句话在写作过程中冒出来后，心情突然变得异常沉重。这种感觉一旦出现就不肯消失，甚至在想象两位资深学者互斗对联这类略带娱乐的细节时，依然如是。

天地间轻的东西总是向上方的高处漂移，重的物质则会往下，必须是坚实的地方才能存放。这让我不得不思量，物质世界的坚实环境，比如塔基和桥墩一类，换成精神生活，就只能是灵魂的底线。

国之重器象征国家的基本实力，人之重器无疑是一个人的灵与肉的质量。再大的大人物，如果灵肉质量有问题，到头来依然只是小人一个。生命能够承受多大的重量，是由其底线的构筑质量所决定的，将一百吨的大吊车，安放在五吨吊车的底座上，不要说它能吊起多少重物，可能连自身的正常姿态都达不到。

这部小说想做到的是为时下人性画出底线。

问："识时务者为俊杰，不识时务者为圣贤""青铜重器只与君子相伴"，这两句话都是在《蟠虺》写作过程中才"冒出来"的，从对作品主旨的明晰与确定来说，这无疑是《蟠虺》创作过程中的两件"大事"，但在创作中苦思冥想，也真是辛苦啊！"识时务者为俊杰，不识时务者为圣贤"是作品起首的第一句话，起到了为作品定调的作用。我们都知道文学作品第一句话的至关重要，这第一句话，一定也是颇费思量、几易其稿吧？

答：小时候看京剧《红灯记》，小鬼子鸠山劝降李玉和，就要他做"识时务的俊杰"，让人觉得会这样做的人肯定不会是好东西。长大了，见多了，又发现在敌我之外的日常世俗之中，往往以"识时务"为首选。就说读书人，八十年代初期，重提重视知识、重视人才，一阵风将许多乌纱帽吹到读书人头上。没过多久，又有许多人停薪留职下海淘金。从拼命上大学，到千方百计当官，再到疯狂捞钱，这样的时务，也可以看作是人生进步过程中的一种。对于另一些人，认准那种自己最看重的价值，心无旁骛、寂寞地坚持下去，不在乎是否会成为又一个西西弗斯。

在一九九四年出版的长篇小说《威风凛凛》勒口上有一句话：作家有两种，一种是用思想和智慧写作，一种是用灵魂和血肉写作。我愿意成为后者。

这些都可以看作是"识时务者为俊杰，不识时务者为圣贤"这句话的准备过程。

问：最终确定为目前的"识时务者为俊杰，不识时务者为圣贤"，它与"青铜重器只与君子相伴"这句话在小说中互相交替、几度出现，像是交响曲中的一个主要旋律，将作品的基本主题牢牢铆定，起到了你前面所说的"精神底座"的作用。

答：当代文学需要一些结实的成分，这也正是交响曲相对小夜曲和圆舞曲的最大特点，一切的交响曲必不可少的正是那种令人无法抵挡的结实。

文学只有结实起来，才有机会展现强大魅力。

问：有时候，文学作品的命运是作家本人难以左右和预测的。文学史上经常会有这样的例子，就是作品问世后，它的意义与价值——不管是在社会、思想和文化方面，还是在文学方面——被人们进一步挖掘、阐释并且产生更加广泛和更加深远的影响，经常为作家所始料未及。我想《蟠虺》已经产生的影响，不少方面已经是你始料未及的了。《蟠虺》出版后影响很大，从媒体报道、读者提问、学术研讨甚至私下交流等很多方面，我想你都有很多感受。能简单谈谈吗？

答：《蟠虺》刚刚问世，就有命运一样的东西出现。当时还是湖北省博物馆馆长的方勤在新书发布会上得知，书中根据"曾侯乙"来推测，春秋战国时另有"曾侯甲"或者"曾侯丙"，便再三问本书是何时出版的。责任编辑谢锦告诉他，最早一批书是二〇一四年四月出版的。方勤大为诧异，刚好是四月，在随州出土了有"曾侯丙"铭文的青铜器。听得此言，感觉就像与命运在街角上撞了一个满怀。

作品的命运在某种意义上讲比人的命运更难把握。

人在做什么事情时，心里是比较有把握的，严谨的人更会将这种把握运用到极致。作品在人群中流传开来的情形大不相同：阅读者如何理解，作者与作品毫无办法。就像前些年，大家硬说我的一部中篇小说是为贪官污吏"分享艰难"那样。

很多时候，人们摆明了就是要戴着有色眼镜、抱着目的来阅读。

正因为如此，小说出版后，一些人大呼过瘾。《人民日报》破天荒地用整版推介这部小说后，惹得不少人私下里询问是不是还有其他暗示性背景。另一些人则恼羞成怒，逮着在华中师范大学开研讨会的机会，玩些偷鸡摸狗的小动作。活这么久，见得多，对于这些早已宠辱不惊了。

一个成熟的作家，只是敢于担当还不行，还要担当得起。

迄今为止，那些阴暗者还没有公开跳出来，说明我还有担当的力量，这就行了！半辈子写作，到了这份儿上，除了写作，其余身外之物，都可以像曾本之与马跃之骂人时那样，嗤之为"鼻屎"！

问：对我来说，《蟠虺》还兼有考古学方面知识普及的意义。我以往对青铜器了解不多，关于范铸法、失蜡法等，都是从《蟠虺》开始才逐步去了解。老实说，为了《蟠虺》，我还补读了不少艺术史和楚文化方面的书籍。但对《蟠虺》，我感受最深的，还是它的思想文化内涵。记得那天在上海书展上，我就是从这个问题开始谈起的，后来因为时间关系，这个话题未能展开，所以这次咱们可以先多谈谈。我是在"文化与文明重建"的层面上来看《蟠虺》的价值。这方面，你不一定都同意我的观点，更不一定都符合你的创作初衷。但《蟠虺》的冲击力，还真的也表现在这个方面。这些年中国的思想界、文化界，以及有关部门，当然也包括我们的文学界，都有一个非常巨大的焦虑，就是在世界性的文化格局中如何体现我们中华文化与中华文明的重要地位与影响力。《蟠虺》的出版，正当其时。当然你的初衷，一定不是要通过写这么一部长篇小说来表达这样的焦虑，可是它在客观上，真的做了很好表达，而且还表达得特别好、特别明确、特别自然，因此也深刻。所以，我也竭力地向思想文化界的好几位朋友推荐了《蟠虺》，要他们一定好好看看。具体地说，《蟠虺》这方面的内涵，在关于对蟠虺制作方法的追问中，表现得非常突出。实际上，小说基本的叙事过程或叙述动力，就是这个问题，即它到底是用咱们老祖宗所固有的"范铸法"所制，还是用西方人的老祖宗所固有的"失蜡法"所制？这个思路，很明显地具有文明追索与文化追问的意味。

答：茫茫人海，总可以找到思想上志同道合的朋友。作为先锋者，不管是在思考时，还是将思考结果用某种形式叙述出来时，内在的痛苦是巨大的。这时候的人真的是一个拓荒者，没有水喝，没有粮食吃，能生存下来很大程度在于个人意志。近百年来，中国文化被打碎得太厉害，我同意你提出来的"文化与文明重建"概念，甚至还觉得，这要成为往后几代人的理想才行。那种一日三餐吃着大米，却总在强调牛奶面包更有营养，还有开口闭口不离汉语，却将英语奉上至上的现象，绝对不是正常的文化与文明的表现。

在不同的政治利益与相同的金钱利益面前的双重软骨，致使灵魂与肉体的双重坠落。这是当下知识界面临的问题的症结。那种将对自己脚下大地的批判认成是气节，将自己分秒也离不得的母语当成文化落后标志的学术，迟早会被人看透其哗众取宠的本质。

问：我们中国文化和中华文明的现代性重建，现代以来一直在进行，而且也正如你所说的，应该是我们今后几代人的理想，也是我们的历史使命。我感兴趣的是，你对思想文化界的有关讨论是否有留意？或者并未有暇顾及，而是不自觉地以自己的写作暗合了这样的潮流？

答：我是有所了解，正因为了解，才会以文学的样式来表达个人情怀。我总觉得关于思想文化的讨论不能像"文革"时那样互相贴大字报，也不能像时下的大学生辩论比赛，貌似讲理，其实不过是在逞口舌之快。有个流传很广的段子是这样说的：在钱的问题上，美国父亲会对孩子说，自己有多少钱，但这与孩子无关，孩子的钱只能是孩子自己挣的；中国父亲会对孩子说，这些钱自己生不带来死不带去，将来都是孩子的。分析中很是称道美国父亲的做法，却忘了在中国文化中，上孝敬父母，下养儿育女，是天经地义的道理。一个不晓得光宗耀祖，不明了自己根在哪里的人是得不到社会尊重的。

文化是一条大河，最不能割断的是其渊源。我们不可以在讨论生态环境时，对在长江上修大坝深恶痛绝，而在对思想文化进行讨论时，却掉过头来个一百八十度大翻转，不仅不惜修筑大坝截断源流，还恨不能另起炉灶凭空去挖一条人工河。

问：所以《蟠虺》有很自觉的思想文化关切。记得在八十年代，文学界与思想文化界，包括学术界，在精神上是相通的。当时的知识分子，当然包括文学知识分子，经常会共同面对时代性的思想文化问题，大家一起去探索、思考，甚至互相激烈地去辩论、论战，以至于会因此结下很深的恩怨，但我们的民族和我们的历史，就是在这种思考、探索和争论中不断地走向成熟，越来越进步。然而很可惜的是，这些年来，这种共同探索的情况非常罕见。也正是在这样的意义上，我非常看重

《蟠虺》在"文化与文明重建"问题上与思想文化界的深切关联。前面说到《蟠虺》对于当代中国文学的意义，我以为这也是一个很重要的方面。

答：在思想文化的激辩背后，还有最不能忽视的人格操守。很多时候，是需要说出诸如"我错了"一类的话语，就像小说中的曾本之那样，一旦承认自己有错，而使自身升华起来。相反，因为说不出这话，或者不想说出这话，不得借助思想文化之外的东西，这种人格的失位是很可悲、很可怕的。

问：我也注意到，《蟠虺》与你以往的小说一样，在文化精神和文化立场上，有很明确的"文化保守主义"色彩。我事先强调一下，我这"保守"可不是贬义。我的意思是说，你在文化方面，非常注重我们民族文化之中优秀传统的发掘、坚持与弘扬，就是你以前说过的"优根性"。我还在赶写着关于《蟠虺》的文章，前一阵杂事总是太多，给耽搁了下来。其中，我会谈到回溯传统、发掘"优根性"的意义。我们这个民族，总还是有一些非常优秀的精神文化传统需要被继承，需要在今天作为我们的精神文化资源。我一直以为，你当年的"大别山之谜"系列小说也是"寻根文学"中的重要作品，特别是在对楚文化的"寻根"方面。你在后来更有影响的是那些专注于历史与现实的作品，而很突出地表现出了"寻根"的悠远与深度的，就是《蟠虺》。《蟠虺》无疑也是关注现实的作品，但是在同时，它也关注了历史，关注了我们的近期历史。我以为作品本身写"蟠虺"，并且以"蟠虺"为中心，是重新接续了你早期追寻楚文化之根的精神路径，所以在你个人的创作道路上，《蟠虺》

是你"集大成"性的作品，而且以它的思想艺术成就，足当此任，不知你本人怎么看？

答：无论哪种"保守"，都不适合形容我，但我喜欢"坚守"！

福克纳为什么说自己在写"邮票大小的故乡"，而不用其他方式表述？邮票虽然很小，却是见过世面和向着世界开放的。因为了解了世界，才能懂得"坚守"为何物。那些对世界毫无所知、硬将自己裹在长袍马褂里的人才叫保守。

写作如四季，也如穿衣，一年四季，风花雪月各样景致不断轮回，山川大地却变不了。春夏秋冬来了，就得按时令穿衣戴帽，无论衣物如何变，包裹在面的人却变不了。写作中的每个人、每篇作品，都会有所不同，这是正常的，一个人的写作，从年轻到年迈，除非他一辈子只写一部作品，否则很难做到一成不变。变是创造，创作就是要改变。《蟠虺》作为最新作品，看上去有大变化，但是骨子里的东西还在那里，过去、现在、将来，我都在坚信，那些能让我们够格称为"人"的人物。

问：关于《蟠虺》的主题，大家关注较多的还是在对知识分子人格追问和精神批判等方面。有的朋友已经就此做了很充分的讨论。我想你在构思时，一定也有这方面的考虑，不知你具体是怎么想的？

答：一个时代的知识分子人格也就是这个民族的人格。

这些年，中国的知识分子人格被知识分子自身过分糟蹋了。并非知识分子就真的那么糟糕，而是在批判性反思的前提下将糟的方面太过夸大了。有时候我甚至异想天开，中国的知识精英是不是掉进了他人设下的思想陷阱，真的以为中国文化必须依靠彻底批判才有出路。一些在自己国家连混口饭吃都不容易的人，就因为敢于对中国当代文学开骂，马上成了中国各大学的座上宾。结果中国人的好，无人赞美；中国人不好的，全世界马上同仇敌忾。实际上，秉持葳蕤自守的知识分子在中国比比皆是。

文化与文明的重建，首先必须是知识分子人格的重建。

问：你这"思想陷阱"的说法非常好。但我觉得，你好像特别强调了来自异域的"陷阱"。那些来自异域的"思想陷阱"我们当然要警惕，我们这个民族，尤其是二十世纪以来，很多灾难与曲折确实可以从这个方面来寻找原因，并且做出深刻反思，这是一个大课题。但是在另一方面，我们民族自身，我们知识分子自身，是否也设置了很多陷阱呢？另外还有《蟠虺》中的人物，也令人非常有探索欲，首先就是曾本之。青铜器研究毕竟是个专业性非常强，而且人员规模也不会太大的领域，以小说中写到的曾本之的独特身份，他的工作单位，他在青铜器研究方面的经历与贡献等来看，这个人物似乎是有原型的，不知情况如何？

答：别人挖陷阱肯定不会是做好事，对这种一清二楚的坏心眼，不太难对付。那种自己给自己挖坑的最难应对，因为首先要自己认识到这样做是不对的——既害人，更害己。

小时候在乡下淘气，在小路上挖个小坑，搭几根树枝，蒙上一片桐子树叶，再在上面撒上土，然后躲在一旁，看谁经过时踩着这小小的陷阱。有时候等了半天别人没踩着，自己一不小心反而踩着了。

有没有陷阱是一回事，踩没踩着又是一回事。人家是不是真的在挖陷阱是一回事，我们有没有太把人家当回事而作茧自缚又是一回事。国内有些学术活动，硬要拉上一两个外国人参加，然后大言不惭地冠以"国际"之名，这就是自己给自己挖陷阱了。《蟠虺》中的曾本之，也曾给自己挖过一个陷阱，最终凭借人格力量自行跳将出来。作为小说人物，"曾本之"的来源有很多，在从事楚学研究的专家中，有几位极具人格力量的，但现在更多的一些头衔却是因为"逆向""反转"等方式形成的，如"烟草院士""瘦肉精教授"等。这种正本清源的过程，在写作中显得格外有意思，时常使人产生一种"还原"的感觉，觉得做人原来要这样，只有这样做人才不失为真正的人。

曾本之和马跃之的原型，不单是考古界，而是来自整个知识界。

问：《蟠虺》的故事和人物，可能是有所凭借、有原型的。"对号入座"虽然是一种非常拙劣甚至显得很无知的文学阅读方法，有时也会惹来麻烦，大家都不方便说，但是说实话，很多小说出来，大家也都会从这方面想，特别是在私下里，古今皆然，莫不如此。方便说说吗？

答：那就说一点点吧，也好让大家多点谈资。比如小说中，郑雄恭维新上任的省长是"二十一世纪的楚庄王"，就是从某"文化名人"的类似吹捧变化过来的。说实话，我有点佩服此君，能将阿谀奉承表现得如此有文化含量的，同样需要这方面的天分。只差那么一点点，就赶得上将瞎了一只眼、瘸了一条腿的国王，画成翘着一条腿、眯着一只眼，举枪打猎模样的画家。其余的事，既然反复写"国之重器"，人家要往家国方面去想，也是很正常的。

问：不仅是《蟠虺》，你以往的创作也都体现出对知识分子所寄寓的厚望。只是《蟠虺》对这种厚望的体现非常突出，也很有自己的特点。你认为我们这个民族的精神重建，我们文化与文明的重建，首先需要的是知识分子人格的重建，何以会这么认为呢？

答：知识分子应当以启蒙为责任，还应当以精神承担为责任。没有健全人格的知识分子是无法实现这些担当的。

问：我一直很遗憾没看过曾侯乙尊盘上的透空蟠虺纹实物，手中的几部艺术史著作中，有曾侯乙尊盘及透空蟠虺纹饰的图片，网上也能查到，果真很繁复，繁复无比。我觉得《蟠虺》的叙事很有趣，很像是曾侯乙尊盘这件青铜器本身，既有宏大的构思、厚重的体量，也有繁复的结构和精彩绝伦的细部。我认为以目前的结构来叙述关于曾侯乙尊盘的故事，似乎是一种近乎完美的不二选择，这些方面，一定都特意考虑过吧？

答：因为《蟠虺》，前不久，湖北省博物馆专门授予我"荣誉馆员"称号，并邀请我随同他们一道，于五月份去台南市访问。台南市有家"中国科技博物馆"，双方商定，曾侯乙尊盘将在那里展出一个月。因为曾侯乙尊盘太珍贵了，必须报国务院批准才能挪动。前两天，博物馆方面告诉我，国务院正式批复下来了，很遗憾，未能成行。

曾侯乙尊盘是天下唯一的。曾侯乙尊盘的展览地武汉和曾侯乙尊盘的出土地随州及成都等地，都有所谓成功的复制品展销，这只是不良商家偷天换日、唯利是图丑行的又一表现。没看到曾侯乙尊盘不要紧，要紧的是不把那些仿制不成、连赝品都说不上的垃圾渣滓，与唯一在湖北省博物馆曾侯乙馆保护展出的孤品混淆。对《蟠虺》叙事文本的解读，同样如此，不能真的像营销策略那样，与《达·芬奇密码》混为一谈。借青铜重器来写家国尊严，只有在中国才做得到深入人心。中国之外，青铜也曾大行其道，却没有与家国兴亡产生必然关联，更无将青铜作为国之重器的大政方针。大国复兴，民众福祉，必然是文化正脉的强势，必然是学界正宗的尊崇。以正脉来运通正宗，以正宗强化正脉。以这两点来判断，小说目前的结构是唯一的。当然，小说写成，好与不好都这样了。所以，对这部小说而言，目前的样式自然是最好的。

问："借青铜重器来写家国尊严"，这个说法特别好，或者也可以理解为是以青铜重器一般的叙事来书写家国尊严。这一叙事最基本的层面，就是贯穿作品始终的蟠虺的铸造方法和它的真伪，可以将这方面的叙事看成是蟠虺的底盘部分（水盘）吧？而同样是贯穿作品始终的曾本之、马跃之、郑雄、郝嘉、郝文章等知识分子之间的精神性格与复杂关系，则可以看成是蟠虺的酒尊部分，其他一些相对次要的人物故事，就是在尊盘间穿凿勾连的构件了，这样的说法有点像比附了，但是认真去想想，似乎都差不多的，你以为呢？

答：言宏兄想象力太好了，也可以写小说了。是有此种意味，小说大的结构确实可以如此看待。就像天地间自然天成的山水景观，基本样式不会太多，在此之上的美轮美奂，各种奇妙，却是推陈出新，从无重复。《蟠虺》中构造成尊盘上那些不计其数、天下无双的透空蟠虺纹饰的是那些独一无二的细节。没有细节的小说，就像没有喜怒哀乐、没有体温、没有心律、没有思路的人。没有透空蟠虺纹饰的尊盘，会成为青铜世界的行尸走肉。

问：阅读《蟠虺》，很需要耐心。前前后后，我一共读了总有五六遍吧，每次阅读，我都要花上几天时间，而且还是排除干扰的比较完整的几天时间。《蟠虺》叙事绵实，其间氤氲蒸腾着一股大气，这是一种我非常推崇和喜欢的正大气象。我读作品，甚至读一些学术著作，都不喜欢那些过于机巧的文本。处人也是，我喜欢那些似显笨拙，但是却有正大气象的人与文。《蟠虺》在我读来，也有点"笨拙"，但正是这"笨拙"，才使它有了重量。不知道在创作时，有没有这种气场营造方面的考虑？

答：我这人好冲动，情绪起来了，说话往往就会表现出别人所说的"不晓得轻重"。这时候的轻与重，要害是重，轻只是对这种重的帮衬。所以"不晓得轻重"的意思实际上是说了伤人的重话，也是"笨拙"的一种。因为秉性缘故，我一向喜欢"笨拙"的作品，比如二十世纪八十年代的《高山下的花环》《人生》，九十年代的《白鹿原》和《马桥词典》。我的作品，从中篇小说《凤凰琴》《分享艰难》《大树还小》，到长篇小说《圣天门口》《天行者》，"笨拙"是一种常态。

问：我随读随记，《蟠虺》中的悬念竟有好几种，比如作品一开头曾本之收到的神秘来信、尊盘的真伪和铸造方法、郝嘉的死因、郝文章的获罪、华姐与老三口的命运、老省长之所为、熊达世的来历等，都是令人关切的悬念。该书悬念之设置与密集，在我的阅读经验中非常少见，这也可以看出你对通俗小说的有效借鉴，很想知道你在这方面的思考。

答：悬念不是通俗小说的专利，相反，好的小说总是极为成功地运用着"悬念"这一技巧。《红楼梦》对"玉"的描写，《天行者》中乡村教师转正机会的得而复失，都是最为常见的悬念设置。当代小说之所以正在冒着失去读者的危险，很重要的问题是一本书拿在手里，很难让读者尽可能多一些时间来保持住阅读的兴趣。《蟠虺》出版后，曾被媒体说成是"中国的《达·芬奇密码》"。因为我没看过这部作品，曾有记者在采访时吃惊地尖叫，说你怎么可以不看《达·芬奇密码》？前几天，晚餐前后，正好有电视台播放电影《达·芬奇密码》，我端着碗，老老实实地坐在沙发上看了一遍。我不清楚电影与小说原作差距有多大，就电影来看，肯定是好莱坞商业的成功典范，但这种样子的小说肯定成不了文学经典。小说的通俗与否是其品质决定的而非叙事技巧。悬念是小说叙事的常识，对那些披着学术外衣质疑常识的现代艺术观，我保留质疑的权利。

问：你描述的观影情景真让人忍俊不禁……我也没有看过

《达·芬奇密码》，所以对媒体上的这一说法，我也很茫然。但我们的很多文学观念确实是需要检讨的。长期以来，我们的小说、诗歌，甚至我们的文学批评与文学研究都一味地追求所谓的高深，排斥最基本的可读性，反而把很多珍贵东西放弃了，问题很大，很需要进行系统性的反思。

答：现在流行悬念之说，并以此推断当代小说那些精彩的叙事的源头是对《基督山伯爵》等外国名著的借鉴。实际上，中国古典小说中的"包袱"才是耳濡目染、潜移默化的传统。是不是当代文学教育课程中，"悬念"之说高级一些，"包袱"的用法显得土气和俗气了，才不愿意提及？

（访谈者：何言宏，二〇一四年十月）

十六、车工经历让我练成不锈钢一样的文学性格

问：你认为小说有技巧吗？

答：当然有，这一点用不着怀疑。人做事，小的方面被轻描淡写地说成是技巧，大的方面被强调成技术。做大事情必须仰仗技术的先进，在小事情面前技巧其实是不那么重要的。小说写作是大事情还是小事情，不太好说。与国计民生相比较，人人都将其冠以"小"字，一定不是大事。一些人少则独自待上十天半月，多则几个春秋，弄出一部作品后，就想将动静闹大炒热，无的有的，说一些炫技的话，实在是大可不必。小说写作过分强调技巧、把技巧摆在至高无上的位置，是不可取的。技巧是虚的，如果没有扎实的写作资源，所有的技巧都是镜花水月。

写作者最稀缺的是写作资源，最不缺的是写作的技巧。

正常情况下，写作的技巧问题，在中学时代就应当解决了，后来应用在写作上的所有技巧，哪怕是百万字的史诗性巨著，所用的技巧，也无法超越高中作文训练的内容。相反，在成为一名真正的写作者后，最应当认真面对的是自己对待生

活的态度——要真诚地生活，不要总想着在人前人后玩点小技巧。遇人遇事，总是将"操作""运作"摆在首位，才是最该"操作""运作"的方式。

身为写作者，要看自己是不是社会上正常的生活者，就要看对待家庭的责任感，对待日复一日工作的态度，对身边的邻居、同事，甚至乘坐公共交通工具、进超市购物时的心态。有句俗话：一刀割掉鼻子——不晓得哪面朝前。如果觉得自己是作家，理当与别人不一样，这种态度会影响到自己面对普罗大众的认知。一旦出现偏颇，不要说误导读者，首先会误导自己。只有认真地生活过才有认真的写作，通过生活中展现出来的才华，才是写作的源流。正如天造地设的一条河流，不管是曲曲弯弯，还是跌跌撞撞，无论是急如星火，还是轻舒漫卷，一切都是自然天成。山不转路转，河不弯水弯，写作也是如此，哪怕在最最突兀的地方，也看不见人为痕迹，才有可能是好小说。

问：你怎样看待阅读与借鉴的关系？

答："阅读"一词中，阅是阅历，读就是读书，二者结合才能形成一种有效的阅读。

和朋友交谈，是一种阅；向老师请教，这也是阅；而走向更广阔的天地，用自己的感官去体会，将一知半解的"阅"与这种实地感受结合起来，加上读到的文字，才是真正的阅读。行走各地，对写作者来说其实是一件很幸福的事情。

在中国，几乎没有人不会李白的诗，千年以前的人物因为诗歌的存在，从未将他和死亡连接在一起。所以真正在安徽马鞍山见到李白墓时，我甚至不敢往前走，只看了一眼就赶紧出来，非常胆怯，好像接受不了"李白是一个逝者"这件事。

这种文化的神圣与不可侵犯，只有到了那个地方你才能感受到。

人生过程除了阅读之外，更多来自对生活的感知，这种感知造就了写作中不可替代的唯一性。

写《听漏》时，有一个新的人物形象叫听漏工，这个工种几乎是第一次作为文学形象出现，它原先只存在于生活当中，没有进入到文学创作和传播层面，我把它写出来了，以后肯定会有别人跟着写。到那时，相关作者肯定要声明这不过是一种借鉴。从文学意义上理解，让写作者的身心抵达别人还没有抵达的现场要远比这种借鉴重要一万倍。

二〇〇七年，我曾写过一篇文章叫《诗歌的第二现场》，在文章中我曾提出"第一现场"的概念：经过精心策划的第二现场，肯定会是扑朔迷离的，解决问题的关键，当然是要找到并返回第一现场，能做到纯粹，并坚守纯粹，并达到完全纯粹的境界，才是文学史中的诗人。"第一现场"和"第二现场"原本是刑事侦查工作中的说法，在文学意义上，它指的是对此情此景唯一性认知和了解，专属于本次事件的独特判断。

南水北调中线工程将丹江口水库的水送到北京，通水初期，自媒体一片负面声音，那一阵，北京家家户户的自来水龙头流出的水的确是浑浊的，当时文学界也有很多人跟着一起说了很多负面的话。通水一周年时，我参加南水北调工种全线的采风活动，在丹江口水库大坝边上，有一个实验室，旁边有一排水池，水池里面泡的全是各种各样的自来水管。这些自来水管是从北京市不同城区采集来的，放在水池里浸泡，形成的各种数据，用来判断丹江口水库的水送到北京之后，与当地从地下抽取的自来水的最合适的混合比例。因为，丹江口水库的水是南方的地表水，呈弱碱性。相反，北京市以往使用的地下水，呈弱酸性，这种弱酸性的水长年累月地在自来水管内流动，形成了一种弱酸性的水垢，当弱碱性的丹江口水库库水通过南水北调工程进到北京市自来水管网体系后，酸碱中和的化学反应使得水管内固有的水垢开始溶解，变成浑浊的水流出水龙头。等到这种酸碱中和反应结束了，自来水管中流出来的就是清水了。一些人不了解情况，错将自家水龙头流出的水当成了第一现场，实际上只是第二现场。这就像从前笑话里说，有人问城里人大米是哪里来的，城里人回答说从粮店里来的。

作家写作是不是唯一性、是否来自第一现场非常重要，它决定着作品的生命力，也决定着作品是否有效。

我在湖北做了十年的省政协常委，有一次政协组织有关人员去鄂西山区调研，以解决贫困地区的基础教育相关问题，当时发现一个非常极端的例子：某个高山教学点只有两个学生，却按照教育部相关规定配了三个老师。在调研会上，所有的人，包括学校老师都认为应该撤销这个教学点，把这两个学生安排到山下条件较好的寄宿学校，避免造成教育资源浪费。我是与会人员中唯一表示反对的，这种教学点不仅不能撤，还要加强。理由是，过去的乡村学校和城市学校，最大差异是师资力量和硬件设施，现在这些问题基本解决了，新出现的最大的差异是城里的孩子天天放学回家能见到家人，乡下的孩子长期待在寄宿学校里，每天见到的只有同学和老师。年幼无助的孩子在成长过程中，缺失了亲情，造成人格缺陷，所带来的社会问题，谁也无法预料其后果。作为唯一的反对者，大家都说，这种观点也只有当作家的想得出来。最后，省政协采纳了我的意见。

这也是第一现场的一种，能看到这个世界上别人没有看到的，发现问题最深刻的症结，既要脚步抵达现场，重要的是心灵也要到达现场。

问：但是现在很多大学都开设创意写作班，总认为技巧还是可以传授的？

答：如果写作有技巧，肯定先会按传统走"家传"路线。当年听巴金先生说："写作最高的技巧是无技巧。"也曾以为是句"废话"。文学生涯经历久了，就会发现远方最高的山峰，总显得没有近处的小山来得奇巧，奇巧的小山容易写成精巧的文字，高高的山峰才是神奇所在，却极难得用语言来表达。有人认为将来的写作者是大学培养出来的，这一点我不否认，因为否认也没有用，毕竟不少高校都在这么干，一般中学也在将作文课上成"小作家培养课"。再有，如今大学教育基本普及，随便一个人都是大学学历，做哪一行都可以说是大学培养的。不过我还是要泼点冷水，人说洛阳虽好不如家，课堂再好也比不了活色生香的生活。从书本中来，到书本中去，就像近亲繁殖。唯有生机勃勃的生活才能造就优秀的写作者，舍此没有任何捷径可走。

最好的课堂也替代不了平凡的生活。

最高级的文学理论也超越不了简陋的生活。

最精致的写作导师也比不了粗粝工匠农人所给予的醍醐灌顶。

问：你目前仍担任《芳草》杂志主编吗？作为主编，你在选稿上有什么讲究？

答：办杂志是一件十分耗费精力的事。我从二〇〇六年起担任《芳草》的主编，开始天天坐班的日子，当时有很多同行觉得，你再干下去就把自己毁掉了。我自己也明白，真正安身立命的还是写作。

但既然做了这个事情，就要把这个事情做好，我在这个岗位上一口气坐了十八年，到二〇二三年八月才坚决要求退下来。这十八年，我从新手到行家，慢慢建立起自己的杂志理念。

办杂志是要带着朴素感情的。第一是对文学的感情，这一点容易做到。第二是带着对普通写作者由衷尊重的情感，因为他们代表着最广大的文学人口，也预示着文学的未来，这一点比较难做到。写作者身上天生有种傲然的东西，相对名家身上还好理解，表现在普通写作者身上，往往不会被人接受。这需要杂志从业人员换个角度想问题——一个谨小慎微或者奴颜婢膝的人，能够成为好作家吗？

我没有鄙薄的意思，但是文学杂志似乎有一些不太合乎常规的操作，这种生态可以说是当下文学有史以来的最大危机，比 AI 带给写作的危机更可怕。

当年办《芳草》，我明确提出面向江汉本土、面向中西部的写作者，最大的收获就是从基层似乎无人的旷野中发现了一批非常有特质的作者，他们现在也成为西部几个省份的中坚力量。第五届鲁迅文学奖评选，《芳草》刊发的一部短篇和一部中篇同时获奖，我无意贬低他人，只是陈述一种事实，别的杂志也有同时两部作品获奖的，但作者是功成名就、文坛尽知的，而《芳草》的两位作者，西藏的次仁罗布和山西的李骏虎，却知之者甚少。还有青海的龙仁青，当初曾分两期接连刊发他的十来个短篇，引起小小轰动。广东的王十月也在同一期上刊发了他的六个短篇，还有不久前去世的导演万玛才旦，也曾辗转找到《芳草》自荐作品，随后我们发了不少他的小说，并推荐其中一些译介到国外。文学杂志要找到自己的方向，如果都往一个地方靠，两只眼睛只瞄着"北上广"，其余广阔大地上的文学人口，他们的出路在哪里？

　　一家杂志，真要办好，办成很重要的杂志，主编的重要性是毋庸置疑的。比如巴金之于《收获》，秦兆阳之于《当代》，周介人之于《上海文学》，刘坪之于《钟山》，宗仁发之于《作家》，还有我最熟悉的《长江文艺》主编刘益善，在最困难时期为杂志的生存与发展所起的作用。我相信，如果社会体制赋予主编更实在的编辑权和人财物权，文学杂志的处境会比现在要好很多。因为次仁罗布和龙仁青、万玛才旦等藏地作家作品，在《芳草》上频频出现，我获得一个"藏迷"的雅称。这个雅称是扎西达娃在重庆召开的中国作协的全委会上告诉我的。能获得这个雅称还由于《芳草》破天荒刊发了藏地老作家朗顿·班觉的长篇小说《绿松石》。这部小说的藏文版出版于二十世纪八十年代，并曾获得少数民族文学创作骏马奖，译成汉语十几年，都没有找到杂志发表。扎西达娃推荐来，我在第一时间看过，觉得放在汉语文学作品中比较，也是一部难得的佳作，当即决定发表。其后《长篇小说选刊》也迅速转载。正因为我以作家身份出任主编，不会在杂志社领取人生最后的养老金，才可以放开手脚，没有任何的后顾之忧，将主编的角色设计，在办杂志的过程中有效实施。

我始终觉得，最好的作家，起码有相当一部分的好作家，他们是会从中国的中西部地区冒出来的。这也是我当主编十八年，一直没有改变的观感。

宁为玉碎，不为瓦全，文学的命运就是这样。当我们抱着玉碎的信念，文学就能够化腐朽为神奇。

问：以你的影响力，是不是经常被请去给年轻人讲课传授经验？主要讲什么？

答：我讲不了写作技巧。因为我不关注技巧，我只关注生命与生活，我怎么看待它们、认识它们，同时我特别想表达生命和生活对我的馈赠和我在此中的感受，这是最主要的。

最近几年因为眼睛不好，更多时候我选择用听书的方式不是阅读，故"听读"了不少名著。过去很多年，我不喜欢托尔斯泰，认为太庄重读不进去。现在再读，感受完全不同，觉得非常了不起。《战争与和平》写得多么富有人性、波澜壮阔，在那个年代就写出"时间就是金钱"的名言，老托尔斯泰太了不起了。还有雨果的《悲惨世界》。按照俗世的眼光，这两部作品都有"说教"意味，到了我这个年纪再看他们的"说教"，非常有意义。现在的写作者比雨果在《悲惨世界》中呈现出来的人道主义境界差太远，不是天壤之别，而是宇宙爆炸与街上爆米花的差别。以当下眼光来看，那些现实主义、浪漫主义的写作自然能看出一些破绽，但他们通过人生细微来表达人性伟大，那种境界太了不起。冉·阿让因为偷了一片面包被判了十九年重刑，警探沙威一直追着他，一次又一次地将冉·阿让逼到绝境。像这种十恶不赦的人，最后被冉·阿让感化。还有女神一样的珂赛特，雨果自己也未必真正见过如此完美无缺的女子。现实生活中没有这样的事情，文学一定要这么做。

文学的境界，不可以是高不可攀的。从人道主义出发，一定要高出原生态的生活那么一点点，也就是通常所说的人性烛光所在，那是人和人类的希望所在。

假如每天看的都是一地鸡毛，文学依然是一地鸡毛，人们还需要文学干什么呢？

问：在和青年作者接触时，一定会谈到你本人的文学起步吧？

答：我读的书不算多，也不算少，读过就忘的有之，读过之后总也忘不掉了也有一些。从最早研究我的作品的丁永淮先生开始，直到现在，方方面面的学者都觉得看不出我的作品受谁谁的影响。九十年代，我写过一篇文章，提及对我写作影响最大的人是我的爷爷，当年是从讲故事的能力来判断。三十年后，我依然怀着这种念头，爷爷对我影响最大的是当年总被他挂在嘴边的四个字：贤良方正。通常情形下，上上下下只讲"贤良"。爷爷在这两个字后面加上"方正"二字，前面两个字表达为品格的塑造，后面两个字则是性格的铸就。"贤良"代表着士大夫层级的人，"贤良方正"才是最广泛的普罗大众。

艺术的个性化是生命力的体现。

文学作品就是作为写作者的个体存在的意义。

问：如今你也年近古稀，你对于故乡最深的怀念是什么？这些情感如何塑造或影响了你的创作风格？

答：故乡留给我最深刻的记忆就是上面说到的四个字：贤良方正。

前两年因为我眼睛出了毛病，看书比较吃力，就开始在手机上听书。听书最大的好处就是它一字一字地读，什么都漏不掉，像《西游记》《水浒传》《红楼梦》，里面的诗词基本上没有人会逐字逐句地读，但在听书的时候是跳不过去的，必须用耳朵听过每一个字才算。

某一天我在听《水浒传》时，突然听到四个字：贤良方正。

这令我仿佛一下子回到了童年，爷爷常常在我耳边提起这四个字，他就是一个读《水浒传》的人，我想到或许这就是他对我幼年教导的源头。这很奇妙！武松杀了西门庆，担任审判官的知府重罪轻判，对武松网开一面后，书中立即来了一首赞美诗，形容其人"贤良方正胜龚黄"。后来在听《金瓶梅》时，也在武松为兄报仇一章里听见了"贤良方正"。读《水浒传》的人记得这首诗的很少，读《金瓶梅》注意这四个字的人可能更少。偏偏爷爷记住这四个字，并反复对我讲，让我至今都记忆深刻。

"贤良方正"四个字放在一起就是一种普世的人文精神，是一种文化的源远流长，能够很好地体现黄冈人的性格。贤良出文官，方正出武将，集贤良方正一身的黄冈，英才辈出。特殊的文化背景与历史源流，造就一种特殊的文化气质，在这种气质之下，我们去写自己的故乡，是永远也写不完的。

文学上的选择，其实也都源自一个人的内心，源自熟知的人生况味。写作者对此有了深刻的认知，甚至不用去琢磨、去思考，只要写到这方水土，手里的笔就像拧开的自来水龙头，哗啦啦地自动往外流淌。

一个作家，最得意的佳作，一定会与他的生命有着最深的融合。

问：自己作品中有哪一部，因为创作过程之难忘，让你对其有特殊的感情？

答：如果只选一部，当然是《圣天门口》。事实上，除了之前总对人提及的《暮时课诵》，还有两部，一部是中篇小说《大树还小》，这部小说将我的乡村情感与城市律动作了一次彻底的了结，同时，各方面人员的攻击火力也达到了饱和状态。就像两队人马从各自一侧比赛登顶，突然间在最高处碰面后，因为疲乏，而开始用怀柔之心观察对方，反而是文学性的真正开始。还有一部是《致雪弗莱》，这部中篇小说直到现在，都没有引起注意。《人民文学》发表时，删掉了至少三分之一。当然，这是其次，重要的是，对我来说，她是一部真正意义上的乡土和乡情小说。所以，后来我索性在其中篇的基础上，重新创作，写成长篇小说《黄冈秘卷》。

问：在你评价作家的私人尺度里，最看重的是哪一点？

答：气质与情怀。

问：是否有一部文学作品，曾让你感叹：如果它是由我所写该有多好？

答：三十岁之前有过，比如李存葆的《高山下的花环》，铁凝的《哦，香雪》，姜天民的《第九个售货亭》，张承志的《北方的河》。后来都淡化了，反而总在想，若是再年轻一些该多好。

问：你曾提到，"一个作家一辈子只写一类作品是对自身写作才华的浪费"，走在文学路上的这四十年，你个人的创作经历了怎样的发展和变化？

答：一个人的写作正如他的生命一样，是一个不断成长、不断变化的过程。创作者在早、中、晚期的风格不同，其实是一生中经过的对个人写作方式的多种尝试。年轻时确实对一些神秘、未知的东西更感兴趣，想用文学之笔探索、切入最深奥之处。但写多了之后发现，最难的是如何面对平常的人生，并以平常的笔法写出不平常的人生来。

"一个作家一辈子只写一类作品是对自身写作才华的浪费"，这话是我说给自己听的，对别人不一定适合。

问：那你的阅读有什么特点？比如会不会格外在意、反复研读经典作品的细节？

答：我是车工出身。一个车床，把它拆散了就是一堆废铜烂铁，必须作为整体才能与工作效率挂钩。标准机床配件是可以互换的，这些配件只有安装在车床的床头箱、变速箱、大中小拖板和刀架上，再将各种小组合组成大组合，才是车床。换一种组合，就可能是刨床、铣床或磨床。在标准配件之外的特定配件，是最关键的，比如各种各样的齿轮，只有将特定的齿轮用在特定的结构，才是机床，否则有可能是轮船、汽车或拖拉机。

文学作品局部细节的经典性，要放在作品的整体中研究，才能发现它的有效性究竟在哪里。比如有研究者经常提到《凤凰琴》中的一处神来之笔：一位记者到界岭小学暗访时受到深深的震撼，暗访结束时他自报家门，说回去后要写文章在省报头版头条发出来。过了不久，省报头版确实发表了这位记者的文章，但不是头条，头条是"大力发展养猪事业"。这样的细节，单看就是茶余饭后的段子，放在作品里就生动起来了，对整个作品有非常的意义。

这也是写作的技巧。这技巧是可遇不可求的，写作时灵光一现，突然冒出来。有的作品写得很生硬，可能都是因为事先设计好了。

任何有效的写作技巧都是自然天成，而不是刻意运用。

刻意谋划的技巧，会适得其反。

问：谈了这么多，感觉你的创作阅读之外，大概很多都是天赋或灵感，或者有如神助。但是也应该有一些普遍的规律可循吧？

答：我不清楚有没有普遍规律。如果真要强调规律，首先对母语要热爱，要极其尊敬。对自我了解的一切外部对象同样要极其热爱和极其敬重。这是普遍规律。

老有人问我写长篇小说有没有提纲。我实话实说，包括

《圣天门口》这种百万字的长篇，从来没有过提纲。写作好比一场伟大的探险，永远无法预测前面会遇上什么。突然生发的思绪堪比突如其来的遇见，一方面刺激性超值，一方面是灵性的爆表。没有提纲的写作能使自己享受第一读者的快感和快乐。

现在的小说，最缺少的是伏笔。高明的写作者写第一句话时，在后面会有相关呼应。古典文学特别讲究伏笔，"无边落木萧萧下，不尽长江滚滚来"就包含着伏笔，"大江东去，浪淘尽，千古风流人物"也是一种带着伏笔的描写，伏笔更是小说生命力强大的关键因素。现在的小说多数是写哪儿丢哪儿，人物需要就出现，不需要就废掉，前因后果，经常没有关系。小说所表达的人生，不是玩物，不是木偶，是有生命力的，任何一个人物的出现一定有其道理，并且有相应的过程。写小说，首先要学会尊重自己笔下的每一个人物。回过头来，写作者笔下大大小小的人物，也会对写作者自身产生同等的尊重，做一些写作者想象不到的事情，说一些写作者说不出来的语言。这样的良性互动，作品写得好看，读者也读得带劲。

问：你对当下的小说关注很多，对其中的问题也了如指掌。

答：我当了十八年《芳草》杂志主编，每期要发三十万字，一审和二审送上来供三审终审的稿件，每期差不多要看一百万字。任何事物的峰值都不是一成不变的，有高就有低，有好手也会有俗手。最难的是峰值下来后，经过努力还是无法回跳，如何断尾求生，见好就收，将拥挤不堪的文学阵地让给后来的年轻人，而不是咬牙拼着老命写下去，以表明某个作家还在苟延残喘。

小说一直写得很漂亮的人不多，敢于急流勇退的人也不多。

问：你判断小说"漂亮"的标准是什么？

答：生活的质感，加上作品通篇的趣味。质感就是作品值得咀嚼，不乏味，有奇趣，有才情。读的过程中让人觉得会心，不枯燥。

语言结构是起码的。现在的写作者基本受过大学训练，病句基本没有，错别字都很少，文字能力和叙事方法基本没问题。这种"没问题"也是最大的问题，容易在不知不觉中落入平庸的陷阱：平淡、乏味、没有特点。说一样的腔调，摆脱不了高中作文的影子，犯下写作大忌还不晓得。

问：感觉你的写作有很多神秘的色彩，能不能分别结合你获第八届茅盾文学奖的长篇小说《天行者》，和获首届鲁迅文学奖的中篇小说《挑担茶叶上北京》谈谈具体创作，破解一下这种"神秘"？

答：先谈中篇小说。一个作品的出现，往往因为脑子里有一个很精彩的、独一无二的、让我久久不能忘的人物或细节。一九九五年秋天，《上海文学》主编周介人先生打电话，说明年一期杂志的头条给我留着，情急之下我写出了《分享艰难》，作品发表后很多人觉得那种实感令人惊讶。小说主人公去县里开会，回来时坐在吉普车的副驾驶座位上。一九九四年，我在当时的新洲县挂职副县长时，初次下乡，县政府办公室的人就不让我按照城里人出于安全的习惯坐后排，非要我坐副驾驶座，理由是让大家先看见副驾驶座上坐的人是副县长，才会在接下来的系列事情中不失礼节。乡镇干部为什么要坐在副驾驶位置，不就是为了显示自己是"小霸王"吗？这种存于大多数人心里的成见，并不完全符合实际情形。那个年代的吉普车没有空调，副驾驶的位置是很难受的，时间一长，两条腿就会被发动机的热量烤得通红。不过副驾驶位置视野开阔，乡村里里外外的问题，一眼看去就能发现，可以随时让司机停车下去处理。这是当一位当镇长的朋友告诉我的，这个细节打动我了，后来就用在小说里。在《天行者》中，老支书墓地上发生的事，写出来令人觉得诡异。生活中，黄昏时分，僻静的山野，人一紧张免不了会看走眼，正常的事变成了怪事，在乡村简直是家常便饭，大山外面的人们哪里找这种体会呢？一切的神秘首要条件是陌生，不是所有陌生都很神秘，但是所有的神秘一定是百分之百的陌生。在我的写作中，神秘并不是刻意为之，因为我写出了多数人不甚了解的文学元素，人们才将神秘的光环加在我的头上。后来写了关于青铜重器的《蟠虺》和《听漏》，大多数人在这方面的知识储备为空白，没办法不觉得神秘。

问：这也是你所说的"技巧在生活，所有细节都是从生活中来"。

答：中篇小说《凤凰琴》的写作，根子在一所名叫父子岭小学的学校。一九八三年五月，我同县文化馆副馆长王洪章一道，住在父子岭乡政府，帮忙创造全省第一个乡级文化站。一天傍晚，我信步爬上屋后的山坡，山那边的一所小学校扑面而来，很小的操场上空，一面国旗挂在旗杆上，被风吹雨打太久，红旗都破旧发白了，却是莽莽山野中唯一与众不同的风景。后来自己进了黄州城，当时儿子在上小学，每周一都要把他吼起来送到学校。按教育部的要求，学校每天都要有升旗仪式，地方上的学校一般都只安排在周一。那天，儿子起床晚了，送到学校时，只能站在一旁看着近千名学生举行升旗仪式。那一刻，我突然想到，假如这所学校是偏僻的山区小学，也要升国旗，他们是怎么搞法？没有乐队，也没有音响设备，只有笛子。有了这个细节，小说最核心的东西有了，其他的文字，只要围绕这个核心写就。

小说小说，无论长短，首先要有体现这种小小的、很精彩的、独一无二的细节。缺少这样的细节，小说就不成为小说了，而有可能变成大话连篇的"胡说"。

中篇小说《暮时课诵》，写机关男女同事介于亲密与暧昧之间的关系。一男两女，婚姻都不如意、互相有些好感。星期天没地方玩，相约去爬山看庙，出县城时，男同事给两个女同事各买了一块电烤饼，一块用右手递过去的，一块用左手递过去的。一位女同事有些吃醋，说男同事偏心偏爱，理由是你用右手给我的，右手离心远；用左手给她，左手离心近。已故评论家雷达说，这种细节如果不是过来人，是想不出来的。我一直想辩解：真没有这个事儿，这个细节完全是我虚构的，但非常合乎情理。

真实不一定就是真相，用现实主义泥土养活的细枝末节，往往比真实还要真，是最接近真相的写作方法。

问：其实这也是优秀小说家的才能。

答：我自己特别喜欢获首届鲁迅文学奖的《挑担茶叶上北京》，这部中篇小说有一种凄美。凄在于下雪天采茶，美也在于下雪天采茶。后者是一种纯粹的视觉，前者则是社会生活的无奈。一九九五年元月，朋友专程来武汉，送给我二两茶叶。我故意嫌弃地说，大过年的怎么好意思送二两茶叶？朋友说我有所不知，这是冬茶，刚采的，一共才采了一斤，他要分送五个朋友。我当时惊得半天说不出话来。有句俗话说，春茶苦，夏茶涩，秋茶好喝摘不得。冬茶是怎么采摘的？谁有这种体会？

小说要达到好的标准，先决条件是细节的独特性。

问：小说更多的是靠细节来充实的，而不是思想。

答：也许这是一个悖论。一个思想非常博大精深的人，写的小说常常会被思想所左右，而缺乏感性，小说的魅力也丧失殆尽。

问：后来你几乎很少写中篇了，为什么？

答：一九九九年下半年，写完中篇小说《民歌》交给《上海文学》以后，我再也没写过中短篇小说。前不久《上海文学》约我给他们写中短篇，我回答的是，等把"青铜重器系列"全部写完后再说。写长篇小说实在消耗太大，时间超长，体力耗损，精力不济，不将生命力集中使用是不行的，否则就会自己打自己的折扣，辛辛苦苦写出来的作品，这里差把火候，那里缺点水分，给人一种青黄不接、半生不熟的感觉。

问：相对而言，中短篇还是要求更精致一些，因为长篇可以藏拙。

答：长篇是可以藏拙的，洋洋大观，数十万字，前面时间线不完全吻合、人物性格不完全对，只要故事本身不出现偏差，拙一点没问题。几百年来，很少有人注意到，《西游记》那么经典也有问题。贞观十三年（639年），玄奘的父亲陈光蕊状元及第，娶了娇妻殷温娇，上任途中遇到江洋大盗，杀夫占妻，有孕在身的殷温娇，忍辱负重生下孩子后投放到江里，由金山寺长老救起，抚养十八年，取名玄奘，被唐太宗李世民委以取经重任，然而西出长安的这一年还是贞观十三年。二〇一二年冬天，我去吴承恩的家乡淮安，与当地的吴承恩研究专家说这些破绽时，大家都不相信，一些人在现场的表现，显然以为我是在乱说。最近发现，新版《西游记》将这一段改成了"附录"，很有意思。《西游记》问世几百年，读过的人何止成千上万，怎么之前就没有人发现这么大的破绽？所以说长篇小说的魅力就是以拙藏拙。太精巧的长篇小说既不好看，生命力也不会太久，粗粝一点反而显得大气。几千字甚至几百字的短篇小说，容不下丁点破绽。在某种意义上，经典作品是读者的宽容和耐心，甚至是气度决定的。

问：读者也要有气度？

答：我曾想过，李世民在位时间如果再长一些，也许可以由后人将唐僧出发取经的时间改一下，用十三加十八，变成

"贞观三十一年",可惜历史上不曾有此年号,即便有此号也不行。书中说,唐僧取得真经送回长安,唐太宗迎接唐僧师徒,并作《圣教序》以彰唐僧之功,其间历经一十四遍寒暑,就是说唐僧这时已经三十二岁了,就算他是贞观元年(627年)生人,也与唐太宗在位只有二十三年的时间配不上。我个人觉得出版界完全没必要将唐僧的身世一节改作"附录",长篇小说的破绽也需要包容。当然,我对自己的写作,不仅苛刻,甚至有点变态。《圣天门口》里写到大别山区某年大旱,是找来当年的天气预报核实过的。大的环境不能虚构,像地震、日食等有据可查的历史痕迹,不能胡编瞎写。侵华日军什么时候"扫荡"过英山、罗田等地,在大别山中的行进路线,更不能虚构。《圣天门口》体量那么大,也难免有破绽。书中主要人物傅朗西离开大别山再回到大别山,写他经历了六个女人。一位看过我所有小说的读者,在见面时说,刘老师你说傅朗西经历了六个女人,我怎么对不上,数来数去只有五个。确实,写作过程中自己曾删掉了一些文字,但忘记修改前面已经定型的文字。再版时,才将这个失误改正过来。还有《听漏》,也不知哪根神经短路了,将烂熟于心的主持西周东迁的周平王,写成了周幽王。那些只将时间写作"多年以后"的作品,因为没有将年月日作精准量化,尽可以天马行空,招之即来,挥之即去。

现实主义品格的作品在各种文学元素的关系上,要十分严谨,每个人物、每个故事、每个细节,都要落到实处。就像刚刚出版的《听漏》中的听漏工,大多数人没见过,也没听说过,这并不等于作家可以将听漏工的神通写成天花板级。

现实之下，人的影子也能够检视。

读者的气度是读者的事，作家不能将自己的作品写得极致完美，总是憾事。

问：你写过先锋文学吗？

答：别人说，我是江汉作家中第一个写先锋文学的，出版过小说集"大别山之迷"系列。我写的是迷惑的"迷"，有一些版本用的是"谜"，那是早期某些编辑未经过我的同意，在编辑过程中自作主张修改的。这些作品多是表现有异于人们熟悉的江汉平原的大别山区的人文风景。发生在我身上的"先锋"肯定与文学中大多数"先锋"不一样。在我开始这么写时，甚至还不晓得世界上有个叫马尔克斯的拉美作家。我写作风格的转变是在一九九二年，《青年文学》第一期发表《村支书》，冯牧先生在同期评论文章中提出，"这可能是新的现实主义"。后来《青年文学》第五期又发表了《凤凰琴》，更使得"新现实主义"的潮流风靡一时。

问：那么长篇小说呢，也有经验可谈吧？你在长篇创作过程中最看重什么？

答：就像开车，各人有自己的习惯，重要的是安全抵达目的地。有人开车，遇到情况总是一脚刹车；我习惯两下刹车，先踩半脚，视情况再来第二下。上了高速公路，也有各自的习惯。以往走高速强调不能长时间占用最左侧的超车道，现在也不强调了，于是就有人喜欢一直在最左边道上跑。除了超车，我喜欢在中间车道上行驶，这是个人习惯，也是人对车辆和道路自然而然的感觉。我最看重感觉，除了依靠理工科定律行事的那些事，人的感觉比所谓理智更加可靠。当天写的文字感觉如何？感觉对了，什么都能包括进去。感觉不对，就得推倒重来。就像去往陌生地方，前不挨村，后不挨店，在没有手机导航的时候，只能依赖感觉。正在写的文字，离作品大结局，还有十万八千里，一切都悬而未决，刚刚从笔下呈现出来的文字，是不是自己所需要的，能够做出判断的只有感觉。假如换作理智，将这些文字拆散，分析这一天用了哪些技巧，用了多少精彩的句子，而不是将这些文字保持在相对完整的状态，综合考虑自己的感觉，用不了多久，就会被没完没了的挫败与分裂，毁掉自己的信心与灵感。

问：你写了几十年，还会有难度吗？有创作瓶颈吗？是不是有一套很自然、很成熟的调整方式？

答：有时候会突然"停电"。年轻时遇到这种情况很焦虑，会硬着头皮往下写。现在不了，有很多可供选择的方式。《听漏》写得顺手时，我也会放下鼠标，做一会儿别的事，不让自己处在弦绷得紧紧的状态，写作过程需要适度的松弛，不能绷得太紧。这可能和年纪、体力和精力有关系。对于写作者来说，最好的状态是写作的时候，不写作的时候什么状态都不对，能写就是好状态，最好的状态是百分之百地信任自己。

我把写作当成对自己的挑战。

挑战不可能永远成功，一定也会有失败的一天。

一个人不可能永远成功。我当初为什么放弃中短篇，就是因为没有挑战性了——太顺手了，任何时候、随时随地都能写。当自己对自己起疑心时，就说明状态不对。到目前为止，我对自己在长篇小说写作上还保持着完全的信任，所以，我还可以写下去。

问：你属于可控状态，但有些作家的创作状态是很难自我调整的。

答：我对自己的定位清晰，我时常告诫自己：当读者抛弃你时，就不要再写了。入文坛之初，《安徽文学》的苗振亚老师就以本地两位作家为例，谈到作家不明白自己已经被文学所抛弃，辛辛苦苦写出来的文字，几乎完全无效，连带先前作品受此影响也拉低了"颜值"。另一位却不然，早早察觉此中玄机，宁可封笔不写，也不去做那劳心费力的无效功。

忍看朋辈被无视，悲向内心问自己。

这些年，看到的，听到的，例子不少。

当写作者自己高调宣称又写出一部"大作"时，文坛和读者都当这本书并不存在。到了这种地步，纯粹当一名养老金领取者，才是行之有效的调整。

问：那作家对这种状态一定会有自我认知，未必非要等到被读者抛弃才放手。

答：哪个妈妈会对自己的孩子彻底失望呢？就算患上医学界公认的不治之症，当妈妈的仍希望有奇迹在孩子身上发生。作家的作品无异于是亲生孩子，每一句话，每一个字，都觉得很好，甚至觉得自己会写得更好。《听漏》写完后我也挺紧张。毕竟隔了十年，前面有《蟠虺》，读者和专家都还认可。直到

《人民文学》目录出来，《听漏》放了头条，我和主编施战军交流之后，还有作为最早一批阅读者的家人，以及出版社的编辑们表现出来的兴奋劲，自己这才放下心来。

问：二○一四年，你以曾侯乙尊盘为素材创作的长篇小说《蟠虺》出版；今年，作为"青铜重器"系列长篇第二部的《听漏》出版，距离上一部作品正好十年。为什么愿意在"青铜重器"上，下这么大功夫？

答：概括起来，一是小说人物有生长性，二是有兴趣、有储备，三是各方面的要求。写完《蟠虺》，我以为把自己的库存消化得不多了，但随着时间的推移，发现还有很多内存。

四十年前，我在小说处女作《黑蝴蝶，黑蝴蝶……》中，借作品中年轻的主人公之口说过一句话："机遇是少数人才能享受的奢侈品。"四十年后再看，一个人在某个时间节点上刚好遇上、差几分几秒也许就会错过的某个事物，真是人这一生可遇而不可求的奢侈品。这种说不清、道不明的机遇，也可以称为缘分。

湖北省博物馆离我家只有一站路，自己不知进去看过多少次。之前从没有被人认出来，之后也没有被人认出来，偏偏二○○二年八月中旬，陪我小说的英文译者、美国哥伦比亚大学的贾菲博士去湖北省博物馆看曾侯乙编钟时，被与某女作家在武汉大学夜读班同学的那位工作人员认了出来，他自告奋勇地领我去看摆放在角落里的曾侯乙尊盘。第一眼看过去，自己就被曾侯乙尊盘迷住了，莫名其妙地出现一个念头，觉得可以将曾侯乙尊盘写成一部小说，从此开始全方位留意这件"国宝中的国宝"，以及与之相关的各种青铜重器。

文学作品之所以称为创作，在写作以曾侯乙尊盘为素材的长篇小说《蟠虺》中表现得格外充分。依照考古工作的规律，文物出土之后，就会开展即时研究和长期研究，一般情况下，考古工作只会用实物来说话，是就是，不是就不是，不太可能凭空胡乱说些什么。面对某个特定的器物，考古研究无法言说的，恰好是进行文学创作最佳角度。在《蟠虺》之后再次以青铜重器为文学元素写作的《听漏》，选择了"九鼎七簋"所缺失的第八只簋为切入点，探究单纯考古所无法探究的奥秘。反过来，这种带有考古气质的文学探究，又印证了相比从殷商开始的青铜文明，两周时期的青铜重器所承载的东西更多、更重、更复杂、更具有文学性。

问：小说名为《听漏》，实际上也是听历史和考古之漏，甚至是生活之漏。这个意味深长的题目，是从一开始就确定了吗？

答：用"听漏"二字作为书名，首先是其音韵的魅力，当然，还有它蕴含的神秘与神奇。听漏之意，可以理解为自己用感官，发现了历史的破绽，也包括现实生活的破绽。书中有一段话说："漏水的地方总漏水，不漏水的地方总不漏水。就像贪官到哪里也要贪污，清官到哪里也是清廉，做人和做事的道理是一样的。"

听漏的意义，是要听人、听事、听有声的世界、听无声的灵魂。

问："听漏工"这个人物设置得太妙了，我也是从这本书里才知道，原来七十二行之外，还有这样一行，不同凡响的神秘工作。

答：前几天，在整理一些过去的文字时，才发现，二〇一一年九月中旬，上海《解放日报》的曹静和刘路二位专程来武汉，在东湖边的妙语悠香茶吧采访时，我就对她俩提到过上海市自来水公司有一种特别的工人叫"听漏工"。看当年的采访文字，对方当时没有在意。自己提及听漏工，也是因为他们只存在于上海，并没有想到日后会成就一部名叫《听漏》的长篇小说。

问：新闻记者的敏感点不一样，那时她们的关注点肯定是在《天行者》获茅盾文学奖上。

答：念念不忘，必有回响。那时候，我连《蟠虺》都还没有开始构思，但在潜意识里，"听漏"与"听漏工"已经在心中悄悄发酵了。

问：马跃之是青铜研究领域举足轻重的专家，几十年不碰青铜器，且绝口不提"青铜"二字；"听漏工"以青铜器物设局，编织了一张巨网……情感和悬疑元素贯穿始终，使得小说节奏紧凑，十分引人入胜。如此复杂的长篇小说创作，是否也要事先大概考虑结构和故事走向？难道你还是像以往的习惯那样，不列一个提纲吗？

答：文学创作的习惯，与一个人的创作资源密切相关。前几年去南海，那里各方面都是陌生的，但在一个小岛上发现一些指甲大小的像漏斗一样的小小沙窝，与自己在家乡见到的一模一样。沙窝底部藏着一只沙牛儿，只有蚂蚁大小，蚂蚁是昆虫，沙牛儿却是动物。后来，我仔细查询一番，发现俗称的沙牛儿，不是乱叫的，资料上也是这么写的，这种也许是自然界最小的动物，学名叫蚁狮。于是，一下子就有了写作灵感。

面对陌生的青铜重器，以及任何一种陌生事物，写作者想要找到切入点，无一不是寻找自己所信赖的事物，而这种信赖肯定是建立在熟悉的基础上。一样熟悉胜过百种陌生，有熟悉的似曾相识的路径作保证，比最好的提纲还管用。

我这个人，最不喜欢凑热闹。在职时，不得不露面的活动基本上是"快闪"。学会开车后，不再挤公交车，但在出行必须经过的高铁站，宁可在一旁等到最后，也不会抢着往上下车的电梯上挤。在文学本行里，从不与女人聊琼瑶，从不与男人谈金庸，大多数人将我往"现实主义冲击波"里推时，我却拼命抵抗尽可能不参与其中。以青铜重器为写作对象，是二十年前起的念头，当年的考古和文物，几乎进不了社会上的话语体系。

文学创作讲究的是沉淀积累。一八六二年雨果写成《悲惨世界》，主要人物冉·阿让因为偷一块面包给三个小外甥吃而被判处十九年苦役的现实情形，在一八四六年就亲眼看见了。二〇〇二年八月，我关注到曾侯乙尊盘，二〇一四年才写成《蟠虺》。二〇一四年开始构思《听漏》，二〇二四年才写成出版。在文学界，极少有将热度一点也不减的事物及时写出来成为经典的。即便有灵感，也需要像种子一样埋藏在沃土里，等待时机生根发芽，经过春夏秋冬四季的考验，才能开花结果。

很多时候，刚好与热度极高的情形相反，需要将一颗冰冷的种子，放在心里一点点地焐暖焐热，经过漫长的时光滋养，才能得到自己想要的收获。

写作就是这样，种子一旦开始发芽，就会自己生长，除非斩草除根、斩尽杀绝，都会长成内心想要长成的模样。《听漏》里，不少人物都超出原来的设计，硬是走出一条属于他们自己的人生之路。我很惊讶，但我也明白，这说明《听漏》中铺垫了足够的沃土，供给他们独立自由地生长。

问：小说融入了很多考古和文物知识，正契合当下的考古热。各类知识巧妙地嵌入小说，读来却不觉得是小说家在掉书袋，你是如何做到的？

答：知识不等于文学，文学必须有知识涵养。这个问题是一切文学作品必须面对的，写考古的小说，也属于文学范畴，也就无法例外。写作也有临时抱佛脚的，但要抱出体温，抱出感情，用体温和感情来融化这些知识，才能让之前不曾掌握的知识，与自己的写作融为一体。

问：个人非常喜欢小说中的各种金句，比如谈考古的"考古考古，考的是古，答的是今"，比如梅玉帛的男人"镇宅"之说等。小说暗含了很多不仅是对于考古，更是对世界、对人生、对感情的种种思考。作为一向关注现实生活的作家，既能写出如此有烟火气的小说，又有高于生活的提炼和总结。如何源于生活又高于生活，你愿意谈谈经验吗？

答：考古同样是社会生活的一部分，同样是由有七情六欲的男男女女来做的事情。看上去所面对的是死去几千年的古人，骨子里还是由正在地上行走的活人来作各种各样的决定。今天的人只能写今人，今天的人即便写的是古人，所言说的也无一不是今人。如果真将这些后来者写的古人当成真正的古人，免不了会成为一种笑谈。

问：通过马跃之、曾听长、梅玉帛、陆少林等有故事的人物，小说把现实生活的复杂性、人物身上的谜团和历史联系起来，在破解悬念中层层递进，让人欲罢不能。你打通了历史和现实，在处理二者关系上感觉游刃有余，你在整体创作中有没有觉得哪一部分是比较难把握的？

答：这是一个好问题。今人与古人，现实生活的活色生香与青铜器物的无情无感，怎么看都是没办法凑到一块的，更别说将其组织到一部具有鲜活趣味的大作品中。如果说作家身上具备某种常人所没有的超能力，也就体现在将毫无关系的两种事物"打通"，再令人信服地黏合在一起，构成一种方便流传的文本，揭开藏在文化面纱后面，不曾在社会生活中抛头露面的人性隐秘。在这个过程中，难点在于能不能看到考古专家没有看到的，特别是像曾侯乙尊盘、九鼎七簋等国宝级的青铜重器，经过多年研究，考古专家绝对不会留下非专业人员也能看出来的破绽。无论如何，相对人类强大的想象能力，个人的才华都有局限性。在考古专家人员眼里，器物认定的最高标准是时间；在作家这里，认定的是器物存在的空间，是青铜器物所承载的王朝更迭、汗血长河。从这个意义上讲，从考古专业里分离出文学元素是最难的。

十六、车工经历让我练成不锈钢一样的文学性格

问：有人觉得获得大奖对作家是个考验，也确实有一些作家获奖之后创作可能停滞，但这个问题在你身上并不存在。创作几十年，你的写作一直在不断自我突破，即便获了鲁奖、茅奖等各种大奖，近几年的《蟠虺》《黄冈秘卷》，包括《听漏》，从题材、叙事方式和表现手法乃至于语言等各个方面，你都有突破。这种创新能力需要刻意保持吗？

答：自我突破与创新能力是生命力的显著体现。见到有新闻说高考"钉子户"，十几年来，年年参加高考，按说高中课程是有标准的，在不变的标准下，经过连年努力，成绩应是芝麻开花节节高，实际情况并非如此。小说写作差不多也是这样，好小说肯定有无形的标准。从现代小说出现以来，这个标准就是一直存在于小说天地中，茅盾文学奖和鲁迅文学奖可以算作是一种标准。作家获奖后，创作出现停滞，不是获奖造成的，而是创作的总体能力有些问题。科举时代，那些寒窗苦读数十载，到老也考不上功名的人，不是用功不够，而是心力不达。在文学中，或许还有获奖后想得太多，不再全身心投入文学了。创新能力不是刻意保持就能做到，然而，没有了文学的初心，创新能力肯定会丧失掉。

问：关于"曾随一家"论，"楚学院的人说，老祖宗留下的曾随之谜难倒了多少读书人！与众不同的曾先生说，这是老祖宗给四体不勤、五谷不分的我们来点小恩小惠，一字之差养活了多少闲人啊！"类似描写，很容易让读者联想到当下诸多学会。小说不乏批判精神，但却写得轻松有趣、很有力度？

答：这句话，真的是在批判什么吗？我觉得只是发自内心的感慨！两周时期也就是先秦时期，留下来的文化瑰宝实在太多，从文化本身判断，两三千年后的人们，仍在吃那时候的老本。我们的思想方法、道德范式和人文品格，哪一样不是通过青铜重器铸就的？《听漏》中说到的一些话，只是不想数典忘祖。

问：你本人和你创作的小说，都让我觉得有一些神秘色彩，《听漏》更是如此。比如书中的曾听长、马跃之、小玉老师等都是很神秘的，神秘感让小说有了韵味和灵性。这种神秘的特点，是否和地域有关？

答：说楚人好巫，一般人理解为是装神弄鬼的巫术。实际上，在漫长的历史时期，"巫"是古人对世界最高水准的认知，也可以说是那个时代的"高科技"。在青铜冶炼与制作上，好巫的楚人足以傲视群雄。楚人喜好的巫，还包括最高水准的艺术，曾侯乙编钟是音乐史上的奇迹。秦晋齐鲁等地的编钟，真的只当成铜钟使用，发出洪亮的钟声，却不是美妙的音乐。从普通的钟声，到非凡的音乐，中间存在一道巨大的科技鸿沟。曾侯乙尊盘可以说是雕塑艺术上的奇迹，上面复杂得让人看不清的透空蟠虺纹，毫无疑问是当年青铜铸造技术的最高水准，没有之一。楚人好细腰，春秋五霸中的另外四霸、战国七雄中的另外六雄都不理解，纤纤细腰有什么好处：耕种渔猎、沙场点兵，看上去就比膀大腰圆的人弱小许多。然而，细腰的艺术之魅，却是千百年来最美的诗性。这也是屈原只能生长在楚野上的主要原因。

考古工作和文学创作，都有一种说不清、道不明的神秘意味。毫无例外，每一次考古发掘，都是在普通人的眼皮底下进行。那片土地上，不知繁衍多少子子孙孙，放牧种植、居家生活，从没有人发现自己的脚下底下竟然埋藏着一段用金玉、青铜、陶土和漆木做成的辉煌历史，偏偏考古工作者一来就发现了。文学创作也是这样，人生当中，那些人人心中都有，个个笔下全无的状态，在一般人眼里百无一用，却被作家写成令人刻骨铭心的经典。考古工作与文学创作的缘起，在"无中生有"这一点上，实在太像了。

问：《听漏》里有一条血脉的线索，曾听长、陆少林和梅玉帛的身世谜团最终揭开，他们都各自找到了父亲，邱大队、马跃之。小说这么处理，有何用意吗？

答：两周时期最了不起的人文精神是"春秋大义"。后来人说"情义"时，在背后支撑的文化伦理也是这些。《听漏》中有一段闲笔："武汉三镇的骗子都是文骗，不像其他地方的骗子，文的不行就来武的。武汉三镇的骗子还有点荣誉感，一旦被当众识破，就会觉得自己水平不够高明，发一声哄笑，赶紧走人。"情义之事不只是高山仰止的高大上，而是融合在人间烟火之中，哪怕是街头巷尾的小骗子，在行为举止上也有所表现。书中人物王庶说："你们那一代人的爱情能扛起青铜重器，我们这代人的爱情只能背个爱马仕包。"对时尚的年轻女孩来说，这种理解也是在表达一种情义。在马跃之和曾本之那里，荣誉的天花板明明就在眼前，闭一闭眼睛，低一低头，就能触摸到，在关键时刻，毅然选择抬起头，睁大眼睛，告诫自己这些是不可以越雷池一步的红线。"世上最大的骗子是自己骗自己",对自己而言,毫无疑问,这是一种了不起的情义。

问:小说中两个词频繁出现,一是僭越,二是嫡庶。为什么会如此关注"僭越"的问题?同时白露节气也反复出现,包括越王勾践剑在白露节气展出,我特意查了史料却一无所获,能谈谈你的想法吗?

答:在二十四节气中,我特别喜欢白露,为此还写过一幅书法,"九九红叶秋事,清清白露文章",挂在客厅里。在为《听漏》选一个时间节点时,不由自主地选择了白露节气,其中还有间接地瞄着"春秋"的意思。二〇一四年《蟠虺》出版后,在与何言宏的对话中,曾经说过:"在思想文化的激辩背后,还有最不能忽视的人格操守。很多时候,是需要说出诸如'我错了'一类的话语,就像小说中的曾本之那样,一旦承认自己有错,而使自身升华起来。相反,因为说不出这话,或者不想说出这话,不得借助思想文化之外的东西,这种人格的失败是很可怕的。"记得多年前,在关于《圣天门口》的一个访谈中,曾经谈到一个典故——春秋战国,弑君三十六,亡国五十二。臣弑其君,子弑其父,用现在的话说,那个世界里简直是稀烂。但正是在这种稀烂的世界里,知识分子的风骨与品格才显现出来。齐国重臣崔杼,因为齐庄公和他老婆私通,大权在握的崔杼借机杀了齐庄公。事情若是如此,绝对是一个男人让另一个男人戴上绿帽子的小事一桩。崔杼杀害齐庄公后,不想在史书上留下丑闻,就要求记录齐国国事的太史伯将齐庄公写为患疟疾而死。太史伯偏偏不听,坚持在简牍上写下"夏五月乙亥，崔杼弑其君光"的真相，恼羞成怒的崔杼杀掉太史伯。太史伯死后，其二弟太史仲继承职位，仍旧简书"崔杼弑其君"，又被崔杼杀害。接下来，同为史官的三弟太史叔仍旧不肯篡改史册，继续简书"崔杼弑其君"。三弟再被崔杼处死。四弟太史季接手书写青史之职后，同样一字不改地写上"崔杼弑其君"。崔杼在万不得已的情况下才放过了他。文天祥在《正气歌》里写"在齐太史简，在晋董狐笔"，指的就是齐太史伯四兄弟，还有同样名垂青史的晋国的太史董狐。舍生忘死捍卫历史真相，这是身为史官的气节。

《听漏》在人物和故事上，完全承接了《蟑眦》。《蟑眦》全书完结处是自己撰写的一首赋词，在赋词的最后有几句话："今世凝华，古典青铜。那朝秦暮楚之徒，不过是买椟还珠，纵然上下其手，难抵董狐一笔，终归画龙不成反变虫。为寒则凝冰裂地，为热当烂石焦沙。爽拔不阿者，最是奇葩龙种！苍黄翻覆，霜天过耳，且与时光歃血会盟！"在《听漏》中，也写了一道赋词，其中有说："尘满面，霜满鬓。风又阵阵，雁又阵阵。一朝落尽江城雪，三镇全是负心人。两江尚可同帆去，四岸空对水流云。"这几句话，是对时下的感叹，对比太史四兄弟和同为太史的董狐，今天的我们要更加努才行。

问：小说的很多细节令人击节赞赏。你如何看待细节之于小说的重要性？

答：《听漏》中写了青铜方壶里发现折扇，九十多岁的方老太太临死之前要买手机方便与早前离世的人联系，在写小学课文《火烧云》与萧红原著的不同等细节时自己曾窃笑了好多次。前几年，去陕西延川，看路遥生活过的地方，情不自禁地写了一篇《〈人生〉的细节在哪里》。路遥的《人生》问世时，自己认识的年轻人全都被感动得一塌糊涂。后来怎么也记不起，到底是哪些文字令人如此悲怆。重新翻阅《人生》，这些感动又有浮现。进到路遥生活过的那条山沟，自己突然明白过来，《人生》本身就是一个偌大的细节，如同将一个人吃的热干面，做成让上千人同时开吃的热干面，味道还是热干面的味道，影响力和感染力却放大一千倍。或者相反，将一个普通乡下男人最珍贵的青春，一点一点地撕成碎片，用力抛向天空，再无声无息地飘落在深不见底的黄土之中。在小说界，将人生写成唯一细节的《人生》是一个巨大的例外。人们不可能再读到第二部这样的作品。这也极大地提醒写作者，小说艺术就是细节的艺术，没有细节如同人没有五官。好的小说，哪怕将其撕成碎片，只要细节在，作品就会长久地活下去。

问：九鼎七簋之谜揭开后，马跃之说这一课题要探讨的不是缺失的第八只簋，而是要探究天下文人的魂灵——这也是你真正想要表达的意思吧？

答：探究天下文人的魂灵，这话说得有点太大，可这又是不太让人喜欢的大实话。良药苦口，忠言逆耳，希望有些人不要太计较这话该由谁来说和不该由谁来说，而将心思放在对这话的理解与实践中。

问：你的中篇小说《挑担茶叶上北京》获第一届鲁迅文学奖，长篇小说《天行者》获第八届茅盾文学奖。站在中国文坛的高峰上之后，你依然笔耕不辍，请问这四十年来你持续创作的动力是什么？

答：在我的阅历中，还没见识过同时将几样事做到极致的天才。大家都是一辈子只能做一件事情的普通人，这辈子我选择做的事情就是写作。

写《挑担茶叶上北京》时，我刚好四十岁，如果那个时候就放弃了不写，那么后面人生怎么度过？《天行者》获第八届茅盾文学奖的时候才二〇一一年，按现在的时间，那时候我也还是年富力强，一个年富力强的人能就此坐吃山空吗？看看外面那些满脸沧桑的打工者，那种年纪还在顶天立地辛苦干事，对比挥汗如雨的他们，写作终归要轻松许多。

一个作者，只要他开始了写作，只怕是到死才能放下，甚至到死都放不下，如果脑子还管用，哪怕进到坟墓里也会一直想着写作，一直想怎么样把它写下去。

这里面有一个问题，一个写作者，他晚后的写作是否有效？一个人的文学素养可以始终在水平线之上，然而，写作能力不可能始终处在水平线之上。任何人到了一定年龄，体力和智力，包括思维体系都有衰退的可能。从前，有些人是把手稿存放在抽屉里，现在是写好的文字全存在电脑里面，拿出去既没有出版社愿意出版，也没有杂志愿意发表。发生在年轻人身上，是才华需要提升，在老人家那里则是才华的衰竭。说得文雅一点，这种文字都是写给自己看的。

所以，到了一定的年纪，要想办法让生命的过程始终处在这种有效的范围中，如果做不到，也要尽可能下滑得晚一些，再晚一些。

我一直在做准备。等到出版社不要我的稿子了，杂志社也把稿子退回来，这种事情成为一种常态以后，就要知趣，去当一个真正的养老金领取者，养花，带孙辈，等到连这些事情都做不了，就任其老去，绝不再让自己纠缠在文学中。这很难，但一定要保持内心的清醒，千万不可以在七八十岁的时候又变成一个愤世嫉俗的毛头小伙。不能够当世界开始拒绝你的写作时，你也开始拒绝这个世界，那就太悲哀了。

老来写作上的不达标与青春写作的不达标完全是两回事。

一个人八十岁时写出来的文字不堪一读，到了九十岁只会更加不堪，而且不可能有谁例外。十八岁时的文字常常惨不忍睹，到了二十八岁、三十八岁时，极有可能弄出洛阳纸贵的佳作。当然，这里说的有效或无效，是指纯粹的文学创作，对于某些自传或者纪实性的文字，则另当别论。

问：从事文学创作到现在，你对自己有没有一种评价？

答：如今想来，能够写作"青铜重器系列"，是自己在阀门厂当车工时就打下的基础。在那个十年里，经常在车床上加工各种各样的铸铜工件，让我拥有别的写作同行所不具备的熟悉。当初去驾校学开车时，科目二只练了一个星期，教练就放手让我带着其他学员练习倒车入库。我当过十年车工，对机器一点恐惧感也没有，不像别人，这个手柄不敢碰，那个脚踏不敢踩，从一开始我就不怕那钢铁怪兽，当年我操作的车床要比汽车厉害一百倍。写作者的阅历可能比知识储备更重要，独一无二的阅历等于独一无二的财富，写出来就是独一无二的作品，是别人不可替代的。曹文轩说，独特是一个作家存在的唯一理由，也是这个道理。

二〇一八年五月，应约与省委书记见面，我们一口气聊了七十多分钟。大部分时间里，我俩都在说自己当车工的体验。省委书记当过四年车工，我当了十年车工，我们共同的体会是不锈钢材料最难加工。那些看上去有几百斤重的超大铸件从车床搬上搬下，加工铸铁扬起的矽尘塞满全身上下的每一个毛孔，在外行人眼里以为难度最大，实则不然。不锈钢材料，看着小巧，实际上又韧又硬，说别的材料十分顽固，不锈钢材料至少是二十分顽固，被车刀切削下来的铁屑带着几百度的高温，偶尔会溅到脸上，或者准确地钻入人的领口。这时候，切削进程的操作不能中断，必须等这一刀走完，停下车床后才能处理。落到皮肉上的铁屑，扯都扯不下来，烤焦的皮肤上还会冒出一股烤肉的香味。

离开工厂十几年后，我领口处的十几个疤痕仍旧明显，那正是我当车工强力切削不锈钢时铁屑飞溅的烙印。

十年车工经历锻造了我的近乎不锈钢一样坚韧的神经，也锻造了我极其认真负责的工作态度，在离开工厂之后，成为我的人生态度，甚至是文学态度。

某些同行写作，尤其是写长篇的时候，对待笔下的人物，招之即来，挥之即去，开篇浓墨重彩描写的精彩人物后面却消失不见了，只管拎着几个主要人物不顾一切地一冲到底。在我的作品中，我会善待笔下的每一个人物，如同我在当车工时，对待自己加工出来的每一个零件那样，从粗加工到精加工，流程完整，保质保量。这种保质保量不是一个班八小时，也不是一个星期或者一个月，而是整个工人生涯。因为，在漫长的生产过程中，只要加工出一件废品，就会变成永远无法挽回的错失。

　　问：像《听漏》《蟠虺》写青铜重器，像《天行者》写乡村民办教师，以往的文学作品要么写一九四九年以前，要么写一九四九年以后，《圣天门口》打通了这道无形的壁垒，你的这些长篇小说，写作难度不是一般的大。你觉得一个人一路走来能够不停地闪耀，最重要的选择是什么？

　　答：当我们选择文学的时候，首先要尊重文学。

　　当我们想和别的写作者同行时，就要发自内心地尊重同行者。

　　在写作这条路上，我不清楚和同行们相比，我是否走的路远一点，或者站的位置高一些。不是我无法判断，而是任何"我"对"我"的判断基本上不起作用。在时光的长河里，再强势的"我"，对"我"的判断也不过几十年，这样的几十年也就是一种自我虚荣。我觉得自己能够走到今天，最重要的因素，不是作品写得如何，而是十年工人生涯奠定的认真做事、认真做人的性格。

　　可以将写作看成是一门手艺。好的手艺人为什么好，首先是非常看重自己的手艺，其次才是希望别人来夸奖自己的手艺好。

　　十八岁时，我非常开心自己选择当一名车工。后来选择写作，回过头来一想，我更开心，觉得车工和机器是对青铜重器的逆向启蒙。二〇〇二年开始接触青铜重器，同样没有什么隔膜。当车工时最喜欢加工的材料就是铸铜，铸铜容易加工，一个班下来中途不用换车刀，车床也比较干净，下班时都不用费力去清洁。一般人看青铜重器只看到表面的华丽，我能看出青铜重器材料本身的质朴平常，其中铜铅锡的相关比例，厂里的同事早就弄得滚瓜烂熟。可以说，别人眼里青铜重器的神秘感，从一开始就被我超越了，我看到的是围绕青铜重器用肉眼看不到的品质和性格。

或许这就是我的命定——在同行中，必须是我率先动手写出两周时期的青铜重器。

我想再强调一遍：车工经历让我练成不锈钢一样的文学性格。

不锈钢制成的零件总是用在普通金属材料无法胜任的艰难困苦的部位。从某种意义上讲，长篇小说《听漏》《蟠虺》《天行者》《圣天门口》，还有散文集《上上长江》《天天南海》等，这些写作都是吃力不讨好的。好在我的性格中有不锈钢成分，重要的是能站在自己愿意站的位置上。

一朝负气成今日，半生烟火所谓无。

人生就像一台机器，一旦开动就必须要运转下去，除非拉闸断电，否则就不能让机器空转，一定要像加工出优质产品那样，写出让人满意的作品，否则就是对不起自己，也对不起机器。离开工厂四十年了，除了车工特有的左手老茧没有了，我的性格和习惯一点也没变，还像当初站在车床旁边那样较真，我喜欢这样的自己！这也是没办法的事，人哪能与自己过不去呢？

（访谈者：舒晋瑜，二〇二四年十一月）